U0369561

迎销
——大数据时代的营销出路

张文升　著

南开大学出版社

天　津

图书在版编目(CIP)数据

迎销：大数据时代的营销出路 / 张文升著. —天
津：南开大学出版社，2017.6
ISBN 978-7-310-05318-6

Ⅰ.①迎… Ⅱ.①张… Ⅲ.①网络营销 Ⅳ.
①F713.365.2

中国版本图书馆 CIP 数据核字(2016)第 326276 号

南开大学出版社出版发行
出版人：刘立松
地址：天津市南开区卫津路 94 号　　邮政编码：300071
营销部电话：(022)23508339　23500755
营销部传真：(022)23508542　　邮购部电话：(022)60266518

*

天津市蓟县宏图印务有限公司印刷
全国各地新华书店经销

*

2017 年 6 月第 1 版　　2017 年 6 月第 1 次印刷
240×170 毫米　16 开本　14.5 印张　208 千字
定价：38.00 元

如遇图书印装质量问题，请与本社营销部联系调换，电话：(022)23507125

序　言

　　2011 年 12 月 25 日晚上，在上海南京西路的一家五星级酒店咖啡厅的一个圆桌旁，围坐着 6 位职场中人。"jingle bells，jingle bells，jingle all the way! oh what fun it is to ride in a one-horse open sleigh..." 悠然轻快的圣诞歌曲不时传过来，不远处一棵近 5 米高的圣诞树上面漂亮的彩灯，伴着音乐一闪一闪地变换着红黄蓝紫等多种色彩，不时传过来几个正在玩耍的小孩子的笑声。

　　然而，6 位职场中人似乎在这欢乐场地之外，他们心事重重。6 个人都是各自企业的营销副总，大家约定每一个季度聚会一次，一起交流工作心得、职场经验、各自行业新现象等，大多数聚会时都是把盏言欢、轻松怡乐，今天为什么却有些郁郁寡欢呢？因为他们聊起了本月份都刚刚做完的企业年会，各位都是相同的状况：本年的营销目标没有达成，企业经营业绩下滑，而明年的业绩增长压力却没有减少。已经沉默了一会儿了，老李突然放下他每次都点的美式咖啡，说道："上午老板找我谈话，连续 3 年没有达成预期了，说明年的目标必须完成，不然的话……" 老李停顿一下，"不然什么？老板就知道要业绩，知道现在营销多难吗？再逼我，老子不打算做了，明天上班提交辞职报告！" 老陈则慢慢喝了一口龙井茶，吹了吹漂浮在水面上的茶叶，接着道："如果辞职能解决问题就好了！我们以前的出色业绩就付之东流吗？我们真正成了种树的人，但收果子的却不是我们，真是心有不甘呀！""是啊，" 深深地仰坐在沙发中的老田，提高了音调说话了，"我们不是抱残守缺的职业经理人，我们也知道与时俱进，这两年我们在加大维护传统渠道的同时，也注意开发多种新渠道，比如在淘宝开了旗舰店，进驻了一号店、唯品会，陆陆续续发了很多货，还为电商产品设计了专属品牌，雇了三十几个人专业做电商工作，可是结果呢？哎，老板说我们就知道投资却不讲求回报，每天都给我脸色看，营销人员拿不到奖金都纷纷跳槽，这个日子真不好过呀。""谁说不是呢？"一阵唉声叹气之后，大家又陷入了沉默。这时候，半天没有发言的小杨开口了："大家着急、心情郁闷、发牢骚，遭老板和董事会骂，但是太阳明天还会照样升起，我们还是要开始我们的营销生活，如果明天不跳槽，还是要解决眼前的老问题和新情况。所以，怨天尤人没有用，要研究我们下一步该怎么办。上个月我和我公司老板连续听了两个讲座，很受启发，有拨云见日的感觉，我们赶紧行动起来，查找资料，拜访专家，还去浦东一家企业进行了实地考察，战略管理委员会开了几次研讨会，达成了共识，一致决定明年就开始按照新战略开干。当然还有很多落地的详细的执行方案正在制订中，我来给你们介绍一下，看看是否对你们有用，我这只是抛砖引玉哟！"小杨一边说一边打开笔记本电脑，其余几个人则向小杨聚了聚，聚精会神地听小杨讲起了PPT（演示文档）。那些"大数据时代的消费者的精准营销""电商渠道特征""消费者体验""自媒体"等一系列熟悉的、似曾相识的，也有一些陌生的词汇和案例介绍，由小杨用带着温州口音的普通话高声讲出，他全然不顾邻桌其他客人有些诧异的眼光，由于兴奋而微微泛红的脸庞在不断变幻的圣诞灯光映衬下闪烁着光芒。

笔者作为上述6人中的一员，至今还能想起当时大家沮丧的样子和听了小杨讲授PPT后仍有些狐疑的眼神。时间过得真快，3年时间在忙忙碌碌中不知不觉地过去了，又到了年底，看着年度业绩回顾报告，在刚刚结束的董事会上，老板满面笑容。想到我们在困难面前没有退缩，而是励精图治，用壮士断腕的气魄，以新"迎销"的观念和执行方案，取得了老板和员工的支持，企业连续两年达成经营目标，想到这些不免有些激动，心中油然地想起了一句话："感谢这个时代！"

那么，这是个怎样的时代？企业营销在这个时代向何处去？在企业成功的光环下，营销怎样才能熠熠生辉？这是笔者写作本书的目的，希望朋友们可以从中找到问题的答案。

　　1969 年 10 月 29 日晚上 10:30，对于全世界 99.99%的人都是一个非常普通的时间，他们不知道在这个时候美国洛杉矶和斯坦福几位科学家在几台互联的计算机上敲下了"LO"两个英文字母，也就是从这两个字母开始，整个世界、人类经济、文化、社会、政治等各方面都将会发生深刻的变革，因为从这一时刻起，互联网时代的脚步开始走入我们每一个人的世界！

　　随着互联网平台的急剧扩张、信息技术的飞速发展，价值无尽的信息流形成于我们任何人、任何组织和企业面前，人与人之间的关系、组织与组织的关系、企业与客户之间的关系不再被物理空间所约束，各自存在的方式发生了革命性变化。互联网从最早的信息平台，已经发展成为我们每个人的工作平台、生活平台、消费平台、娱乐平台、学习平台、情感交流平台等。

　　1987 年 9 月 20 日 20 点 55 分，按照 TCP/IP 协议（互联网协议），一封以英德两种文字书写、意为"跨越长城走向世界"的电子邮件，从中国到达德国。1994年 4 月 20 日，中国实现了与互联网的全功能对接，至今已 20 余年。中国互联网络信息中心（CNNIC）发布的《中国互联网络发展状况统计报告》显示，截至 2015年 6 月，中国网民规模达 6.68 亿，互联网普及率为 48.8%。其中，中国手机网民规模达 5.94 亿。2015 年上半年，手机支付、手机网购、手机旅行预订用户规模分别达到 2.76 亿、2.70 亿和 1.68 亿。据商务部表示，2015 年中国社会消费品零售总额达到 30 万亿元，稳居世界第二。

　　2016 年 9 月 13 日，中国电子商务研究中心（100EC.CN）发布《2016 年（上）中国电子商务市场数据监测报告》。报告显示，2016 年上半年，中国电子商务交易额达 10.5 万亿元，同比增长 37.6%，增幅上升 7.2 个百分点。其中，B2B（商家对商家）市场交易规模达 7.9 万亿元，网络零售市场交易规模 2.3 万亿元。

　　互联网如同空气、水、电一样，无处不在地渗透到我们的工作和生活中，当前的互联网更是以大数据、智能化、移动互联网和云计算为特征。

　　大数据（Big Data）可能是最近几年来最流行、最激动人心的 IT（信息技术）词汇了。加上移动网络、物联网、可穿戴联网设备的普及，我们家里的路由器、电视机、空调、冰箱、智能玩具等也开始越来越智能并且具备了联网功能，这些家用电器在更好地服务我们的同时，也在生产大量的数据；甚至我们出去逛街，商户的路由器、运营商的 WLAN（无线局域网）和 3G/4G（第三代/第四代移动通信技术）、无处不在的摄像头电子眼、银行的 ATM（自动取款机）、加油站以及便利店的刷卡机、超市会员卡都在收集和生产数据，新的数据正在以指数级别的加速度产生。当今的时代才是真正的信息爆炸的时代。

同时，越来越多的企业家和企业营销人员开始运用互联网思维，在大数据时代对传统企业价值链进行重新审视，制订新战略、实施新战术。在新环境条件下，营销不论在观念上，还是在执行具体方法上都迎来了新变革，企业市场营销有了新任务、新目标、新策略，带给企业的是自市场营销理论与实践诞生 100 多年以来前所未有的巨大功用与效益。营销的内容和表现越来越体现出"迎"销的实质，"营"的色彩将愈加淡薄。因此，"迎销"开始了，并且国内外众多企业实践并验证着"迎销"，我们正在进入"迎销时代"，我们正在拥抱着"迎销时代"并必将与之走向未来。

目　录

第一章　欢迎——拥抱大数据时代

案例：大数据提前告诉你世界杯冠军花落谁家

　　每届足球世界杯的举办都会成为全世界亿万球迷的盛大节日，不同国家或地区、不同文化背景、不同宗教信仰、各色皮肤的男女老少，在举办期间为着各自热爱的球队和球星有时快乐无限、狂热沸腾；有时会黯然神伤、伤心痛苦。因为体育比赛的最大悬念是胜负结果，人们常说"足球是圆的"，不到比赛终止哨声响起的那一刻，谁也不知道会是怎样的结果。预测世界杯冠军的最终归属，这个可能连上帝也不能预测出结果的难题，在当今时代有了大数据技术，也可以迎刃而解。2014年在巴西举办第20届世界杯，早在2014年7月5日，大数据就已经预测出本届世界杯的冠军将会是德国队，并且预测出大赛的四强将会是德国、阿根廷、荷兰、巴西。预测和比赛的最终结果完全一致！实际上，本届世界杯决赛是北京时间2014年7月14日凌晨举行的。不可思议吧？

　　在2014年巴西世界杯的1/4决赛前，百度、谷歌、微软和高盛用大数据技术分别对4强结果进行了预测，最终比赛结果显示：百度、微软结果预测完全正确，而谷歌则预测正确3支晋级球队。最终，百度又成功预测了德国队夺冠。

　　预测准确度来自百度对大数据的强大分析能力和超大规模机器学习模型。在对体育数据的研究过程中，百度的科学家发现类似保罗章鱼的赛事预测完全有可能借助大数据的分析能力完成。百度收集了2010—2013年全世界范围内所有国家队及俱乐部的赛事数据，构建了赛事预测模型，并通过对多源异构数据的综合分析，综合考虑球队实力、近期状态、主场效应、博彩数据和大赛能力等5个维度的数据，最终实现了对 2014 年巴西世界杯的成功预测。[1]

一、大数据时代来临

大数据有多大？这里罗列了几项数据：

- 我们现在每两天产生的数据量，相当于过去有文字记载以来到 2003 年为止累积的数据量。

- 根据分析，现今世界上 90%的数据是在过去两年多里所产生的。

- 据研究调查，2008 年仅美国人就生产了 3.6ZB 的数据量。

- 2016 年一年的网络流量将会达到 1.3ZB。

- 研究分析，估计在 2020 年，数码数据量将会从 3.2ZB 成长到 40ZB。

- 当前每分钟世界上有近 2 亿封 E-mail（电子邮件）被寄出，每天 2470 亿封 E-mail，很可惜的是其中近 80%是垃圾信件。

- 视频网站 Youtube 每分钟被上传的影片超过 100 个小时，或者说每天上传的影片量如果每个人全部看完要用 15 年。

- 如果我们将一天内产生的数据全部烧录进 DVD（数字化视频光盘）内，这些光碟叠起来可以搭成地表到月球的 DVD 高塔，而且还是"双塔"。

- 每天每分钟有约 570 个新网站出现。

- 大数据飞快成长，到 2015 年，为了处理大数据，全球多出了 440 万个 IT 职位。

- 目前世界各地的数据中心超过 50 万个。

注：1KB（Kilobyte　千字节）=1024B

　　1MB（Megabyte　兆字节　兆字节）=1024KB

　　1GB（Gigabyte　吉字节　千兆字节）=1024MB

　　1TB（Trillionbyte　万亿字节　太字节）=1024GB

　　1PB（Petabyte　千万亿字节　拍字节）=1024TB

　　1EB（Exabyte　百亿亿字节　艾字节）=1024PB

1ZB（Zettabyte　十万亿亿字节　泽字节）=1024EB

1YB（Yottabyte　一亿亿亿字节　尧字节）=1024ZB

1BB（Brontobyte　一千亿亿亿字节）　=1024YB

2014年新年前，著名导演冯小刚执导的贺岁档电影《私人订制》隆重上映，引起了电影界和观众们的广泛关注，围绕影片产生了多种多样的议论，有赞赏、有掌声，也有批评，甚至还有谩骂和诋毁，众说纷纭。面对太多的指责，冯小刚导演在2013年12月30日接连发了7条微博，痛骂那些影评人浅薄，称其装"大尾巴狼"蒙事骗人，要与他们势不两立。这里不对该片的艺术水准和各方的口水战妄加评论，只是谈谈"私人订制"这个概念。

"私人订制"的字面含义一般是指，某一产品经双方协商同意并签订合同，甲方预付部分货款，乙方负责制造。从市场营销的角度，"私人订制"的核心概念是"为客户方制造个性化的产品"。

看过该片的读者可能或多或少有这样的梦想，如果有组织或机构能够帮助我们（最好是免费的）像片中宋丹丹饰演的丹姐一样实现梦想，那该多好啊！机构为丹姐特别"订制"了一个免费体验，她忽然间成为千亿级富婆，有百依百顺的佣人，有宽敞舒适的豪车，有千金一掷的快感，有购豪宅时价格非奇高而不买的"二"气。即便像丹姐那样，梦想一日游，属镜中花、水中月，但能够潇洒走一回、过把瘾，亦是人生一大快事！然而，电影是虚幻的，影片一开篇即表明："本片三段故事皆为虚构，其情节人物在现实中均无迹可寻，荒诞谐谑，博君一笑。"

可是在当今日新月异的世界，迅猛发展的科学技术，以及无所不在的信息网络，让一切皆有可能！我们梦想中的"私人订制"已经变成现实，因为我们现在正在进入"大数据时代"，或者说我们正在自觉不自觉地拥抱着"大数据时代"。

"私人订制"从字面上看，指私人客户（甲方）主动性"订制"某种产品或服务，由组织或机构（乙方）帮助策划、制造或实施、执行。影片中描写的三个故事除丹姐的"有钱"故事外，故事一"性本善"、故事二"一腔热血"均为甲方自筹资金寻求"私人订制"，以实现甲方的梦想或愿望。但是在大数据时代，大数据技术的广泛应用，可以从甲方向乙方"订制"，转为乙方主动为甲方提供策划和服务，甲方不知不觉中接受了乙方的"订制"服务（含免费策划），乙方满足了甲方的理想和需求。

在电商购物平台进行过购物的人有这样的经历，如购买了一件中意的英伦风格的裙子，下一次进入该平台时或者打开电子信箱时，平台已经给你打包推荐了多个品牌英伦风格的上衣、箱包、鞋子等产品，你会感叹，平台的服务人员真是可心呀！今天你在某视频网站观赏了一部美国动作大片，第二天你为选看哪一部影片而犹豫不决时，突然发现该视频网站已经帮你"订制"了数部你可能喜欢的类似题材的影片，难道网站上有一个服务生在虚拟世界里关注着你，并为你默默无闻地提供周到的服务吗？2014 年非常火爆的 App（应用程序）打车软件受到了车主和乘客的热烈欢迎，纷纷议论专车运营公司真是太慷慨了，居然愿意为素昧平生的人补贴这么多打车费用！当你观看某综艺选秀节目，在搜索网站搜寻你感兴趣的歌手的一切，在社交媒体上发表你的喜怒哀乐，与网友争辩谁将获得冠军，等到大赛谜底揭晓时突然发现专家预测的冠军和最终的结果完全一致时，你会感叹专家的"专业分析"的水平如此之高！

事实上，这都是大数据的功劳，它在全面记录着你和所有上网的人留下的各种信息，并通过大数据技术，为你提供了无微不至的贴心服务或各种预测。在大数据时代，每位消费者产生的支付数据的价值是不可估量的，通过数据，你的消费习惯、消费半径、消费能力将会清晰地展示在商家面前，商家获取数据，运用数据，并在数据中挖掘大价值，这不是 3 元甚至 15 元的打车费用可以衡量的。

二、大数据是人类进入信息社会后的必然产物

如果以工具的发明与使用作为人类文明发展与进步的标志，那么人类文明经历了新旧石器时代、青铜器时代、铁器时代、蒸汽时代、电气时代、信息时代。从使用原始的石器工具到广泛使用铁制工具，人类掌握了比较发达的冶炼技术，之后农业文明传播开来，成熟的冶炼技术保证人类有了更好的交通工具、更具杀伤力的武器，人类可以离开自己的家乡到世界更远的地域，甚至征服世界，统治所谓的野蛮社会，传播自以为先进的文化与文明。进入 18 世纪，以蒸汽机为代表的技术文明又将人类带进了新的工业革命时代，人类开始借助技术的进步将人类不能达成的力量通过机器予以实现，人类技术和文明有了新目标，到这时候，人类才在一定程度上真正开始进入现代意义的文明社会，人类也才开始按照自己的意志与自然相处，甚至改造自然。

19 世纪 70 年代以来，发电机、电动机、电灯、电话、电报、汽车、飞机等以电力的广泛应用和内燃机的发明为主要标志，人类开始走向现代社会，科学技术日新月异，生产力极大提高，人与人之间的联系更加密切，沟通交流更加便捷。人类虽然经历了两次世界大战，文明遭到一定程度的冲击，但这些技术进步总体上还是让人类更加走向文明，也为新的技术发明和进步打下了坚实的基础。

1946 年 2 月 14 日是人类使用工具文明史上的重要一天，因为世界上第一台现代电子计算机"埃尼阿克"（ENIAC）诞生了，之后电子计算机经过了电子管、半导体、集成电路、大规模和超大规模集成电路等几代的发展。如果说人类制造的其他工具是人类双手的延伸或者力量的传递，那么电子计算机作为代替人脑进行信息加工的工具，就是人类大脑的延伸。电子计算机这个工具的广泛使用全面改变了人类生活的方方面面，在 20 世纪 70 年代人类开始进入文明史上最重要的时代——信息时代。

人类进入信息时代，经济学家们普遍认为，特别是进入 21 世纪后，信息成为第一生产要素，成为信息化社会的重要物质基础。电子计算机的广泛普及，为形成全球性的信息库和信息交换中心提供了可靠和重要的技术物质保证。

1983 年是人类进入信息化时代的又一个里程碑之年，因为这一年美国国防部高级研究计划管理局（ARPA—Advanced Research Projects Agency）和美国国防部通信局研制成功了用于异构网络的 TCP/IP 协议，美国加利福尼亚大学伯克利分校把该协议作为其 BSD UNIX（尤尼斯操作系统的伯克利软件套件）的一部分，使得该协议得以在社会上流行起来，从而诞生了真正的 Internet（互联网）。当然在 20 世纪 90 年代以前，Internet 的使用一直仅限于研究与学术领域。

1991 年，美国的三家公司分别经营着自己的 CERFnet、PSInet 及 Alternet 网络，在一定程度上可以向客户提供 Internet 联网服务。他们组成了"商用 Internet 协会"（CIEA），宣布用户可以把它们的 Internet 子网用于任何商业用途。Internet 的商业化服务提供商的出现，吸引了大量的工商企业利用和使用互联网，而互联网在通信、资料检索、客户服务等方面的方便迅捷的服务为工商企业带来了巨大的吸引力，世界各地更多的企业开始进入互联网，而更重要的是，随后几年广大个人用户蜂拥进入互联网。以我国为例，1996 年底，中国 Internet 用户数已达 20 万，利用 Internet 开展的业务与应用逐步增多。

随着互联网（近几年迅猛发展的移动互联网）如同空气、水、电一样无处不在地渗透入我们的工作和生活，我们在互联网上留下大量的数据，加上物联网、可穿戴联网设备的普及，我们家里的电视机、空调、冰箱、智能玩具等也开始越来越智能并且具备了联网功能，这些家用电器在更好地服务我们的同时，也在产生大量的数据；我们出去逛街，商户的路由器、运营商的 WLAN 和 3G/4G 网络、无处不在的电子摄像机、银行的 ATM、加油站以及便利店的刷卡机、超市会员卡也在收集和生产着数据。新的海量数据正在以指数级别的加速度产生，当今的时代才是真正的信息爆炸的时代。

百度对此给予了更形象的描述。仅是其新首页导航每天就要从超过 1.5PB（1PB=1024TB）的数据中进行挖掘，如果将这些数据打印出来将超过 5000 亿张 A4 纸，全部摞起来超过 4 万千米高，接近地球同步卫星轨道，平铺可以铺满海南岛。而到 2020 年，估计新增的数字信息将是 2009 年的近 45 倍。

大数据有海量数据，或者说拥有海量数据即成为可开发的大数据。通常认为大数据具有 4 个层面的特点，归纳为 4 "V"：Volume（海量）——巨大的海量数据，从 TB 级别，跃升到 PB 级别；Velocity（高速）——处理速度快，可从各种类型的数据中快速获得高价值的信息；Variety（多样）——数据类型不仅是文本形式，更多的是图片、视频、音频、地理位置信息等多类型的数据，其中个性化数据占绝对多数；Value（价值）——价值密度低，商业价值高。基于这些特点，大数据需要特殊的技术，在可容忍时间内有效地处理海量数据，挖掘有价值的信息。

三、大数据正在改变人类生活

案例：美国 2012 年总统选举

美国第 57 届总统选举于 2012 年 11 月 6 日举行,代表民主党参选的奥巴马得到过半数的选举票，以 332 票对 206 票击败代表共和党的罗姆尼，成功连任美国总统，继续执政。这是奥巴马第二次赢得大选。实际上，奥巴马这次连任并不是一帆风顺的。在 2010 年，即奥巴马首次入主白宫后的两年后，民主党在中期选举中惨败。 民主党在众议院席位的优势地位被共和党取代。在参议院中，也仅仅以微弱优势勉强保住席位优势。如果说中期选举是奥巴马及民主党全国委员会的期中考试的话，很明显，这个成绩是"不及格"的，也预示着奥巴马的连任之路遍布荆棘。

为了能够胜利完成 2012 年的总统竞选，奥巴马的竞选团队任命数据挖掘专家组成大数据分析团队，并明确强调数据分析的重要性。当 Jim Messina（吉姆·墨西纳）成为奥巴马竞选团队的主管后，他给下属定了这样一条规定："任何决定都必须以量化的数据为基础。"竞选团队开发了多套数据分析软件，负责收集和分析选民信息，把收集来的选民信息输入统计模型，生成了一系列关于选民态度和偏好的分析报告，以帮助民主党选举团队有针对性地制订和调整竞选战略和战术。数据专家们经过数据研究分析，发现好莱坞明星乔治·克鲁尼在美国西岸对 40～49 岁的女性粉丝有极大的吸引力！而这个群体是愿意与克鲁尼和奥巴马共进晚餐并且是最愿意掏钱的人群。事实上，乔治·克鲁尼为奥巴马举办筹资聚会的当晚就筹得竞选连任资金 1500 万美元。2012 年的大选，竞选团队仰仗着大数据团队的分析，有目标地筹款，募得了 10 亿美元的竞选经费。

大数据分析团队通过建立选民数据库，将民调者、注资者、工作人员、消费者、社交媒体以及"摇摆州"主要的民主党投票人的信息进行整合；将拉票电话名单包括姓名和电话号码，按照被说服的可能性和重要性进行了年龄、性别、种族、邻居和投票记录等分门别类的排序。大数据分析团队在关键州收集数据，并建立了投票数据流，用于拼凑出当地选民的详细数据模型，清楚地了解每类人群和地区选民在任何时刻的投票倾向，建立选民分析模型，预测选举结果。团队每天晚上会试运行一次大约 66000 人次的大选，并在第二天上午模拟出结果，分析选民的投票倾向，以便有针对性地分配资源，预测奥巴马在部分地区获胜的可能性，从而提出有针对性的对策方案。

过去美国总统大选，传统的调查方法是通过对人群分类，对每类人群选取一部分样本，以样本来代表这类人群。而这次竞选的大数据团队，则是针对每一个个体选民进行统计，他们的预测是基于每个个体选民的偏好做出的，这给公众调查提供了新的思路。公众调查的人群可以不再简单地按区域进行政治区分，也不是像传统的政治宣传和商业宣传一样，按照年龄、性别等进行分类，而是根据这些个体选民的情况，进行针对到每个人的个性化宣传。而那些奥巴马的支持选民可以轻松地通过网站、社会化媒体，以及移动设备参与到奥巴马的竞选过程中。数据团队设计的移动 App，可以使奥巴马的助选人员直接打印宣传材料，而不必亲自跑到每个竞选办公室去。他们还设计了一个网站，采用游戏积分墙形式的面板，显示筹款活动中捐款者的排名。他们还建立了选民的评分系统，这套评分体系可以针对每个选民进行预测，使得每次竞选时，不但可以知道某个用户是谁，还可以知道如何才能影响用户。

奥巴马的对手罗姆尼竞选团队当然知晓数据分析对大选的重要性。罗姆尼在 2002 年竞选马萨诸塞州州长时，聘请了一家总部在弗吉尼亚的公司——Target Point。该公司利用商业消费者数据库和选民数据库，建立预测模型。这些数据分析技术帮助小布什在第二任竞选中，在针对目标选民的宣传上取得了较大优势。然而，在此之后，共和党并没有在这些技术方面进行进一步加强。罗姆尼的幕僚们虽然知道奥巴马正在建立一支内部的数据分析团队，不过他们并不认为自己也有这个需要。罗姆尼的数字媒体总监 Zac Moffatt（扎克莫）说："我们不认为我们的内部团队会比从市场上找来的团队强。我们的方式就是找到最好的公司，与他们合作。"

因此，罗姆尼的团队继续与 Target Point 合作。Target Point 帮助罗姆尼进行一次性的选民细分工作，然后这些细分名单被分发到各地的竞选办公室。而这种静态细分的模式，正是奥巴马在 2008 年选举后所摒弃的模式。

2012 年 5 月，Target Point 的副总裁 Alex Lundry（亚历克斯·伦德里）离开 Target Point，加入罗姆尼的团队，来帮助创建罗姆尼的内部数据分析团队。他找来了芝加哥大学政治科学系的博士后 Tom Wood（汤姆·伍德），以及布什 2004 年竞选团队的成员 Brent McGoldrick（布伦特·麦戈德里克）。但是，罗姆尼的数据分析团队的人数，还不到奥巴马团队的 1/10。[2]

大数据时代之前，无论从政治家的角度观察和分析社会大众，还是从社会大众角度了解和判断政治家的各项政策，都和大数据时代来临之后截然不同。过去，政治家如果希望了解选民对其经济政策、民生政策、外交政策等的反应，往往是靠传统的民调来实现的，当然这种传统的民调形式仍然是当前很多国家和政治团体查验民情的重要工具。但是随着大数据技术的日渐成熟，这种传统的民调形式必然会被取代，因为不论其选择 1000 个还是更多的调查样本，总归是有限的，随机的人群针对性也是不完全的，因此事实结果经常和调查结论相悖也就不奇怪了。然而，如果使用大数据技术进行社会调查，与传统手段相比就是革命性的变化。体现在如下几个方面。

1. 从人工统计数据到更加科学化的电子数据

会议调查法、实地观察法、书面调查法、资料调查法、综合归纳法、问卷调查法、电话调查法等都属于人工调研范畴。人工调研的优势在于调研人员可以直观接触调研数据甚至是被调研的人群，但其调研样本采集困难、费用昂贵、周期过长、环节监控滞后等弱点也是明显存在的。而电子数据科学化调研通过互联网数据分析、即时通信软件、有计划的 App 应用软件设置等数据采集手段和分析技术，明显具备信息收集的广泛性、及时性、便捷性、经济性等优势，重要的是调研结果更加准确。

2. 从样本采集分析向全覆盖数据调研转变

在大数据时代，云技术、云存储成为经常使用且经济的数据存储手段，而存储的数据已经不是传统意义上的数字概念，而是具有类型繁多、速率极高的特点。利用各种媒介平台的海量信息，可以分析出网络舆情、民意取向等，通过梳理信息流并借助先进的技术工具进行整理，形成覆盖调查研究问题涉及的全方位因素的云数据，为提高调查研究水平夯实数据基础。

中国目前利用大数据技术也在社会舆情方面做了很多尝试，例如，2015 年 3月，中央电视台财经频道官方微博"央视财经"发布 2015 年国民大数据：中国四成居民感到幸福。《中国经济生活大调查》国民大数据：①过去一年，中国四成居民感到幸福；剩女幸福感远超剩男。②通勤时间最长的城市，竟是长春。③最被百姓看好的行业——电子商务、健康医疗、金融业。④幸福感城市十强：合肥、太原……

2015 年，全国有 40% 的受访家庭感到幸福。其中，10.6% 感到很幸福，29.4% 感到比较幸福。

在被调查的 104 个城市、300 个县的样本中，居民幸福感最强的 5 个省会城市分别是安徽省合肥市、山西省太原市、海南省海口市、湖南省长沙市、河北省石家庄市；5 个地级市为山东省泰安市、辽宁省辽阳市、江苏省连云港市、河北省衡水市、安徽省黄山市。[3]

大数据目前已经深入到每个人的日常生活，不管你愿不愿意，不管你知道不知道，你的生活方式每时每刻都在制造着大数据，产生着大数据。与之相关的商业机构、政府部门、非政府组织等都在使用大数据技术开发、挖掘、整合着大众产生的大数据，并且在经济利益和社会利益上不管是出于盈利还是出于公益目的，都充分利用着从大数据中得到的资源。

可以想象这样一幅普通上班族生活的画面：早晨 7 点钟醒来的他（她），起床前打开手机的微信，看看昨晚睡觉后朋友圈中有什么新的留言和状态分享，碰巧一个好朋友正在发送红包，他毫不犹豫地点击屏幕，很幸运地抢到了一个 2 元钱的红包，他很高兴，因为这预示今天会是快乐幸运的一天；拿到朋友的红包当然要为朋友做些事，他毫不犹豫地将朋友的一个分享广告转发到了朋友圈中；关闭了微信又在微博中看看有没有自己喜爱的话题，在一个他长期关注的股市大咖的微博上看到了关于今天 A 股的行情判断，禁不住点了赞。实际上，在 7:10 正式起床前，他和全世界范围内与他有着同样习惯的人们，产生了数量惊人的大数据。

8 点钟，他准时离开家，驾驶着自己的爱车向工作单位驶去。路上真正是车水马龙，红灯停绿灯行，他小心地驾驶着，因为每个路口他都看到了摄像头，他明白今天所有路过这条路口的汽车、电动车、自行车以及行人都会被拍进去，产生的大数据将是相关部门留作分析或者决定是否给他寄罚单的依据；而且来来往往的车辆行驶的这条马路，何时拥挤、何时清静、他喜欢怎样的速度、他踩刹车的力度、他的爱车的引擎和其他系统生成的所有信息，都会成为汽车制造商可以挖掘的大数据，当然汽车制造商会说这是为了改进汽车的性能、提高汽车的安全性，并不关心个人的隐私。

8:30，他准时来到办公室，打开电脑，打开电子邮箱，发现有十几封来自同事、客户的信件需要回复，其中还有两封来自某电商网站的信件。他心里想，虽然已经近 2 个月没在这个网上买过东西了，但他们还真贴心，知道夏天快来了，向他推荐最新款的衬衣了。实事求是地讲，他们推荐的衬衣无论是款式、颜色、面料还是价格还真符合他的心理。

10 点钟，一个陌生电话响起，很关心地问起他，他全仓的几只股票最近经营得如何？如果需要专业的帮助，可以提供最优的代理服务。他觉得很奇怪，因为这几天接到了 N 个这样的电话了。这些人怎么知道他的电话的？怎么这么清楚他是股民，甚至知道他买的哪几只股票？

下午约好要去拜访一个客户，虽然没有到过那里，但是他并不担心找不到地方，因为他的车上装配了汽车导航，这个新导航不仅可以帮他指路，而且还可以告诉他这个时段应该走哪条路，绕过正在发生交通堵塞的路段，可以帮助他提前到达约定地点而不会迟到。在路上，打开收音机，正在报告说美国波士顿马拉松制造爆炸案的黑手已经抓到了，据说美国警察和联邦调查局在事发现场调取了大约 10TB 的数据资料，很快就锁定了嫌疑人并将其抓捕归案。

与客户沟通交流得非常愉快，下班时间到了，他直接开车回家了。晚饭后，他打开了昨天刚刚安装好的电视机顶盒，继续观赏他最爱的节目。他认为他喜欢什么节目是他的个人隐私，他可能不知道电视机顶盒正在存储他的个人资料，他看着电视，而电视可能也在看着他，因为大数据是网络电视的眼睛。

国际著名的麦肯锡公司在其起草的报告中这样说："数据，已经渗透到当今每一个行业和业务职能领域，成为重要的生产因素。人们对于海量数据的挖掘和运用，预示着新一波生产率增长和消费者盈余浪潮的到来。"总之，大数据技术目前已经并几乎可以在有限的时间内在人类政治生活、经济生活、健康生活、娱乐生活、体育生活等方面有着突出表现：

- 帮助政府实现市场经济调控、公共卫生安全防范、灾难预警、社会舆论监督；
- 帮助城市预防犯罪，实现智慧交通，提升紧急应急能力；
- 帮助政府在用户的心理健康出现问题时有效地干预，防范自杀、刑事案件的发生；
- 帮助医疗机构建立患者的疾病风险跟踪机制，帮助医药企业提升药品的临床使用效果，帮助研究机构为患者提供定制的药物；
- 帮助企业节省运营成本，实现售后服务质量提升；
- 帮助电商公司向用户推荐商品和服务，帮助旅游网站为旅游者提供心仪的旅游路线；
- 帮助娱乐行业预测歌手、歌曲、电影、电视剧的受欢迎程度，并为投资者分析评估投资与回报；

- 帮助金融机构为用户提供有效的理财管理；

- 社交网络能为客户提供相关数据，为共同爱好的人群组织各种聚会活动；

- 其他你能想到的。

　　阿里巴巴董事长马云论述大数据时代时曾经说："我想这是一个巨大的时代，这是一个共同可以展望未来的时代，不是去改变别人，而是改变自己，去拥抱这个时代，这样你就不会十年以后说这是大数据惹的祸，我们应该共同把它变成真正人类未来巨大能源所在。"大数据就是我们当代正在发生的一场"革命"，正在并将在未来为人类文明带来更多的革命性的变化。

第二章　迎接——当传统营销迎来大数据

俗话说，世界唯一不变的就是变！我们人类所处的大数据时代，正在深刻改变着社会、政治、经济、文化等方方面面，构成社会基本元素的每个人的工作与生活也必然要发生改变。从企业的角度来说，由于企业的目标对象——消费者和用户的基本消费行为发生了变化，就必然要求企业的经营策略和方法相应地进行调整和改变，企业经营中重要的行为——营销也必然在大数据时代发生改变，而且在很多方面是革命性的变化。

市场营销，英文为 Marketing，简称营销，台湾地区习惯称之为行销。如果从1912 年美国哈佛大学赫杰·特齐出版的第一本营销著作《市场营销学》算起，市场营销作为一门独立的学科已诞生了逾百年。在这百年历史的演变、发展过程中，营销学的概念也在不断地丰富与完善中。从多种机构和专家给市场营销所下的定义中，就可以看出营销的内容与对象的这种变化。

例如，美国管理协会在 1960 年认为"市场营销是引导货物和劳务从生产者流向消费者或用户所进行的一切企业活动"。这一定义将市场营销界定为商品流通过程中的企业活动。在此定义下，"营销"等同于"销售"，它只是企业在产品生产出来以后，为产品的销售而做的各种努力。所以，美国管理协会在 1985 年将"市场营销"定义调整为："市场营销是计划和执行关于产品、服务和创意的观念、定价、促销和分销的过程，目的是完成交换并实现个人及组织的目标。"根据这一定义，市场营销活动已经超越了流通过程，是一个包含了分析、计划、执行与控制等活动的管理过程。2004 年美国管理协会又将"市场营销"的定义表述为："市场营销是一项有组织的活动，它包括创造'价值'，将'价值'通过沟通输送给顾客，以及维系管理公司与顾客间的关系，从而使公司及其相关者受益的一系列过程。"

在全球有着"现代营销学之父"美誉的菲利普·科特勒教授认为："市场营销是个人和集体通过创造并同他人交换产品和价值以满足需求和欲望的一种社会和管理过程。"

百度百科为市场营销的定义进行了很好的总结：市场营销（Marketing），又称为市场学、市场行销或行销学。市场营销是在创造、沟通、传播和交换产品中，为顾客、客户、合作伙伴以及整个社会带来价值的活动、过程和体系，主要是指营销人员针对市场开展经营活动、销售行为的过程。[4]

上述关于市场营销的多种权威解释本质上是从不同的视角强调了营销的基本含义，必须强调的是，营销的解释不论有多少种，但是营销的三个方面是不会改变的，即：①营销的发起者——为实现价值的商业组织、商业机构或个人；②产品和服务的使用方——消费者和用户；③这两者之间沟通与实现价值的平台或地点——渠道。这三者缺一不可，不然营销就会失去目标和结果，营销就无从实现。这三者长期以来维持着营销的基本方面，营销管理、营销战略、营销技巧与方法、营销组织和队伍等，这些方面虽然经常调整或者说彼此之间倾注的重点有所不同，但万变不离其宗，其根本性质没有过革命性改变。然而，自从人类进入了信息社会，数字化革命浪潮一浪高过一浪，互联网、大数据走入我们的科技与生活，传统营销的基本内容发生了变化，革命性的变革开始了！

一、传统营销能够看透消费者心目中的品牌"价值"吗？

案例："堪萨斯计划"——1985年新可口可乐营销推广计划

1886年5月8日，来自美国佐治亚州的彭博顿发明了一种饮料，发现它具有提神、镇静以及减轻头痛的作用，加入了糖浆、水与冰块之后会有很好的味道。在倒第二杯时，助手无意中加入了苏打水（二氧化碳和水），味道更加特别。合伙人罗伯逊从糖浆的两种成分——古柯（Coca）的叶子和可拉（Kola）的果实中得到了命名的灵感，将 Kola 的 K 改为 C，然后在两个词中间加一横，于是 Coca-Cola（可口可乐）饮料便诞生了。

具有 100 多年历史的可口可乐一直是美国和世界多国饮料行业的霸主，但到了 20 世纪 80 年代初，可口可乐遭遇到了百事可乐前所未有的挑战。百事可乐针对饮料市场的最大消费群体——年轻人，以"百事新一代"为主题推出了一系列青春、时尚、激情的广告，让百事可乐成为"年轻人的可乐"。在百事可乐的不断进攻之下，可口可乐的市场份额和品牌影响力受到了极大的挑战，可口可乐公司尽其所能——大量的广告发布、积极的推销、让利、全球分销等营销手段，都不能遏制可口可乐下滑的趋势，更无法阻挡百事可乐市场份额的持续攀升。于是，可口可乐管理层认为可口可乐面对新挑战，必须进行改变。1984 年圣诞节期间，可口可乐公司高层一致决定实施"堪萨斯计划"，即在公司百年诞辰即将到来之际，改变这个世界最著名产品的配方。1985 年 4 月，可口可乐将新可乐取名"Coke"，高调宣布传统的可口可乐品牌将永久性地退出市场。

为了推广新可乐，可口可乐几乎用到了当时可以使用的所有的推广手段。甚至在纽约，首批下线的可口可乐易拉罐被郑重地送给修补自由女神像的工人，"你能想象的每一种绚丽张扬的东西我们都用上了。"一位发言人向媒体透露。

消息迅速传播开来。81% 的美国人在 24 小时内知道了这种转变，这一数字超过了 1969 年 7 月知道尼尔·阿姆斯特朗在月球上行走的人数。1.5 亿人试用了新可口可乐，这也超过了以往任何一种新产品的试用纪录，大多数的评论持赞同态度，瓶装商的需求竟达到 5 年来的最高点。决策的正确性看来是无可怀疑了，但这一切都是昙花一现。

在一周的时间内，每天 1000 多个电话占满了可口可乐公司的 800 热线。几乎人人都愤怒地表示新可口可乐让他们震惊！整整 3 个月，每天都有成千上万个电话和成百上千磅重的信件向公司袭来，着实让管理人员招架不住。很多寄信人基本上都表达了同一个意思——可口可乐背叛了他们。消费者的信中充斥着失望和指责："即使你在我家前院烧国旗，也比不上改变可口可乐更让我恼火！""改变可口可乐就像击碎美国人的梦，就像球赛上没有热狗卖一样。""你们不仅没有笼络百事的饮用者改喝你们的饮料，反而失去了我们这些可口可乐狂。你们可以随时停止这场恶作剧了。"

媒体上也全是激愤的报道，消费者极力要求可口可乐恢复老口味。可口可乐管理层一心等待骚动自动平息，可它偏偏愈演愈烈。很明显，可口可乐管理团队错误地判断了形势；市场调查以及宣传人员也没能得出正确的分析结果，饮料的口味不是症结所在，新可口可乐是否更加爽滑无关紧要。

在如此严重的反对声浪中，可口可乐管理层最终屈服了：换回老配方。在 7 月的发布会上，可口可乐庄严地称原始配方的恢复是"美国历史上意义非常的时刻"。雇员们为老可口可乐的复出雀跃不已，并把这称为"二度登场"，全世界也都满意地松了口气。

第二天早晨，几乎全国每家报纸都把经典可口可乐的复出作为头版新闻刊登。同一天，痛苦磨砺后的可口可乐高级管理层在美国亚特兰大与媒体直接见面，而这天距离新可口可乐首次在林肯中心亮相还不到三个月。管理层承认公司是多么严重地错估了形势，还谈到公众的"激情"让他们吃惊，并把这称为"亲切的美国之谜"。它和"爱、自豪感与爱国主义"一样是无可计量的。

可口可乐复出的消息发布的当天，18000 个感激电话占满了免费电话线；雪片般投向公司的信件读起来宛若情书："我觉得就像迷路的朋友回家了一样。"

实际上，可口可乐公司在推出新可乐之前，正如公司管理层表达的："某些批评家会说可口可乐犯了个营销错误，某些愤世嫉俗者挖苦说整件事都是我们策划好的。事实上，我们既没那么愚笨，也非那么聪明。"在决策前，公司进行了大量的市场调研和分析。1982 年，可口可乐公司广泛地深入到 10 个主要城市进行访问。通过调查，看口味因素是否是可口可乐市场份额下降的原因，同时征询顾客对新口味可乐的意见。在问卷设计中，询问了例如"你想试一试新饮料吗""可口可乐味道变得更柔和一些，您是否满意"等问题。调研结果竟然是，顾客愿意尝试新口味的可乐。可口可乐的决策层以此为依据，结束传统配方，开发新口味可乐，于是口感更柔和、味道更甜的新可口可乐出现在世人面前。[5]

新可口可乐营销推广失败的案例，充分显示了传统营销产品开发和推广中遇到的尴尬，即有选择性的市场调查和有限的数据与分析有着巨大的营销风险。实际上，可口可乐管理层不是凭空臆想就要改变经典可口可乐口味的，而是在 1982 年就开始在美国很多渠道、众多人群中开展新可口可乐的准备工作。为了万无一失，可口可乐公司花费数百万美元在 13 个城市邀请了约 19.1 万人参加了对无标签的新、老可口可乐进行口味测试的活动，结果 60%的消费者认为新可口可乐比原来的好，52%的人认为新可口可乐比百事可乐好。可口可乐管理层因此充满了必胜的信心，认为新可口可乐饮料彻底打败百事可乐只是时间问题。然而，关键一环在于有限的市场数据分析和数量巨大的消费者人群的巨大落差（在美国有近 2 亿人是可口可乐的长期或偶尔的购买者，在全世界有 200 个国家在销售，每天在全世界被喝掉的可口可乐产品有近 10 亿杯）。再多的市场调查的样本数量也不能够覆盖到如此之大的消费人群，这些市场调查的样本不能准确反映那些消费可口可乐产品的人的真实心理状态。正是有限的市场调查的部分遮住了可口可乐管理层的眼睛，或者说，可口可乐管理层在试图改变经典可口可乐口味的时候没有真正明白可口可乐在忠诚消费者心中的"价值"，可能能够改变的是饮料的口感，但是传统营销的市场调查很难反映消费者的感情因子。

因为，经过 100 多年的长期渗透，美国人每天的日常生活已经离不开可口可乐了，可口可乐也已经成为其他国家人民心目中的美国文化的一个代表符号，他们认为不是改变了它的口味或者包装，而是新可口可乐要改变他们的生活方式，改变他们的习惯，改变可口可乐在他们心目中的价值。当然，当时生活在 20 世纪 80 年代的可口可乐管理人员已经做到了他们能做到的一切，因为那时候还没有大数据技术，那时候的营销理论还沉浸在以 4P（Product, Price, Place, Promotion）为代表的传统观念和推广手段之中，而海量消费者对产品的心理价值，靠局部区域或依赖少数人的数据判断是远远不够的。

30 年前的可口可乐营销人员远没有今天的美国金牌剧《纸牌屋》的营销人员幸运,《纸牌屋》制作商 Netflix 花 1 亿美元买下版权以后,制作团队希望从大数据中寻找创作源泉,因为 Netflix 在美国有 2700 万订阅用户,在全世界则有 3300 万订阅用户,它比谁都清楚大家喜欢看什么样的电影和电视。用户每天在 Netflix 上产生 3000 多万个行为,比如你暂停、回放或者快进时都会产生一个行为,Netflix 的订阅用户每天会给出 400 万个评分,还会有 300 万次搜索请求,大数据可以告诉主创人员哪些演员可以保证电影、电视的收视率,哪些情节和场景是观众心目中希望看到的,哪些故事和人物的结局是观众心中冥想的。普通观众心中想象的美国政坛、美国国会、美国新闻界,甚至美国总统及第一夫人的隐私生活在剧中体现了,很多观众惊异地发现很多故事桥段与大家在社交媒体讨论的结果一致!因为观众的观赏习惯、点评和分享、建议甚至谩骂都变成了数据,他们可以不去关心真实生活中的美国政客、美国记者甚至奥巴马总统对该剧的评价,不去关心这些当局者认为他们的描写是多么不真实,多么不切实际,但是创作团队从大数据中看到了最大观剧人群喜欢哪个演员,喜欢怎样的场景,喜欢怎样的结局,这些在剧中为最大观众群体实现了,所以《纸牌屋》有着如此高的收视率能够让 Netflix 赚得盆满钵满。

二、传统营销手段可以顺利找到目标市场吗?

案例:百度司南

2014 年 4 月,中国搜索引擎霸主百度宣布旗下的新的大数据产品——百度司南正式上线。"百度司南"宣称,主要运用强大技术对海量数据进行分析,整合消费者画像、人群属性、品牌分析、舆情监控、媒体规划五大功能,为市场营销人员提供更加真实、快速、精准和低成本的消费者洞察,通过将传统市场调研领域沉淀下来的方法论与大数据海量、真实、迅速、低成本的优势相结合,帮助企业以最高的效率获取关于消费者与市场洞察有价值的信息,让商业决策更高效、更简单。

百度司南在其主页中宣称，百度司南专业版基于企业的需求模式提供品牌分析、人群分析及媒体分析三大报告模块，以贴合企业的思维逻辑。

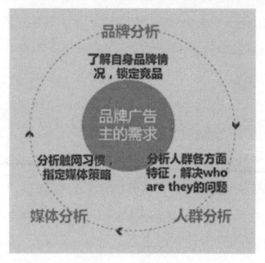

图 2-1　百度司南

（1）品牌分析：您不仅可以通过品牌分析功能得到自身品牌的现状分析，更可以通过此功能挖掘出消费者心中的竞争格局，及哪些竞争对手与自身争夺消费者心理份额最为激烈，从而指导市场策略的制订。

（2）人群分析：您可以通过人群分析功能对人群方方面面的特征进行分析挖掘，如通过兴趣偏好报告挖掘自身品牌与竞品人群的兴趣偏好异同，通过搜索路径报告挖掘目标人群的搜索路径，探知消费者需求及意图，辅助其制订传播与沟通策略。

（3）媒体分析：媒体分析功能帮助您挖掘目标人群的触网习惯及媒体偏好，从而指导其制订媒体组合策略。

百度相关负责人表示，百度司南在正式售卖前已经有多年实战经验，通过与多家知名广告主的合作，成功验证了其大数据在品牌营销决策中的价值。据透露，宝洁、可口可乐、宝马等大品牌主在百度司南工具的帮助下，成功进行了市场大数据挖掘、消费者需求定位，有助于新品开发和市场销售。百度营销人员在服务玉兰油客户时，通过百度大数据"搜索行为"功能发现产品的定位问题和在用户心中的营销机会点，引导客户对百度大数据进行多维度分析，最终绘制出玉兰油真正的"消费者画像"，诞生了畅销的"玉兰油25岁装"。[6]

在传统营销的框架下，营销人员找到企业的细分市场和使用产品的目标人群是至关重要的，这关系到企业花巨资和大量人力、时间开发的产品是否符合市场需要，能否赢得消费者并使他们成为稳定的、忠诚的客户，这是企业能否成功和发展壮大的根本点。因此，所谓的STP（市场细分、目标市场、市场定位）在传统营销的理论和实践中占据着重要地位。

菲利普·科特勒教授在其市场营销的系列著作中，都会在专门的篇幅中论述市场细分和目标市场。强调市场细分是现代企业从事市场营销活动的重要手段，是企业通向成功的阶梯。强调企业对市场进行细分的主要意义在于：①市场细分有助于企业深刻地认识市场。②市场细分有助于企业发现最佳的市场机会。③市场细分有助于企业确定经营方向，开展针对性营销活动。④市场细分对小企业具有特别重要的意义。科特勒与众多传统营销学家都认为主要细分依据是地理因素、人口因素、心理因素和行为因素四大类。传统营销专家在专著中会用比较多的篇幅对STP进行阐述。

下面通过三大步骤来分析变量细分市场。

（1）调查。首先，通过访问或其他方式，向一组有代表性的消费者了解他们内在的购买动机、态度、行为模式等；然后，找出影响消费者购买决策最重要的几个变量，并排序。

（2）分析。首先，运用因素分析法将高度相关的变量剔除，因为这些变量是各顾客群的共同需求，虽然在市场营销组合设计时不应忽视，但不能作为市场细分的依据；其次，对存在不同需求特点的变量，利用综合分析，划分几个相对统一的顾客群，即初步进行市场细分；最后，应进一步认识每一个细分市场的顾客需求及其行为特点，考虑各子市场有没有必要再进行细分，或重新合并。

（3）评估。通过前两步企业基本上确定了细分市场。紧接着企业要测量各个细分市场的潜量，评价其吸引力，寻找可能的获利机会。[7]

事实上，长久以来企业和商业部门营销人员都在依靠传统市场调研方式实现样本人群行为观察，但这种方式也存在着高成本、耗时长、样本量不足等缺陷，严重影响着企业和商务机构对于细分市场和目标人群的分析和判断，营销活动存在着风险。

而在大数据时代，企业利用大数据技术能够更加无限地接近自己企业和品牌的目标人群和细分市场。以移动 DSP（Demand Side Platform，即移动的广告需求平台）为例：利用移动 DSP 进行人群数据模型的建立，可以通过三个层级进行数据整合，建立完整的受众人群模型，挖掘具有相似行为特征的人群，提炼人群的属性特征，找到真正的目标人群。

第一，原子标签层。简言之就是最基本的属性标签层，这些属性可以从人群属性（性别、年龄、职业、收入等）、设备属性（设备价格、设备系统、设备型号等）、运营商属性（中国移动、中国联通、中国电信等）、城市属性（发展程度、人口数量、区域位置）、商圈属性（功能、位置等）等几个主要的属性方面进行标签划分。

第二，行为标签层。这是指经过对用户在特定时间段、位置范围内使用 App 的行为分析而产生的标签层。行为标签层的分类依据行为发生的频次统计做出标签，如果用户的行为只是在某个时间段内产生过几次，并不会被列为一个标签，只有该行为的发生有一个规律性的频次或周期才会被视为一个标签。比如经常玩手机游戏，经常使用旅游软件等，据此细分出像商旅人群、手游人群、理财人群、爱车一族、化妆品受众、教育受众等。由于用户的行为方式多种多样，这类的标签就会有成千上万个，对广告投放的精准性来讲无疑是一大优势。

第三，目标人群层。这是与广告投放最直接相关的层级。目标人群层主要是将原子标签层与行为标签层组合之后产生的标签层，这种组合会产生一个极大的标签量，同时一个用户被贴上多个标签之后就会变成一个综合标签体，也就保证了目标人群的精准性。例如某广告主需要定位在 30 岁左右的女性化妆品受众，就可以通过第一层级的年龄、性别加上第二层级的化妆品购买、浏览行为组合后得到目标人群，从而定位出与该品牌最相关的人群，这样投放广告针对性极强，效果极佳。[8]

著名的专业书籍《大数据时代》的作者维克托·尔耶·舍恩伯格指出："大量的数据能够让一个行业更好地了解客户需求，从而提供个性化的服务。数据能告诉我们，每一个客户的消费倾向，他们想要什么、喜欢什么，每个人的需求有哪些区别，哪些又可以被集合到一起来进行分类。大数据是数据数量上的增加，以至于我们能够实现从量变到质变的过程。"[9]

三、传统营销的推广宣传很多时候是资源浪费

案例：中国的"标王"现象

表 2-1 1995—2000 年中央电视台广告标王

年份	中标额（万元）	中标品牌
1995	3079	孔府宴酒
1996	6666	秦池酒
1997	32000	秦池酒
1998	21000	爱多 VCD
1999	15900	步步高
2000	12600	步步高

自 1994 年以来每年的 11 月 8 日都是中国中央电视台的广告招标时间。一年一度的招标大会被誉为"中国经济晴雨表""市场变化风向标""品牌奥运会"。招标会不仅使央视广告飞跃性增长，确立了其在中国电视媒体界的"巨无霸"地位，更造就了中国数个企业命运的跌宕起伏，引发无数话题！

1995 年标王：孔府宴酒

"喝孔府宴酒，做天下文章。"孔府宴酒当年击败孔府家酒和太阳神，以"黑

马"形式一举夺魁，并一夜成名，天下尽知！在市场经济起步不久，没有得到充分发展时，这种凭空一声雷的造神式举措，刺激了无数企业趋之若鹜！

1996 年、1997 年标王：秦池酒

"1995 年，我们每天向中央电视台开进一辆桑塔纳，开出的是一辆豪华奥迪。今年，我们每天要开进一辆豪华奔驰，争取开出一辆加长林肯。"这是在 1996 年 11 月 8 日，即 1997 年招标会上，秦池酒老总姬长孔的发言。这位老总两次标底都很有意思，6666 万元和 3.212118 亿元，后者是他的手机号码。

1998 年标王：爱多 VCD

"我们一直在努力——爱多 VCD！"成龙的好功夫画面，爱多的广告至今言犹在耳。然而不计成本的 2.1 亿元广告费用形成的巨大财务压力，以及公司经营混乱的状态，最终使爱多品牌落得个被拍卖的命运。胡志标并没有实现自己的梦想，反倒是锒铛入狱！[10]

表 2-1 中的企业或品牌，除已经改弦更张的步步高品牌外，当时引得万人敬仰、叱咤风云的品牌都已经成为历史长河中的微小浪花和中国营销界长期议论的话柄。标王破灭的原因有很多，在传统营销的旧观念下，不计成本追求"一夜成名"，最后成为空心化品牌形象是原因之一；更重要的是从媒体推广的角度讲，全面的"空中地毯式轰炸"，绝对没有当代大数据支持下的精准营销的"定点突破"更加有效、更加节约资源。

报纸、电视、杂志、广播被称为传统营销环境下四大推广媒体，也是传统营销中宣传与推广企业品牌和产品的主要平台。然而，在互联网时代的新营销环境中，除自身存在的劣势并没有克服之外，又面临着大行其道的新媒体的冲击，传统媒体在营销推广方面为企业提供的利益则日渐减少，表现在以下几个方面。

1. 时效性

2012 年 8 月 26 日，延安发生了 36 人罹难的特大交通事故。理应悲伤的时刻，原陕西省安监局局长杨达才面带微笑的照片成为网络上关注的焦点，互联网上关于杨达才的各种揭发此起彼伏，被曝其眼镜价值 10 万元以上，有数块价值不菲的名表，各种消息充斥网络，成为社会大众口诛笔伐的对象。网友在网上的不断"施压"和网络媒体的频繁渲染报道促使陕西省纪委对杨达才做出处理。2012 年 9 月 21 日，陕西省纪委研究决定：撤销杨达才陕西省第十二届纪委委员、省安监局党组书记和局长职务；2013 年 8 月 30 日，西安中级人民法院在 3 号法庭公开开庭审理被告人杨达才受贿、巨额财产来源不明一案，判处杨达才有期徒刑 14 年。这一事件中，陕西日报、陕西电视台等传统媒体完全处于被动状态，更不要谈论时效性了。

一个新闻事件发生后，网络和手机报不仅仅是在当日，更是在短短的数小时，甚至是十分钟、数分钟内就会播发出去。报纸是昨日新闻，往往是第二天才能报道这方面的信息，明显滞后于新媒体。"5·12"汶川大地震后，凤凰网在很短的时间内就将消息发布出来，各家手机报也在当日下午版播发了消息，而绝大多数报纸只能在 5 月 13 日报道这则突发性新闻事件。

2. 互动性

传统媒体无论是发布的新闻还是企业宣传推广信息，更大的劣势是其缺乏与目标人群的互动性。我们在新媒体经常看到，如果发生某重大事件，网络媒体、手机流量媒体等可以在最短的时间内开辟专栏，不断更新信息，发表来自世界各地的有兴趣的人群对该事件的各种评论、互动交流，读者可以在第一时间了解事件进展，更可以了解官方与民间的各种声音。马航 MH370 飞机失联之后，新加坡联合早报、新浪新闻等网络媒体纷纷开辟专栏，将事件的最新消息、专家的分析判断、网友的祈福、相关政府的表态、家属的担忧与悲伤等林林总总的信息发布在网络上，关心事件的读者可以在新媒体上找到自己关心的内容，发表自己的关切与关心，国际与国内的网友实现了大互动。

3. 持续性

传统电视与报纸媒体，在新闻宣传和企业推广信息发布以后，由于其特性所局限，不可能将信息持续保留下来，一定意义上讲，其新闻和信息是片段的、非连续的，读者很难将多日前的信息连接起来进而进行分析。而新媒体则可以将相关消息集成专栏较长时间记录在网上，从事件的第一个信息，到当天所有相关信息，均可在栏目发布以供读者查询。如联合早报网关于马航 MH370 飞机失联的新闻消息，从 2014 年 3 月 8 日失联消息以来直至笔者写作的今天，仍然在特辑中不断更新着这架飞机的所有重要消息，读者通过网络可以一窥事件的来龙去脉及最新的信息。

4. 推广人群匹配度

传统营销更加注重所谓营销的 STP（市场细分、目标市场和市场定位，下章中将集中论述）。从理论上讲，传统营销环境中的企业营销推广应该更加注重选择媒体的目标人群，如企业认为自身的产品定位于中等收入的女性人群，那么其投放宣传推广的媒体应该是中等收入女性人群关注的媒体；但是由于传统媒体的自身特性，导致企业很难比较准确地选择目标人群关注的媒体，只好选择那些高覆盖面、传播范围广的媒体以达到覆盖住目标群体的推广目标，这也是为什么 20 世纪 90 年代如此众多的企业大户宁愿花大价钱去做中央电视台的"标王"，也是为什么中央电视台的广告收入逐年疯涨的原因。所以，小企业根本没有机会和能力在强势媒体上投放广告，而所谓的财大气粗的企业虽然可以成为明星企业，但也背上了巨大的财务负担，像秦池酒、孔府宴酒一样从璀璨明星滑落成为短暂的"流星"。

对于新媒体而言，需要做的重点就在于进行流量细分，即网络人群细分，这可以使它与目标客户群实现有机匹配。例如，有的广告主根据不同的网页主体内容推出不同的广告，依据 BBS（电子布告栏）论坛主题投放针对性广告，基于关键词、基于内容类别的细分来发布微博广告，通过微信朋友圈转发功能实现定向投放等，企业投入的费用可依自身实际需要和能力进行调整，从小投入到大投入，实现投入产出比最大化。

上述四个方面只是在大数据时代，传统营销的内容和方法所面临的挑战，还有很多方面将在下述各章中分别予以阐述。

第三章　营销与迎销

营，《说文解字》中标为𤇾。营，现代汉语中有多种含义，我们列举两个含义：

1. 意为"经营，管理"，例如：营业，经营，国营，民营；

2. 意为"谋求"，例如：营求，营救，钻营。

迎，《说文解字》中标为𨒅，意为逢也。逢，遇也。本意为相逢。我们列出以下几种含义：

1. 意为"迎接"，例如：迎接，欢迎，迎宾，迎候；

2. 意为"对着，冲着"，例如：迎面，迎风，迎刃而解；

3. 意为"揣度别人心意而投其所好"，例如：逢迎，迎合。

一、营销核心在于"营"

"营销"一词翻译自英文 Marketing，应该说翻译为中文时取用"营"字是非常传神的，突出了"管理""谋求"的原含义，并与企业行为中的销售（Sales）和企业应对的市场（Market）形成了明显的分隔，体现了英文（Marketing）本意中"它是指个人或群体通过创造并同他人交换产品和价值，以满足需求与欲望的一种社会和管理过程" [11]。

全世界公认的营销理论大师菲利普·科特勒认为，市场营销是个人和集体通过创造产品和价值，并同别人进行交换，以获得其所需所欲之物的一种社会和管理过程。台湾学者则将 Marketing 翻译为"行销"，台湾的江亘松在《你的行销行不行》中解释营销的变动性，将英文 Marketing 做了下面的定义："什么是营销？"就字面上来说，"营销"的英文是"Marketing"，若把 Marketing 这个字拆成 Market（市场）与 ing（英文的现在进行时表示方法）这两个部分，那么营销可以定义为"市场的现在进行时"。[12]

营销理论 STP+4P 理论是多年来经典营销理论和企业营销实战中的核心战略与策略，STP 理论由市场细分（S，Market Segmentation）、目标市场（T，Market Targeting）、市场定位（P，Market Position）三个部分组成，通过市场细分选择目标客户，进而以此为根据确定目标市场，最后进行市场定位。4P 理论成型于 20 世纪 60 年代初，1967 年，菲利普·科特勒在其畅销书《营销管理：分析、规划与控制》（第一版）中进一步确认了以 4P 为核心的营销组合方法。

- 产品（Product）：注重开发产品的功能，要求产品有独特的卖点，把产品的功能诉求放在第一位；
- 价格（Price）：根据不同的市场定位，制订不同的价格策略，产品的定价依据是企业的品牌战略，要注重品牌的含金量；
- 分销渠道（Place）：企业并不直接面对消费者，而是注重经销商的培育和销售网络的建立，企业与消费者的联系是通过分销商来进行的；
- 促销（Promotion）：企业注重通过销售行为的改变来刺激消费者，以短期的行为（如让利，买一送一，营造现场气氛等）促成消费的增长，吸引其他品牌的消费者或使消费者提前消费来促进销售的增长。

仔细分析一下，上述营销的解释定义和多年的营销理论与实践，重点突出了管理和执行的"知"与"行"，中心在于"营"。或者说，企业市场营销的出发点、中心点、落脚点都要表现出"管理""谋求"等，营销的成功判断就是要通过市场细分找到目标市场，进行正确的市场定位和产品定位，运用正确的产品战略、价格战略、渠道战略和促销战略等营销组合，达成企业的营销目标。台湾的江亘松先生在论述 4P 时，曾经以产品（Product）营销为例，归纳为产品营销五字诀——"无有优廉跑"，即"人无我有、人有我优、人优我廉、人廉我跑"，总结的营销智慧为"在产品生命周期中，善用营销 4P 观念可以保有销售上的竞争优势与利润空间"。[13]传统营销的核心在于"营"，即在于筹划、谋划、策划、企划，企业营销水平高低在于"营"的水平高低。很明显的是，传统营销更出于企业自我，以企业为出发点，即便标榜消费者为中心、客户为上帝，根本上还是从企业自己的角度出发的，找寻细分市场，筹划好目标人群并进行正确的市场定位，达成营销目标；而我们强调的"迎"，则与此有本质的不同。

案例：诺基亚的成功与失败

几年以前，提到移动电话（手机）产品，绝大多数人头脑中想到的第一品牌，或者说手机的代表产品一定是——诺基亚。在 1982 年，诺基亚（当时叫 Mobira）生产了第一台移动电话 Senator。随后十几年时间，诺基亚研发了众多的移动电话技术和初期产品，并在 20 世纪 90 年代中期将集团的业务全面整合为以移动电话为中心，直到 21 世纪前 10 年，一直占据着全世界移动电话市场的领先地位。2003 年，诺基亚 1100 在全球已累计销售 2 亿台；2009 年诺基亚公司手机发货量约 4.318 亿部；2010 年第二季度，诺基亚在移动终端市场的份额约为 35%。诺基亚不仅在产品销售上，而且在移动电话的多项指标上保持着领先地位：第一个推出换壳的概念，使手机从冰冷的电话设备成为具有时尚流行特点的快速消费品；第一个推出支持手机铃声下载和屏幕保护的新应用（不仅为运营商创造了新的利润增长点，而且培养了一批无线内容提供商）；第一款具有照相功能的手机于 2001 年推出，引领了其他品牌手机增加照相功能，使照相功能成为手机的标配。诺基亚的众多第一与技术专利并没有保佑它永远成为市场第一，多种原因导致诺基亚开始走上下坡路，产品越来越不受消费者青睐，市场份额被众多新品牌超越，公司亏损严重到了难以为继的地步。直至 2013 年 9 月 3 日，微软和诺基亚官方宣布，微软将收购诺基亚手机业务部门，并在 2014 年 4 月 28 日，微软正式完成对诺基亚的收购，收购后诺基亚实体公司更名为"微软移动"。2014 年 10 月 24 日，微软正式在 Lumia 手机上用"Microsoft"取代了诺基亚的品牌命名，推出了新 Lumia 手机的设计，该公司未来将在 Lumia 设备的前部和后部使用"Microsoft"

字样来代替从前的"NOKIA"。微软对诺基亚的收购，意味着曾经风光无限的移动电话诺基亚王国的消亡，移动电话进入了智能手机新时代！

二、从营销到迎销

诺基亚案例中，诺基亚从辉煌走向衰落，企业家和营销学者从中可以分析总结出多种多样的成功因素和失败教训，但是如果有人认为诺基亚没有做好消费者调查，不关心目标市场的需求，忽视或者没有做好 STP+4P 理论与实践导致其走向失败，这样的结论是不客观的，也是诺基亚的营销者不肯接受的，因为诺基亚可能是 20 世纪 90 年代以来最重视移动电话市场研究、投入最大、知行合一最彻底的企业之一。

以诺基亚中国市场营销为例，1985 年，诺基亚公司在北京建立了第一家办事处，开始了在华发展阶段。在 20 世纪 90 年代中期，诺基亚通过在中国建立合资企业，实现本地化生产，使中国发展成为诺基亚全球主要的生产基地、产品研发中心和人才培养基地。

2001 年至 2006 年，诺基亚连续 5 年被《经济观察报》评为"中国最受尊敬的企业"；在 2004 年《财富》中文版发起的首次"中国最受赞赏的公司"的评比中，诺基亚入选前十名企业。从 2004 年开始，诺基亚移动电话凭借丰富创新的产品系列、深入的本地化战略、成功的渠道建设以及不断提高的品牌忠诚度，连续多年赢得了中国整体移动电话市场份额的第一名。

诺基亚一直认为他们深刻了解目标市场和消费者细分市场，针对这些特点，诺基亚制订了自己的产品战略并且依据市场的不断变化进行适度的调整。如，面对市场的不断发展变化，诺基亚不断开发新的产品、开拓新的市场来满足消费者的各种需求，保证每年新推出五至六款机型，保证产品外形、功能、性能不断提升，以满足市场需求。为了满足需求的多层次性，诺基亚推出多系列的产品：

1 系列：低端系列；

2 系列：入门级手机的低端系列；

3系列：真我个性系列；

5系列：运动活力系列；

6系列：商务精英系列；

7系列：时尚先锋系列；

8系列：尊贵典雅系列；

9系列：个人助理系列；

E系列：面对商务人群，面向企业用户的智能手机；

N系列：面对追求时尚的年轻人群而开发的高端智能手机。

其中1系列和2系列主要面向低端用户群，其特点是功能简单实用，质量好；6系列、7系列分别主打性价比和外观，主要面向对象是年轻消费者和女性消费者；而N系列则可以说是功能和性能都比较突出的系列，主要面向白领阶层。

2008年以来面对三星、索爱、LG等品牌手机和iPhone3、黑莓等智能手机的竞争和冲击，诺基亚也不断调整市场战略和产品研发方向。2009年以音乐为主导的X系列作为新手机终端品牌推出，成为新的音乐手机品牌，可以视为将XM音乐系列和N高端系列结合在一起的新一代产物。诺基亚2008年实现了对Symbian系统的100%控股，并免费向其他厂商开放，旨在反击Android和iPhone系统，推出全新互联网品牌——Ovi。诺基亚加速了向移动互联网企业转型的步伐。

为什么这么关注市场、研究并开发满足目标市场需求变化的诺基亚企业，在三星、iPhone等新兴手机企业的进攻中不堪一击而轰然倒下呢？根本的原因是新时代的消费者抛弃了以诺基亚为代表的移动电话产品，新的时代催生了被消费者热烈追捧的"手机终端"。

营销教父菲利普·科特勒教授和两位印尼学者2011年合作出版了《营销革命3.0：从产品到顾客，再到人文精神》（Marketing3.0，From Products to Customers to the Human Spirit）一书，书中认为："在过去60年里，营销活动已经从以产品为主的营销1.0时代演变到以消费者为主的营销2.0时代。如今，为应对经济环境的新变化，营销行业正在大步迈进一个全新的年代。"我们正在进入营销3.0时代，

"企业从消费者中心主义转向人文中心主义的时代"。[14]

科特勒把营销分为三个时代，第一个时代就是营销 1.0，即以产品为中心的时代。这个时代的核心是产品管理，营销也被局限于支持生产活动的七大功能之一，它的主要功能是为产品创造需求。麦卡锡的 4P 理论被奉为 1.0 时代的圭臬：开发产品、制定价格、进行促销和建立渠道。简而言之，此时营销尚停留在战术阶段，它几乎不需要任何创新。营销 1.0 时代基本上是卖方市场时代。

从 20 世纪 70 年代开始，全球逐渐进入买方市场时代：产品日益丰富，为争夺顾客，企业之间开始了盲目的竞争。这时候更多的营销因素诞生了，比如 4C（Consumer's Need, Cost, Communication, Convenience）所强调的顾客、成本、便利性和沟通，营销也因为处于顾客需求不足的时代而愈发引起企业重视，逐渐从战术层面上升至战略层面。营销者认识到，要更有效地创造需求，就必须改变以产品为中心的方式，转变为以消费者为中心。STP 战略的出现是营销 2.0 时代的核心标志。

从 20 世纪 90 年代开始，电脑、互联网逐渐进入人们的生活。随着网络化的深入，人类也开始变得高度互联，信息不再是稀缺资源，消费者的消息变得异常灵通，同时也极大地促进了口碑的传播。为了适应这些新的变化，营销者又一次开始了营销变革，更专注于人类的情感需求。新时代的营销概念也应运而生，比如情感营销、体验营销、品牌资产营销等。先前的以消费者为目标的传统市场定位模型已经无法继续创造需求，现在的营销者必须同时关注消费者的内心需求。这就是科特勒所说的营销 3.0。[15]

诺基亚、摩托罗拉等品牌的移动电话产品，都在营销的"营"的内容和实战上呕心沥血，还是处在营销 2.0 的时代，忽视甚至没有看到营销的 3.0 时代已经开始并迅速成为主流。随着互联网经济、大数据技术的成熟，传统营销的观念和技术越来越不适应新的营销环境，因为营销开始走向"迎销"，即企业的营销要改变以"营"为中心，要树立以"迎"为核心、为基础、为方向的新"迎销"，"欢迎和迎接"新迎销时代的到来，从战略和应用上"迎合"消费新需求、消费新习惯、消费新方式的变化，"逢迎"消费者的产品偏好，改变传统营销观念，以新的迎销观进行企业的经营活动、销售活动、市场推广活动等。

严格意义上讲，诺基亚、摩托罗拉等品牌的移动通信产品，应该称为"移动电话"更为确切。虽然在电话的功能外，增加了音乐、图书阅读、拍照等附加功能，但是在 3G、4G 技术未应用于手机之前，消费者使用诺基亚等手机产品，更多还是在使用电话、短信等基本功能，和互联网的结合更是凤毛麟角的高端产品才具备的功能。"3G"（3rd-generation）是第三代移动通信技术的简称，是指支持高速数据传输的蜂窝移动通信技术。3G 服务能够同时传送声音（通话）及数据信息（电子邮件、即时通信等），代表特征是提供高速数据业务。相对第一代模拟制式手机（1G）和第二代 GSM、CDMA 等数字手机（2G），第三代手机（3G）一般地讲，是指将无线通信与国际互联网等多媒体通信结合的新一代移动通信技术。3G 技术开始快速发展并应用是在 2009 年以后，而随着无线通信技术的快速发展，2014 年开始 4G 技术的快速应用，4G 集 3G 与无线局域网于一体，并能够快速、高质量地传输数据、音频、视频和图像等。4G 能够以 100Mbps（兆比特/秒）以上的速度下载，并能够满足几乎所有用户对于无线服务的要求。很明显，4G 有着不可比拟的优越性，因此 4G 普及得非常迅速。据中国工信部报告，截至 2015 年 12 月底，中国电话用户总数达到 15.37 亿户，其中移动电话用户总数为 13.06 亿户，4G 用户总数达 3.86225 亿户，4G 用户在移动电话用户中的渗透率为 29.6%。[16]

从消费者使用的角度讲，以诺基亚、摩托罗拉为代表的企业生产销售的应该是 1G 或 2G 的移动电话，而不是消费者理解的手机终端。

2009 年之后的消费者，手机电话通信功能已经弱化，手机是消费者连接互联网虚拟世界、与朋友们交流感情、记录与收集生活工作学习的信息、消费或销售产品与服务等的终端设备，手机实质上不再是手提电话的简称，应该是"手提移动终端机"更为准确。不幸的是，2009 年 3G 手机大行其道的年份，正是诺基亚产品从高峰到下滑，直至退出手机市场的开始之年。

实际上，诺基亚早就看到了 3G 技术、手机与互联网连接的未来趋势。早在 2006 年，诺基亚就已经开始研究移动电话将会变化为手机终端的可能性，并在产品开发、软件研发，甚至公司组织结构设立等方面进行了探索。但是，依据本书的主题来讲，他们还是在"营"的方面投入了最大的力量，而没有"迎合、逢迎"消费者的变化。例如：移动电话转为智能手机，功用的增加使得智能手机屏幕的大小和可操作性变得非常重要，诺基亚则认为在移动环境下并不是问题，而在办公室或住所这样的固定环境，可以通过外接显示器来弥补。而对这一问题，苹果显然是从另外一个角度思考的——2007 年 1 月发布的第一代 iPhone 直接将智能手机屏幕尺寸从 2 英寸（1 英寸≈2.54 厘米）扩大到了 3.5 英寸。不要小看这 1.5 英寸的变化，正是这一点面积的变化带来了质变。在移动办公上，3.5 英寸的屏幕就能够让原来在传统手机上很难展现的 Office 文档很好地呈现；在娱乐上，较大的屏幕尺寸让手机直接变身为移动影视播放终端。

iPhone 并非孤立地解决了屏幕尺寸问题，使用电容式触摸屏是其能够放大屏幕尺寸的先决条件。传统手机由键盘操作，占用了手机相当大的空间，虚拟键盘的使用让消费者感到更加方便。iPhone 首先使用了"双指收缩"技术，iPhone 用户能够依靠这种多点触控技术，很容易地缩小和放大网页，而诺基亚等手机的电阻式触摸屏无法像 iPhone 手机这样只用手指即可操作，所以诺基亚手机在移动环境下使用非常不便。

遗憾的是，这两个战术问题，诺基亚从 2008 年发布第一款触摸屏手机 5800，足足用了 2 年才认识到关键所在，其间，诺基亚接连发布的 N97 和 N800 等旗舰产品仍然使用电阻式触摸屏。

从这个手机屏幕大小及触屏技术的应用可以看出诺基亚和苹果公司对待消费者的"营"或"迎"的截然不同，消费者的消费观和使用习惯正在变化，是从自身观念出发极力"筹划、策划"的"营"，还是"迎接"消费者的消费变化来"逢迎、迎合"消费者而抢占市场，不言自明。

三、传统营销在当今时代的局限性

随着时代的变化，构建市场的基本要素发生了很大变化，甚至有些是翻天覆地的变化。传统经典的 STP+4P 的营销战略组合不论是内涵，还是外延都发生了巨大的变化，因此来源于市场的营销理论和实践必然会随之发生变化和调整。

表 3-1　几项著名的营销理论的发展与调整

名称	主要观点和内容
4P 理论	以正确的产品、正确的价格、合适的销售渠道、恰当的促销手段，在符合的目标市场中，将企业的产品与服务与企业目标客户实现交换，达成成功和完整的市场营销活动
10P 理论	营销大师科特勒认为传统的 4P 理论属于战略层面，企业运用时除做好战略上的 4P 手段外，还应该在战术层面上做好另外的 6 个 P，即"探测"（Probing）——探测市场；"区隔"（Partitioning）——进行市场细分，认清差异性顾客群；"优先"（Prioritizing）——企业要将最大资源优先满足目标市场，而不是整个市场；"定位"（Positioning）——市场定位；"政治权利"（Political Power）——营销要符合法律规范，受到权力制约；"公共关系"（Public Relations）——营销离不开社会，要处理好企业内外的公共关系
4C 理论	以顾客为中心进行企业营销活动规划设计，从产品到如何实现"顾客需求"（Consumer's Need）的满足，从价格到综合权衡顾客购买所愿意支付的"成本"（Cost），从促销的单向信息传递到实现与顾客的双向交流与"沟通"（Communication），从通路的产品流动到实现顾客购买的"便利性"（Convenience）
4R 理论	从消费者的角度更加关注，"关联"（Relevance）——建立并发展与顾客之间的长期关系；"反应"（Response）——站在顾客角度及时倾听、高度回应消费者需求；"关系"（Relationship）——与顾客建立长期而稳固的关系，从实现销售转变为实现对顾客的责任和承诺；"回报"（Reward）——交易与合作的合理回报就是追求为顾客和股东创造最大价值
4V 营销理论	即"差异化"（Variation）——关注产品差异化、市场差异化和形象差异化；"功能化"（Versatility）——以功能组合的独特性来博取多种需求客户群的喜爱；"附加价值"（Value）——不仅是产品本身，还要包括品牌、文化、技术、营销和服务等因素所形成的价值；"共鸣"（Vibration）——指企业为客户持续地提供具有最大价值创新的产品和服务，使客户能够更多地体验产品和服务的实际效用，在企业和客户之间产生利益与情感共鸣

分析上述营销理论，我们得到如下两个结论。

（1）这些经典的营销理论和实践，在不同时期给营销界和企业界带来了巨大影响，为许多企业的成功提供了不可替代的理论指导和实战技巧，许多营销战略和战术成为企业的金科玉律，营销人士自觉不自觉地在意识和行动上遵循着这些理论和方法。然而，当今世界日新月异，我们被互联网连接着，大数据时代开始走进我们生活的方方面面，工业品 4.0 时代也扑面而来，消费者购买方式和购买习惯及渠道不断多元化，现代和新兴渠道强势出现并快速成为消费者消费的重要战场，大量产品从过去的供小于求改变为供大于求，数字化技术的广泛应用使我们的视听和感觉世界中出现了众多新媒体，"地球村"成为现实，新现象、新经济成为新常态，营销的理论和观念必然要再次进行调整。

（2）这些营销理论不论是更多地从企业角度出发的 4P 理论，还是更强调从消费者角度出发的 4C 与 4V 理论，都显现了以企业为营销起点和终点的特征；或者说，企业所有的营销活动都是策划、企划，开发与推广企业认为正确的差异化产品与服务，满足定位准确的、能够与目标市场和客户建立长期有效关系的市场活动，企业的营销者们时刻研究着消费者的需求、目标市场的变化，策划认为符合市场规律的推广活动。但是有时"成也萧何败也萧何"，我们看到了众多成功的市场营销案例，却也有众多的企业倒在"营销"的阴影中。为什么？难道这些营销理论错了？不可一世的强大的诺基亚失败了，但为什么苹果手机、小米手机等却取得了空前的成功呢？

答案可能是我们的企业需要改弦更张了，需要坚守企业营销最根本的核心——"消费者"本身了，而不是陷入如何提高劳动生产率、如何使产品价格更具竞争力、如何建立最多的终端和渠道等传统营销方法中，因为新时代已经来临，我们进入了迎销时代！

四、迎销战略

1. 迎销战略的概念

商业史学家钱德勒在其鸿篇巨制《战略与结构》（1962 年）中指出：战略可以定义为确立企业的根本长期目标，并为实现目标而采取必需的行动序列和资源配置。

何为迎销战略？迎销是传统营销理论基础上的新发展，是应对互联网大数据时代营销新特点的新观念和新方法。它要求企业回归营销本源——产品与消费者，迎销的所有环节都要与消费者紧密沟通，全面迎合消费者；企业不再以自我为中心营销（企划或策划）市场和消费者，而是在大数据技术支持下，通过数字化平台与线下实体渠道和终端有机结合，尽其所能地逢迎消费者对产品和服务的物质需求与精神层面的要求。

耐克公司耐克鞋定制是非常好的迎合消费者的案例。耐克将产品本身变成为一个开放系统，允许顾客参与产品生产或制造。耐克在官网中标榜定制鞋："诠释自我——NIKEiD 助你倾力表现自我，定制专属精彩，塑造超凡外观，独特自由生活你亮出"；"你的灵感由你定制——专属你的表现，专属你的风范，打造专属你的运动鞋款"；"释放灵感——顶尖鞋款由你定制，尽情演绎专属你的灵感之作"。消费者在耐克的官网上可以定制打篮球、跑步、运动生活等各个系列的运动鞋，甚至可以根据自己对某个明星的热爱，定制勒布朗、杜兰特，甚至篮球之神乔丹的专属自己的明星系列运动鞋。消费者根据官网的帮助与提示很方便地定好自己的"专属鞋"后，网络会有一系列的帮助，提示消费者生产时间、效果图像以及退换货政策、物流时间等。当然，消费者如果愿意到实体终端店去定制产品，也可以选择设在一些城市的终端店面，直接接受店面服务人员的面对面的服务。需要强调的是，无论是在网上还是在实体终端，消费者定制自己的产品时，耐克公司人员没有任何的所谓设计思想、定制建议等，完全由消费者自己设计，消费者还可以在鞋上"秀出个性签名"。定制订单自动生成后，将完全按照"你的设计"生产产品，按照约定将定制鞋物流至指定的地点，耐克公司完全是"迎合"消费者的愿望,"逢迎"消费者的需求,真正打破了传统营销中的产品设计与生产的过程,甚至还有消费者意想不到的惊喜!

案例:告诉你我认为最牛的 iD(耐克个性定制)经历

2014年年底的时候,正是 roshe run 风生水起的时候,一双黑白配色的 roshe run 的价格在 1200~1700 元不等。可怕啊,简直可怕!一双如此普通的鞋子是如何涨到这个地步的?

当然这不是本次的重点,虽然涨价这么厉害,但我还是想要。关键是,当时正在追一女孩子,她想要,可是太贵,我又买不起,咋办? iD 啊!

由于是最基本的黑白配色,iD 完全能够应付,加上还能够在鞋跟定制名字刺绣,一人来一双,写上名字,这情侣鞋,我给满分。

iD 其实是有折扣券的,TB(淘宝网)上有很多,但是由于 roshe run 当时的 iD 价格实在太便宜,只要 659 元,当时没涨价,很多 TB 店不接单。好吧,原价我也愿意。

我很兴奋地下了单,一问交付日期,大概一个月,好吧,来得及。女孩子一个半月以后回澳村,这是最后的机会了,成不成就看这次了。

然后,你们以为故事的发展是鞋子到手,很满意,女孩子很喜欢,我很开心地和女孩子在一起。

那我就不会来写这篇文章了!

女孩子把我甩了,也不准确,因为根本没在一起过,反正女孩子不想和我联系。自认为没做错什么,反正就是掰了。那么重点来了,这鞋子怎么办啊?卖了?没 iD 也就算了,写人家姓了,又是 39 码的女鞋,我哪里去找一个 39 码姓王,又喜欢 roshe run 的女孩子啊!

万念俱灰的我,找到了耐克的客服。

"请问,iD 能退货么?"

"当然可以啦,请问是有什么问题吗?"

"iD 也能退啊?没什么问题啊,就是单纯不想要了可以吗?"

"可以的，退货时请保证包装完整，订单选择退货就行了。"

"鞋子是印尼的工厂做的，发的 DHL（中外运敦豪），我退货是要退给印尼吗？"

"不用，直接退给国内的耐克仓库就行了。"

一波三折，跌宕起伏，我们一般都认为，定制款是不退不换的。但是耐克的 iD 产品居然能够退货，而且是无理由退货，简直是逆天！而且人家是发 DHL 从印尼工厂直邮到手的，简直是土豪！

退款非常快，工厂收货后的几小时内，我就收到了退款。

这就是我 iD 的经历，当然，我只退了那女孩子的一双，我自己的那双，一直都穿着。[17]

从这个耐克鞋粉丝的经历可以看出，耐克将"逢迎"消费者做到了极致。

2. 迎销战略属于企业职能层战略

如果说"迎销"是应对互联网时代、大数据时代营销新特点所应该采取的新战略观念和新方法，那么就要从企业战略管理谈起。若干年来，企业战略理论最流行的是美国企业战略大师迈克尔·波特（Michael E.Porter）提出的战略系统理论。

迈克尔·波特在世界管理思想界被歌颂为"活着的传奇"，是当今全球第一战略权威，是商业管理界公认的"竞争战略之父"。他的战略系统理论主要由"五力理论、竞争战略理论、价值链理论"构成。这些理论被众多的国内外企业视为"圣经"，企业在经营中严格执行，培养了众多的成功企业。

图 3-1 中，波特表达的是：行业中存在着决定竞争规模和程度的五种力量，分别为新进入威胁力量、替代品威胁力量、买方议价能力、供方议价能力以及现存同一行业竞争者之间的竞争，这五种力量综合起来影响着产业的吸引力和行业的利润水平。五种力量模型分析了一个行业的基本竞争态势，企业可以在五力模型分析的基础上，建立长期可行的竞争战略。[18]

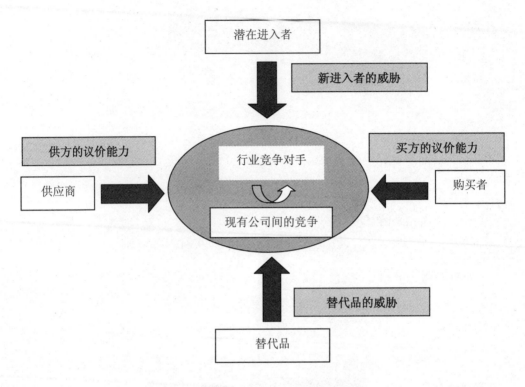

图 3-1　迈克尔·波特的五力模型示意图

然而，波特的五力模型在企业实际运用中却出现了很大的难题，例如，模型的最佳情况是企业战略制订者应该了解所在行业的最多信息，但实践中很难实现；再如，五力模型中，行业的规模是相对固定的，企业扩大市场规模和市场占有率的方法是要蚕食竞争者的现有市场规模，而现实中，企业所在行业中可能有众多的竞争者，企业与众多竞争者竞争并蚕食他们的市场，面临巨大困难，成本上也未必有利于自身。其实企业可以通过开发新资源，创新企业市场，扩大市场容量，从而开辟自己的新天地，这种战略手段在现实中非常多见。但无论如何，波特的五力模型理论为企业的战略制订者们提供了思想方法和企业的努力方向，蕴含着成功的"一般战略"思想，那就是大家熟知的并被众多企业家奉为圭臬的企业战略，即总成本领先战略、差异化战略、聚焦战略。

迈克尔·波特在其《竞争战略》和《竞争优势》中详细阐述了"一般战略"

思想，提出了企业的一般竞争战略或基本竞争战略理论。

总成本领先战略要求企业积极建立达到有效规模的生产设施，全力以赴降低成本，严格控制成本与管理费用，最大限度减少研究开发、服务、推销、广告等方面的成本费用，使成本低于竞争对手，获得同行业平均水平以上的利润。

差异化战略又称标歧立异战略，是指企业凭借自身的技术优势和管理优势，将所提供的产品或服务标歧立异，形成一些在全产业范围中具有独特性的东西。比如生产在性能上、质量上优于市场上现有水平的产品；或在销售上通过有特色的宣传活动、灵活的推销手段、周到的售后服务，在消费者心目中树立起不同一般的良好形象。

聚焦战略，是指把经营战略的重点放在一个特定的目标市场上，为特定的地区或特定的购买者集团提供特殊的产品或服务。总成本领先和差异化战略在多个产业细分的广阔范围内寻求优势；而聚焦战略则选择产业内一种或一组细分市场，提供满足特定用户需求的产品和服务，以寻求成本优势（成本集中）或差异化（差异化集中）。

从战略管理的角度来讲，一般意义上，战略管理可以分为三个层次，即公司层战略、业务层战略、职能层战略。各个层次的关注重点与分析要素各有侧重，为各自层次提出不同的设想和解决方案，但最后的落脚点都是为企业的总目标、企业的愿景和使命服务的。

波特的三大战略可以说是业务层面的战略管理内容。

战略管理理论一般认为，职能层战略是为贯彻、实施和支持公司层战略与业务层战略而在企业特定的职能管理领域制订的战略。

职能层战略主要回答某职能的相关部门如何卓有成效地开展工作的问题，重点是提高企业资源的利用效率，使企业资源的利用效率最大化。其内容比业务战略更为详细、具体，其作用是使公司层战略与业务层战略的内容得到具体落实，并使各项职能之间协调一致。

迎销战略可以归为"职能层战略"，而职能层战略属于企业具体操作层面的问题，或者说是企业在执行方面的战略。实战中，当前市场瞬息万变，企业战略管理更多表现的是职能层级的战略问题和解决方案，而不是层级战略和业务层级战略。

迎销战略作为职能层战略的管理内容，要求企业必须在大数据时代的新现象、新特征和新变化中研究市场新现象、消费者需求，分析并制订符合消费者新消费特征的产品策略、渠道策略与战术、市场推广新策略与战术。新的迎销战略决定企业在运营和市场竞争新环境下迎销的主要活动和主要方向。当然，迎销战略是一个体系，更加强调企业经营的最基本点，即产品和消费者（用户），而在大数据时代，这两个基本点的内涵和外延都发生了巨大而深刻的变化，有的是革命性的变化，囿于以 STP+4P 为代表的传统市场营销战略的企业，如果还是抱残守缺、故步自封，有很大的可能被这个伟大而崭新的时代所抛弃。

上述迎销战略体系中的具体内容，将在后面章节中分别阐述。

但无论属于战略管理的哪个层次，战略就是用来设计如何提升企业和职能部门核心竞争力、获取竞争优势的一系列综合的、协调的约定和行动。从这个意义上来说，战略选择表明了这家企业准备做什么，以及不做什么。通常情况下，企业在进行战略思考和战略设计时，战略管理者应全面审视和研究分析以下问题。

（1）我们是怎样的一个企业？

（2）公司的使命是什么？

（3）企业生存的价值在哪里？

（4）公司的愿景是什么？

（5）对宏观经济以及产业经济发展进行判断，确定企业的发展态势——进、退、守。

（6）主业能否提供足够的发展空间？

（7）单一还是多元化经营（何种多元化）？

（8）是否存在战略协同业务？

（9）近、中、远期的主业应如何演变？

（10）企业通过什么去竞争？

（11）什么是企业的核心竞争力？

（12）企业在什么地方进行战略投资？

（13）实施上述战略意图，应如何规划并设计组织结构、文化、人力资源、营销体系、技术发展、资本运作等？[19]

3. 迎销战略是应对当前新市场环境的必然产物

世界和中国进入互联网时代，构成市场营销的要素正在和已经发生了巨大甚至翻天覆地的变化。产品研发与生产、客户服务、渠道变革与新渠道的不断出现与强大、市场推广方式与传播平台也发生了变革，企业多方合作、多方多赢，观念创新、产品创新、渠道创新等思维方式成为企业发展和成功的重要因素。

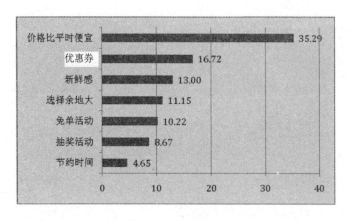

图 3-2　消费分析

进入互联网时代，市场环境变化最大的因素应该是电子商务消费的产生及成长，直至成为当今重要的消费者的购物渠道，甚至成为某些消费者的首选平台。电商经销的产品从最初的所谓标准化特征明显的产品如电子产品、衬衣等，到现在的包罗万象、无奇不有的产品。每年的 11 月 11 日（光棍节）成为网民的购物狂欢节，颠覆了过去市场营销的种种约定俗成的规则。以 2014 年的"双十一"的销售为例：令人目眩的 24 小时之内，阿里巴巴旗下的天猫创下 571.1 亿元的成交额，同比增长 59%。其中移动端消费 243.3 亿元，占 42.6%。以下数据分析见《红麦舆情：2014 年"双十一"消费行为研究报告》。

参与"双十一"购物的人群中，认为"价格比平时便宜"是产生购物欲望的主要因素之一，占 35.29%。

除阿里巴巴旗下的天猫和淘宝网继续是主力电商网购平台外，其他知名平台也取得了较好成绩。

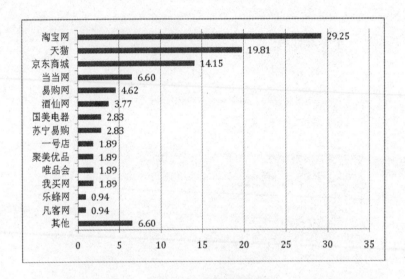

图 3-3　销售分析

多种产品系列都受到消费者的青睐，其中图书、音像、数字商品和家具、家装和厨具等商品的销量位居榜首，达到 13.40%。衣食住行是每年网购的重要项目之一，2014 年也不例外。服饰类、箱包类、运动户外类以及手机、数码等通信产品销量基本持平，在 9.28%左右。另外，消费者对化妆品、营养保健品、家用电器以及鞋类产品的需求大大增加，网购品牌数量也相对较多，占比均在 3.70%以上。

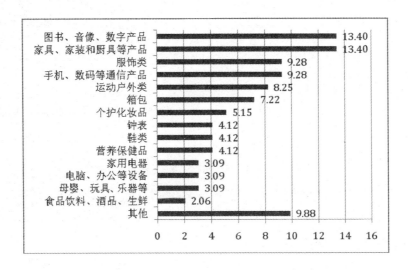

图 3-4 品种分析

在消费金额方面，500 元以下的人群居多，为 36.67%；其次是消费 500～1000 元的人群，为 23.33%。值得一提的是，消费金额在 5 万元以上的人群反而比消费在 1 万～2 万元之间的人群要多出 3.33%，凸显了电商平台上的网购消费能力依然强劲。

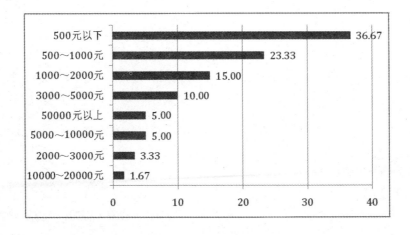

图 3-5 消费金额分析

　　随着大数据技术、移动互联网技术日益成熟，2014 年的电商网购平台、移动互联网实现的购物更加引人注目，仅在阿里巴巴旗下的淘宝、天猫平台的移动端，消费就达到 243.3 亿元，占总销售的 42.6%。

案例：万达电商，目的是服务自己商户，打造最大 O2O（线上到线下）电商公司

　　万达电商成立于 2014 年 8 月 29 日，由万达、腾讯、百度在香港注册成立，注册资金 50 亿元，万达集团持有 70% 股权，百度、腾讯各持 15% 股权，同时进行账号、支付等方面的合作。计划 5 年投资 200 亿元，打造全球最大的 O2O 电商公司。7 个月后，万达在构建电商平台上展开了新的探索，投入重金的电商平台终于上线测试，新平台名为"飞凡网"。

　　万达为什么要做电商

　　万达为什么要做电商？道理很简单，万达的主营业务是地产，尤其商业地产是万达成功的关键，商业地产的运营比住宅开发更为复杂，尤其是早期的选址、招商，还有后续的服务。好的商业，对于自身商户的服务尤其关键，否则后续的收入难以为继。再者，互联网电商的冲击，尤其是对于万达商业这种依靠客流量的模式，成交的转化受到影响，但万达电商的核心目的是服务于自己的商户，至于普通消费者，仅仅是客流来源而已。

　　万达做电商，优势在线下

　　据万达集团官网公布的信息，目前已开业的万达广场有 109 座，五星级和超五星级酒店 71 家，万达百货 99 家，万达影城 150 家，国际文化旅游区 8 个，总消费人次超过 15 亿。这些数据显示，万达拥有业内无可比拟的线下资源优势。

　　与多个行业展开合作，签订积分互通协议

　　随着互联网发展日渐成熟，线上线下逐步融合，"互联网+"时代正悄然袭来。一度不被人们重视的积分在"互联网+"影响下也将迎来新的发展契机。2015 年 4 月 21 日，万达电商飞凡积分与平安集团万里通、京东集团签署积分互通战略协议。平安集团万里通、京东集团成为飞凡积分在电商领域、金融领域的战略级积分互通合作伙伴。后续又有江苏银行、招商银行、携程等企业加

入。

2015 年 6 月，万达电商通用积分与中英人寿签署了战略合作协议，双方进行跨行业积分互通，进行以积分为基础的会员互通，在线上线下联合营销等方面展开深度合作，增加了会员黏性和活跃度。[20]

近年来 O2O 更成为当今企业趋之若鹜的奋斗方向，O2O 即所谓打通线上线下的服务体系。网络中企业对顾客的"亲"的似乎有些暧昧的称呼成为"亲文化"，"把顾客宠坏""一切听您的"等，使得企业与消费者接触更直接、更自然、更顺畅，企业全面"逢迎、迎合"消费者，不再有所谓的"开发消费者的需求""策划方案吸引消费者"等，传统理念将会在不远的将来寿终正寝。企业更加了解消费者的需求并加以满足，传统的产品开发和生产、传统渠道变革和整合的时代已经到来。

第四章　迎合——迎销之消费者研究篇

一、消费者永远是迎销的中心

　　无论是迎销还是营销，都要满足消费者需求，这是理论研究和企业实践的出发点和终点，是判断企业迎销是否成功的试金石。如果产品（包含服务）的生产、销售、使用为一条整体相连的链条，消费者是最重要的中心环节，是生产者和销售者存在的意义。消费者与生产者及销售者不同，他或她购买商品的目的主要是用于个人或家庭需要而不是经营或销售，或者说真正意义的消费者购买商品是为了获得某种使用价值或者对产品的需求与渴望，满足自身的生活消费的需要，而不是为了去转手销售获得盈利。实现消费者购买，才能够达成产品生产者和销售者的目标。因此，企业必须研究消费者的行为，研究消费者不断变化的消费理念和行为特点，这也是消费者行为学这门学科诞生的原因。消费者行为研究就是要研究不同消费者的各种消费心理和消费行为，分析影响消费心理和消费行为的各种因素，揭示消费行为的变化规律。虽然我们进入了大数据时代，但是研究迎销的基本原则和内容，仍然要以消费者为起点展开。

　　企业对消费者行为的研究就是对企业的目标消费者的各种消费心理和消费行为的研究，分析影响消费心理和消费行为的各种因素，揭示消费行为的变化规律。消费者行为是指消费者为获取、使用、处置消费物品或服务所采取的各种行动，包括先于且决定这些行动的决策过程。消费者行为是与产品或服务的交换密切联系在一起的。企业研究消费者行为是着眼于与消费者建立和发展长期的交换关系，不仅需要了解消费者是如何获取产品与服务的，而且也需要了解消费者是如何消费产品的，以及产品在用完之后是如何处置的。一般情况下，对消费者行为的研究，重点一直放在产品、服务的获取上。实际上，研究消费者行为，既应调查、了解消费者在获取产品、服务之前的评价与选择活动，也应重视在产品获取后对产品的使用、处置等活动。只有这样，对消费者行为的理解才会趋于完整。

企业研究消费者行为可以简化为"8W"，见表4-1。

表 4-1　消费者行为"8W"调查表

类目	研究目的
What	消费者倾向消费何种产品或品牌
Why	消费者为什么消费某产品或品牌
Who	消费产品或品牌的消费者是谁
When	消费者倾向什么时候消费
Where（2W）	消费者喜欢在哪里消费，以及消费者从哪里得到产品或品牌的信息
How	消费者怎样了解和使用产品
How much	消费者愿意花费多少钱购买产品

上述消费者行为研究对于企业是至关重要的，《孙子兵法》讲"知己知彼，百战不殆"，运用得好、执行得妙，才是企业立于市场不败的根本，因为消费者行为研究影响企业的品牌形象设计与建设、目标人群与定位、产品定位与开发、产品价格定位与产品周期、渠道选择和分销模式、品牌与产品的推广方向、广告宣传等。一句话，企业迎销（营销）的成功与失败往往取决于企业对消费者的研究是否准确，说"运用之妙，存乎一心"绝不为过。

案例：康师傅方便面诞生并占领市场

顶新集团的创业者是来自中国台湾的魏家四兄弟。1987年底，他们原本计划到欧洲投资。但在动身前，台湾当局宣布开放大陆探亲，他们立即改变行程，决定在潜藏无限商机的大陆市场寻求发展契机。于是，1988年顶新集团开始了在大陆的投资。然而，在进入方便面市场之前，他们也经历了一段坎坷。

刚到大陆时，他们注意到当时许多家庭的食用油都是品质较差的散装油，于是决定把在台湾经营油脂的经验与技术移植到大陆，在大陆生产高品质的包装食用油。因此，顶新集团在北京生产"顶好清香油"，开始了在大陆投资的第一步。但由于缺乏对市场的了解，产品价格定得过高，不为消费者所接受，第一炮没有打响。

后来，顶新集团又在济南投资生产"康莱蛋酥卷"，还曾到内蒙古投资一个蓖麻油项目，但都以失败告终。从台湾带来的一亿元台币赔掉了80%。

康师傅方便面的诞生，却具有相当的偶然性和戏剧性。

一次，魏应行外出办事，因为不太习惯火车上的饮食，便带了两箱从台湾捎来的方便面。没想到这些方便面引起了同车旅客极大的兴趣，大家纷纷夸奖这面好吃，两箱面很快一扫而空。这次经历，魏应行发现了一个新的创业契机，也就是进军方便面市场。吸取前几次失败的教训，在进军方便面市场之前，他们对当时市场上已有的方便面品牌做了仔细分析，发现大陆的方便面市场呈两极分化的趋势：一方面，大陆厂家生产的方便面仅几毛钱一袋，质量较差，面条一泡就烂，而且都黏在一起，调味配料简单，冲出来就像味精水；另一方面，进口面条虽然质量好，但却要五六元一碗，一般消费者接受不了。同时，他们还针对不同层次的消费者做了调查，发现随着生活节奏的加快，大多数人都希望有一种价廉物美的方便食品。由此他们总结出：生产价格在一两元钱、味美价廉的方便面，一定有很大的市场潜力。大陆和台湾虽然一衣带水、同根同源，但很多风俗、观念乃至喜好都有很大不同。这是顶新集团在大陆交了大笔学费后学到的最有价值的东西。于是，在进军方便面市场的过程中，他们始终把研究消费者行为放在第一位，绝不做任何武断的决策。

顶新集团首先考虑如何为产品命名。为此，他们颇下了一番功夫，最后给产品起名叫"康师傅"。"康"不仅与以前的产品联系起来，也容易引起人们对"健康""安康""小康"等的联想；"师傅"是大陆最普遍的尊称，也是专业上有好手艺的代名词；"康师傅"叫起来既上口，又亲切，再配上笑容可掬、憨厚可爱的"胖厨师"形象，是一个很具感召力的名字。确定了品牌名称，接下来就是开发适合大陆消费者口味的面。顶新集团对"康师傅"的定位是既要比大陆生产的方便面好吃，同时还要保留大陆风味。考虑到大陆人口味偏重，而且比较偏爱牛肉口味，集团决定以"红烧牛肉面"作为进入市场的主打产品。在方便面的制作工艺和口味配方确定上，集团的调研策划者采用了"最笨、最原始"的办法——试吃。他们摆设了摊点，请一批试吃者品尝某种配方的牛肉面，一旦有人提出不满意的地方就加以改进。调研部门经过上万次的口味测试和调查，才将"大陆风味"的方便面制作工艺和配方最终确定下来。公司从日本、德国专门进口了最先进的生产设备，采用特选面粉，经蒸煮、淋汁、油炸制成面饼，保证了面条够筋道，久泡不糟；方便面内附脱水蔬菜包、调味包和夹有细肉块的肉酱包，经过调配便是具有浓郁牛肉香味的汤汁。当新口味的"康师傅"方便面正式上市销售时，消费者的反应几乎是异口同声：味道好极了！一时间，"康师傅"方便面成了北京、天津、上海、广州等大城市居民的首选方便食品。[21]

康师傅方便面的案例，是典型的传统营销中研究消费者行为的成功个案。诞生过程似乎有些偶然，但对消费者行为研究基本符合上面表格中的"8W"方法，实质上康师傅方便面在产品研发、品牌形象、目标客户、价格定位、渠道分销等方面做足了功课，这才保证了康师傅方便面的成功营销。

在大数据时代，迎销将成为营销的主旋律，这个时代的消费者行为发生了很大的变化，但是企业要千方百计地迎合消费者，赢得消费者的关注和青睐，这是不变的主题。利用大数据技术，可以通过科学客观的定性、定量分析，更加准确地了解消费者的内心世界和表面现象，真正把握消费者的各种差异化的消费观念和消费行为。

康师傅方便面在传统营销活动中取得了很大成功。据统计，其在中国方便面市场中的份额，近二十多年来虽然面临统一、今麦郎、白象等多种方便面品牌的竞争，然而一直占据着中国方便面市场的"老大"地位。来自尼尔森的数据显示，2014年上半年，康师傅方便面销售量的市场占有率为47.4%，销售额的市场占有率为 57.1%。在方便面市场，康师傅市场份额已是统一、今麦郎以及白象的两倍。面临大数据时代的新竞争环境，康师傅更是张开怀抱迎接大数据时代的到来。据报道，2014 年 8 月台湾地区顶新国际集团及其旗下康师傅控股有限公司与贵阳市政府、应宏科技公司签署总额达 42 亿元的合作协议。顶新国际集团 42 亿元投资中，将包括在贵阳高新区投资 26 亿元建设顶新国际大陆区云端大数据总部、顶新国际工业园、大数据电商平台；5 亿元建设物流园区项目；11 亿元建设康师傅贵阳生产基地，包含饮品和方便面项目。

据介绍，此次建设的康师傅"大数据"平台，主要涉及大数据、手机平板及智能穿戴设备研发制造等领域，将建设手机、平板笔记本、可穿戴设备、3C（中国强制性产品认证）类产品生产厂，以及新型碳纤维纳米薄膜生产厂、碳纤维自行车生产厂、服务器生产厂等；而大数据电商平台将开展电商平台业务，平台建成后将实现年交易额 150 亿元，年销售收入 5 亿元。康师傅控股有限公司相关负责人表示，建成后的"大数据"平台，将实现集团食品业务的升级，实现对康师傅方便面、饮品等快销品进行更加精准的市场定位，人数据平台将与贵阳生产基地内的 20 条生产线、物流园区实现对接互动。[22]

案例：Google 发布全球消费者洞察报告，大数据金矿等你免费挖掘

在资讯数据暴增的时代，如何有效利用大数据工具进而调整营销策略，做出正确的市场判断，对电子商务、零售业者而言，数据分析绝对是不可忽视的基本功。然而，除了从自家网站分析消费者的基本数据之外，当你想分析整体消费趋势或是跨国比较时，Google 数据分析工具（Google Analytics）就像一座数据金矿，让有兴趣的商家取之不尽、用之不竭。

Google 推出了众多数据分析工具，其中一项消费洞察报告（Consumer Barometer）2014 年版本所统计的区域广度及调查深度，是同类型资料中最具代表性的，最新调查范围已涵盖全球 46 个国家。它利用视觉化图表呈现各种与消费相关的统计数据。消费者接触各类移动设备的比例、从线上到线下的消费习惯，甚至是接受消费资讯的媒介来源等，都能在 Consumer Barometer 上搜寻到并进行单

一或跨国比较。该报告号称是提供给全球零售商、电子商业及网络科技业者的免费数据资料。

Google 表示，该消费洞察报告能让市场营销分析者理解消费者最近的购物心态及消费习惯。使用者可以依据内部数据，制作市场策略评估表，内容可以包含：目标客户的上网频率；哪些人群在线上购物前，会从哪些媒介获得进一步的资讯；线上视频广告对消费者的影响程度等。这些都是用户可挖掘的海量资料。

Google 业务部协理 Peter Cory（彼得·科里）认为，现今越来越多的人利用数字媒体来挖掘市场商机及购物目的。但单一平台的资讯很难让电商业者知道哪些销售渠道或营销活动是最可操作的。尤其当业务是跨地域或多种产品线时，数据资讯的广度、深度也将影响营销策略的精准度。所以，Google 消费洞察报告提供了最新消费者行为研究数据，让使用者在数字化矿山中采撷数据金矿。

英国跨国传播公司竞立媒体（MediaCom）合伙经营人 Chris Binns（克里斯·宾斯）就表示，跨境及跨平台的数据对决策的重要性越来越高。新版的消费洞察报告提供了大量且完整的市场数据表格，内容详细程度是过去相关数据无法比拟的。[23]

利用大数据技术、分析大数据的目的还是解决迎销中最重要的方面——消费者研究。实际上，提到利用大数据为企业的迎销服务，很多企业并没有落实到企业的实际行动上。笔者经常听到很多企业问，这么海量的大数据到底在哪里？实际上，大数据就在那里。就像仓央嘉措的诗《你见或者不见我》：

你见，或者不见我

我就在那里

不悲，不喜

你念，或者不念我

情就在那里

不来，不去

你爱，或者不爱我

爱就在那里

不增，不减

你跟，或者不跟我

我的手就在你手里

不舍，不弃

来我的怀里，或者

让我住进你的心里

默然相爱，寂静欢喜

早在 2014 年 6 月就有人统计过，至少 70 多个著名的以大数据为主要内容的知名网站，为企业和个人提供免费（部分服务收费）的大数据服务。[24]

二、大数据时代消费者行为变化之文化角度分析

通过学者的研究、市场研究机构的市场调查以及企业的实际运营经验都可以得出结论，即消费者行为不是一成不变的，众多的因素都会导致消费者群体或个体在消费观念、消费水平、消费习惯、消费方式等方面发生部分甚至根本的变化。

美国知名学者霍金斯在专著《消费者行为学》一书中，将消费者行为归纳成为一个模型。

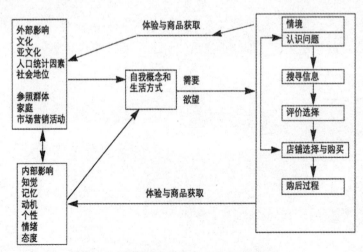

图 4-1　霍金斯消费者行为总体模型

从这个模型可以看出经济、文化、心理学等多方面因素影响着消费者的行为。当然，这些方面的变化也必然影响消费者的消费观念和消费行为。霍金斯在书中花费大量篇幅研究有哪些因素长期影响着消费者行为，他认为文化因素有着巨大的影响力。

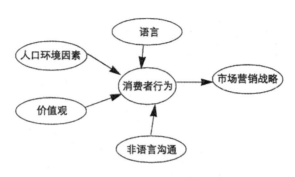

图 4-2　影响消费者行为的因素

霍金斯说过，文化因素影响消费者行为和市场营销战略。霍金斯还特别举例，将文化价值观对消费者行为的影响总结为以下几方面。

（1）他人导向价值观

● 个人与集体。社会是重个人活动和个人意见还是重集体活动与群体依从？

● 扩展家庭与核心家庭。在多大程度上一个人应对各种各样的家庭成员承担义务和责任？

● 成人与小孩。家庭生活是更多地满足大人的还是小孩的需求与欲望？

● 男性与女性。在多大程度上社会权力的天平自动偏向男性一方？

● 竞争与合作。一个人的成功是更多地依赖超越别人还是更多地依赖与他人的合作？

● 年轻与年长。荣誉和地位是授予年轻人还是年长的人？

（2）环境导向价值观

● 清洁。社会对清洁的追求在何种程度上超过所要求的限度？

- 绩效与等级。社会激励系统是建立在绩效的基础之上还是建立在世袭因素如家庭出身等的基础上？

- 传统与变化。现在的行为模式是否被认为优于新的行为模式？

- 承担风险与重视安定。那些勇于承担风险、克服种种困难去达成目标的人是否更受尊重和羡慕？

- 能动解决问题与宿命论。人们是鼓励去解决问题还是采取一种听天由命的态度？

- 自然界。人们视自然界为被征服的对象还是视其为令人景仰的圣地？

（3）自我导向价值观

- 主动与被动。更积极、主动的生活取向是否更为社会所看重？

- 物质性与非物质性。获取物质财富的重要性到底有多强烈？

- 勤奋工作与休闲。拼命工作是否更为社会所倡导？

- 延迟享受与及时行乐。人们是被鼓励去即时享受还是愿意为获得"长远利益"而牺牲"眼前享受"？

- 纵欲与节欲。感官愉悦的享受，如吃、喝、玩、乐在多大程度上会被接受？

- 严肃与幽默。生活被视为极为不妙的事情，抑或应轻松地面对？[25]

另一位研究消费者行为学的美国著名学者迈克尔·所罗门在其享誉学界的著作《消费者行为学》第 10 版中，强调数字革命（互联网文化）是影响消费者的消费行为的最重大的事件之一。[26]

影响消费者行为的因素有多种，有内在因素和外在因素。而霍金斯与所罗门等学者将文化因素影响消费者行为作为重点论述是非常有洞见的，尤其是在互联网经济环境下，互联网形成的互联网文化，特别是社交媒体形成的文化影响力是空前的。所罗门称之为"横向革命"，即"在某种程度上以社会化媒体的普及为标志。技术性能和流动性武装起来的人、社区和组织组成相互联系和相互依赖的网络，社会化媒体就是在这样的网络中在线交流、传送、协作和建立关系的手段"。[27]

因为经济因素、政治因素固然能够带给消费者巨大的影响，但从中国消费者群体角度来讲，进入互联网大数据时代以来，全世界文化的融合、东西方文化的相互冲击、西方文化和所谓日韩流行风借助互联网的快速发展都深刻地影响着中国消费者的行为，特别是当前消费者的主力人群——中国的"80后""90后"消费人群。

案例：韩剧《来自星星的你》拯救了众多行业

有人说，是裴勇俊开启了第一代韩流，令以他命名的股票直线飙升；第二代男神玄彬和第三代排头兵李准基以完美姿态横扫亚洲广告界；而第四代韩流在这个寒冷的春天竟然拯救了被禽流感打击得一塌糊涂的"饲养业"！君不见韩剧《来自星星的你》（以下简称《星星》）里的"炸鸡和啤酒"套餐从中国红到日本。紧随其后，服装、化妆品、视频、通信业在这个春天找到了勃勃生机。

"炸鸡"拯救饲养业

在遭遇新一波H7N9的禽流感打击之后，家禽业一度陷入低谷。但自从《星星》播出后，"炸鸡和啤酒"套餐就奇迹般地火了起来。在合肥，有学校食堂推出了"炸鸡和啤酒"的广告词，销售额提升两成。在北京，各家韩式炸鸡店客流量直线上升。在上海，著名的韩国街虹泉路彻底火起来了，根据《申江服务导报》的消息，去虹泉路吃炸鸡烤肉已经成为上海青年新年约饭的第一选择。在广州，不少快餐连锁店的炸鸡销量也直线提升。网友抱怨说："周三晚上10点去给老婆买炸鸡竟然跑了3家店才买到。"一家在杭州的日本连锁餐厅在情人节期间推出了"炸鸡啤酒套餐"，结果仅情人节当晚就热卖上千套。一家提供冷冻鸡翅原材料的企业表示，对于近来激增的订单感到相当意外，感谢《星星》帮家禽业挽回部分市场。

奢侈品被迫全亚洲调货

从2013年开始，中国的奢侈品行业走衰退路。不过，自从《星星》热播后，因为女主角千颂伊几乎每一集都变着花样穿出各种奢侈品，引无数粉丝疯狂追赶，导致奢侈品的销售额直线上升。据报道，看戏入迷的女粉丝们几乎每追一集《星星》都要前往奢侈品店照单扫货。如果千颂伊在戏里穿过的秋冬款爱马仕大衣在台湾本地没货了，粉丝就要求专柜在全亚洲范围内调货，誓要买到为止。男粉丝也不落后，男主角都教授在戏中的"座驾"也很受追捧，不少粉丝前往 4S 店询问金秀贤在剧中开的白色奔驰。

又比如 YSL 的一款唇蜜因为在全智贤剧中所用奢侈品牌中售价最亲民而遭抢购，多地专柜传闻断货。有奢侈品从业者表示，这是继美剧《欲望都市》之后 10 年内再由电视剧带旺奢侈品销售的现象。

旧版图书卖断货

剧中不少露过脸的图书都遭遇热销。首当其冲的自然是都敏俊最爱的书《爱德华的奇妙之旅》。这本书于 2007 年由新蕾出版社引进中国。亚马逊图书方面的负责人接受媒体采访时透露，该书的中英文版本都已经脱销且已经缺货了很长时间。有消息称，出版社方面目前已在紧急加印，除平装版外，还会再推精装版。在韩国，这部 2009 年出版的图书 5 年间仅销售了 1 万册，但最近半个月内竟售出 5 万册。

此外，作为《星星》故事起源的《朝鲜王朝实录》也受到关注。而在都教授书房里出现过的中国图书《明心宝鉴》及剧中千颂伊的前世在家抄写过的《列女传》和向 400 年前"教授"表白时提到的《聊斋志异》等都得到关注。至于都教授奉为人生之书的《九云梦》，有粉丝在网络上表示即便不看都得买来放着。

有网友称，《星星》走红后，连通信软件都换了，比如都敏俊和千颂伊都在用的即时通信软件 LINE。这是一款由韩国互联网集团 NHN 的日本子公司推出的通信应用软件，才上线两三年，目前全球注册用户已超过 3 亿。这就多亏了男女主角每一次远程对话都用到这个软件。不少粉丝下载这一软件，点开千颂伊的 LINE 账号就可以看到"我把我们的姻缘牢牢锁在这里了，祈祷永远打不开"等和剧情关联的更新。而且，还可以跟"千颂伊"对话。如果你对她说"爱你"，她会回复你："什么？联系不上都经纪人？因为是外星人所以很忙吗？都经纪人，出来一下嘛。"

随着《星星》的热播，男人们很快发现了韩剧前所未有的威力。这股横扫各个行业的"韩流"远超当年《大长今》以 70 多集故事打造出来的旋风。[28]

《来自星星的你》如同其他韩剧和日剧一样，以文化产品的形式积极地影响着中国的年轻一代消费者，这是只有在网络时代才能够产生的效果，在 20 世纪 90 年代以前是无法想象的。当然那个时代也有疯狂的追剧人群，日本电视剧《血疑》、中国香港电视剧《上海滩》等热门电视剧上映时，风靡一时，但也只是一家人、一小群人聚在小小的电视荧幕前一睹为快，还要艰苦地等待一周甚至更长的时间才能看到故事的进展。而在网络时代，韩剧迷、美剧迷、日本漫画迷们和他们的父母辈相比则不知幸福了多少倍，他们可以每日锁定互联网，每天在网络电视或电脑旁锁定好时间守候着节目开播，即便这次错过了也没关系，因为随时都可以用电脑来看重播。聪明的商家开发出了手机专业软件用于追剧。2014 年 4 月 2 日，QQ 浏览器发布了手机 QQ 浏览器 5.1 视频播霸，大幅升级播放功能，并从"找、看、下"三个阶段优化用户体验，令用户使用 QQ 浏览器即可一站式观看各大网站的独播剧目，并获得更好的观影体验。众多视频网站广泛应用大数据技术对注册用户进行了针对性的应用开发，帮用户选片、给用户推荐剧目、利用云技术帮助用户云播或云储存等，极大地满足了用户的各方面观看需求。当然，用户看剧时的剧前、剧中的企业广告纷至沓来，从这方面又持续影响了观众的消费行为。

网络时代的消费者与20世纪90年代以前的消费者相比，更大的不同在于，过去时代的消费者（严格意义上讲只是观众，不是消费者）在剧中看到新鲜产品，只能在想象中发挥超凡的手工技巧，模仿出所谓的"幸子衫""三浦友和毛衣"，而当今的消费者在剧中看到明星使用心仪的品牌或产品，可能第二天就可以在淘宝网，甚至该品牌在国内开设的旗舰店中买到，真的让"60后""70后"消费者羡慕不已。

为什么网络文化能够如此大地影响当代及未来的消费者呢？原因之一是互

联网已经成为我们每个人生活中必不可少的一部分，也是由于网络消费文化的特性而导致的必然现象。关于网络消费文化的特征，暨南大学新闻与传播学院教授、博士生导师蒋建国在《论网络消费文化的特征》一文中有着比较系统的分析。蒋教授认为，随着电脑的普及，网络消费的"可得性"变得非常容易，任何拥有电脑的网民将电脑与宽带连接就可以进入一个充满奇异的空间。网络消费的受众基本上是排他性的，一台电脑的使用者一般是一个单独的个体，在网络消费过程中，参与者与交流者即使形成"群体"，但信息编码和解码者是以个体形象出现的。网络消费建构了个人世界，个体的高度自由使网络空间充满了无数的"声音"。个体的高度参与性是塑造网络文化多元性的前提。这种独立性的消费，使消费者在一定程度上摆脱了现实社会关系的干扰。在网络消费中，作为消费文化创造者的受众同时也是孤独的消费者。网络消费是一个自主性的消费过程，作为受众的消费者在信息接近权、消费主动权、消费话语权等方面享受极高的独立性。网络消费不仅仅是狭义上的网上购物行为，而且是宽泛意义上的网络信息消费。网络消费以电脑界面为窗口，打开的是一个新的世界，它会改变我们的文化类型、风格以及社会和我们的生存方式。网络消费摆脱了时间、空间的限制，作为消费者的网民被赋予了极大的自由，获得了传统媒体时代无法比拟的消费自主权。

蒋教授进一步分析说，由于网络与网民形成双向互动的关系，网络消费文化也表现出大众消费文化的特征。在网络世界中，没有性别、年龄、地位的区隔，网民身份上的匿名性使他们获得了极大的消费自主权。在网络虚拟世界，意义的创造与消费没有等级上的划分。印刷时代的深度思维被网络消费的随意性所替代，"我思故我在"转变为"我上网故我在"。网络在使消费者获得平等话语权的同时，还使网络与网民形成了"共同体"。学者魏宏森、刘长洪则认为，网络文化"是一种由信息技术和网络技术以及依靠这些新技术形成的全新的社会基础结构带来的人类生产方式、生活方式、通信方式、工作方式、决策方式、管理方式等各方面的变革，进而引起思维方式和观念变革，引起社会文化发生结构性变革的新文化，是一种融意识文化、行为文化与物质文化为一体的新文化"[29]。

三、大数据时代消费者的行为特征

当然，影响消费者行为的除经济和文化因素之外，还有很多种影响消费者行为的其他因素。其中，个体或部分消费者往往会体现其所属群体的特征，研究不同群体消费的共同特性，可以更好地把握目标消费者具备的个性特征，为企业迎销决策提供依据。

理论上，群体是指一定数量以上的人通过一定的社会关系结合起来进行共同活动而产生相互作用的集体。消费者群体至少可以按照三类群体划分。

1. 按照年龄

● 婴幼儿消费群体：年龄范围在 0～6 岁，是年龄最小的消费群体。

● 少年儿童消费群体：年龄范围在 6～15 岁，这个年龄阶段的消费者生理上逐渐呈现出第二个发育高峰。

● 青年消费群体：年龄范围在 15～30 岁，这个年龄阶段的消费群体实际上可分为青年初期和晚期两个时期。

● 中年消费群体：年龄范围在 30～60 岁，这个年龄阶段的消费者心理上已经成熟，有很强的自我意识和自我控制能力。

● 老年消费群体：年龄范围在 60 岁以上，这个年龄阶段的消费者在生理和心理上均发生了明显的变化，由此形成了具有特殊要求的消费者群体。

实际上，目前营销界更加习惯将国内的消费群体按照其出生的所属年代进行划分，10 年为一周期，分为"60 后"群体、"70 后"群体、"80 后"群体、"90 后"群体以及"00 后"群体。

2. 按照性别

● 女性消费群体。

● 男性消费群体。

消费者在消费行为中，女性与男性往往表现出很大的不同。而当今中国的社会形态中，女性在经济地位、社会地位以及家庭的购买决策方面，越来越表现出其巨大的影响力，表现出消费者群体的不同消费特点。

3. 按照收入水平

● 高收入群体。

● 中等收入群体。

● 低收入群体。

然而，在中国目前对高收入和低收入群体的划分标准存在不同的解释。国家统计局发布的数据显示，2013 年全年城镇居民高收入组人均可支配收入为 56389 元。国家统计局官方微信"统计微讯"发文指出，将城镇调查户按照家庭人均收入由低到高排序分成五等份，其中排位最高的那一组就是高收入组。换句话说，高收入组是指全国城镇居民中收入最高的 20%的群体（以户为单位），约有 1.5 亿人口，不是大家心目中的百万富翁、千万富翁甚至亿万富翁群体。

但是，民间或者非政府机构则对中国的中产阶级情况有这样的标准：中国中产群体判别有十大标准，只要符合以下任何一条，即可认定为中产群体。

（1）个人或家庭金融资产总水平在人民币 50 万元以上；

（2）个人总体年收入水平 20 万元以上；

（3）拥有私人轿车，价值在 20 万元以上；

（4）拥有高尔夫球俱乐部会员卡；

（5）拥有企业规模（企业营业执照注册资本 100 万元以上）或员工 15 人以上；

（6）在上市公司、中国知名品牌企业、地方知名品牌企业、中国企业规模排行榜前 500 上榜企业或跨国公司代表处、三资企业、外商投资企业单位中担任董事、董事长、监事长、总监、副总经理、总经理或总裁的人士；

（7）担任地级市以上工商联、青年企业家协会或其他类似组织领导或委员；

（8）是 EMBA（高级经理工商管理硕士）班就读学员；

（9）拥有私人服务人员（私人医生、律师和保健护士）；

（10）名牌大学或著名研究机构中的博导、学科带头人，知名的、有成功历史的自由职业者或专业人士。

而著名的《福布斯》则认为中国中产阶级定义有五大要素：

（1）生活在城里；

（2）25～45 岁间；

（3）有大学学位；

（4）专业人士和企业家；

（5）年入 1 万～6 万美元。

案例：乐活族

乐活族又称乐活生活、洛哈思主义者，追崇乐活生活方式的人又被称为乐活者，乐活者所推崇的是乐活着。乐活，是一个由西方传来的新兴生活形态族群，由 LOHAS 音译而来。LOHAS 是英语 Lifestyles of Health and Sustainability 的缩写，意为以健康及自给自足的方式生活，强调"健康、可持续的生活方式"。"健康、快乐、环保、可持续"是乐活的核心理念。乐活者关心自己的健康，也担心着生病着的地球。他们吃健康的食物，穿环保的衣物，骑自行车或步行，喜欢练瑜伽健身，听心灵音乐，注重个人成长。乐活族是乐观、包容的，他们通过理性消费、支持环保、做好事来使自我感觉良好；他们身心健康，每个人也变得越来越靓丽、有活力。这个过程就是：Do good、Feel good、Look good（做好事，心情好，有活力）。乐活族十大宣言：

（1）我会注意吃什么、如何吃，不吃高盐、高油、高糖的食品，多吃蔬食（素食）。

（2）我会经常运动、适度休息、均衡饮食，不把健康的责任丢给医生。

（3）我会注意自我成长、终身学习、灵性修养，并关怀他人。

（4）我会尽量搭乘大众运输工具、减少废气污染。

（5）我不吸烟、拒吸二手烟，支持无烟环境的政策。

（6）我会减少制造垃圾，也实行垃圾分类与回收。

（7）我会试着使用对环境友善的化学产品，例如使用环保清洁剂。

（8）我支持有机（无毒）农产品，并尽量优先选用。

（9）我会向家人、朋友推荐对环境友善的产品，例如环保汽车。

（10）我会随身携带环保筷，贡献己力，少砍一棵树。

乐活族对生活有着以下主张：

（1）奉行自然、简单的生活态度，重视追求内在的成长和提升，尤其注重精神层面的提升和教育。

（2）不认同过度盲目的追求、一味扩大的竞争、大量生产垃圾商品为前提的消费文化。不喜欢过度拥有奢侈品、过于功利的现代文化。

（3）在不破坏环境、爱护大自然的前提下，推广有助于防止气候变化的环保、健康产品或服务。

（4）鼓励乐观与积极的思考，希望创造"较好"而不是"较新"的生活。[30]

关于消费者群体的划分，更多是营销研究者为了研究方便提出的，因为实际生活中，消费者表现出的是多方面的特征，他（她）可能在 20 世纪 70 年代出生，属于中等收入人群，但却喜欢过清心寡欲的生活。当然，还有很大一批"90 后"人群，收入不高，但特别热爱所谓高品质的生活，在消费上属"月光族"，有时候消费观"羊群效应"明显，热衷追求韩剧某明星热爱使用的名牌包，攒几个月的工资买某名牌包，过的似乎是高收入群体的生活。乐活族的案例，也表现出多种群体的综合特征。乐活族最早创立和组成时很大一部分是高收入人群中的一分子，但现在"乐活"是 20 世纪末许多富裕阶层经历追求安逸享乐、过度消费的空虚之后，所开始的集体反思。很多人开始追寻与实践一种新的生活方式，这种新的"活法"能够保证人类健康、快乐并可持续地发展。于是，可以看到走时尚路线的"乐活"让许多人找到了真正优良品质生活的真谛。

消费群体的形成能够为市场提供明确的目标，通过对不同消费者群体的划分，可以准确地细分市场，从而减少经营的盲目性，并降低经营风险。明确了为其服务的消费群体，就可以根据其消费心理，制订正确的"迎销"策略，"迎合"消费者的新需求与新变化，帮助企业在大数据时代立于不败之地。

当今的中国，政治、经济、文化、生活都正在经历着历史上从没有过的巨大变化和进步。从市场营销的角度看，消费者购买行为也处在巨大的变革之中，进入互联网与大数据时代的中国消费者的消费观、消费能力、消费方式等消费行为有很多新的特征。而在这个变化的进程中，"90后"人群的变化特征更具代表性。搜狐 CEO（首席执行官）张朝阳曾在互联网大会上说过："当今的互联网形态是一帮 50 多岁的 CEO 领导着 40 多岁的高管，指挥着 30 多岁的员工，给十几岁的孩子做产品。"是啊，网络世界俨然已经被他们占据了，与其说这个世界是我们的，不如说是他们的（"90后""00后"）。因此，研究大数据时代的消费者的消费行为，应该首先研究"90后"的消费观和消费行为。企业必须注重对"90后"消费人群的针对性研究，因为他们正在并且一定会成为今后相当长一段时间的消费者行为的主流。特别是大数据时代，这些和数字化社会几乎同时成长起来的"数字狂"们，不了解他们的购物偏好，不研究他们对品牌和产品的喜好与厌恶，企业就会陷入"盲人摸象"的境地，很有可能被市场抛弃。

百度副总裁王湛在百度世界 CBG（用户消费事业群组）论坛上将"90后"的喜好提炼成为五个字——"呆萌贱坏怪"，概括总结了这样一些格调内容的东西非常容易在"90后"群体中流行，受到他们的追捧和欢迎。

百度世界 CBG 论坛上，发布了一份《"90后"洞察报告》，这份洞察报告以"90后"网民在百度全平台的行为数据和在贴吧"'90后'五观调查"中的主观认知态度为基准，试图撕下"90后"身上的标签，以大数据还原并解读"去标签"后的"90后"。实际上，社会对"90后"存在着很多误解。

该报告由百度世界 CBG 论坛联合百度数据研究中心并结合百度贴吧、百度音乐、百度视频、百度游戏、百度搜索指数、百度搜索风云榜等产品数据，以及7000 位贴吧吧友参与的"90后"五观调查（家庭观、爱情观、友情观、消费观、就业观）结果研究撰写。

报告显示，"90后"在爱情观里表现得很干脆。对于曾经分手的恋人，要么继续做朋友，要么老死不相往来。对于恋人"劈腿"行为，近90%的人选择直接退出。敢爱敢恨不是太随便，只是在更加明白爱情规则后更懂得爱与不爱的纯粹。

"90后"确实心态更开放，87.53%的人表示完全接受同性恋。前卫的人、事在他们眼里只是另外一种正常的存在。当然，他们也依旧有自己的底线和原则。对于是否有处女/处男情结的问题，75.47%的"90后"很明确地选择了"是"。

"90后"生活在一个物质环境相对丰富的时代，因此传统认知里他们对金钱没什么概念，消费大手大脚，不懂节约，不懂"疾苦"。而《"90后"洞察报告》则给出了更多的解读："90后"的消费并不盲目，他们的消费观是"消费，只因买来我喜欢"。

在购买商品的决策影响因素里，"90后"将质量、价格、外观排在了前三，名牌与广告则放在了最后，"90后"是对广告无感的一代。而对于喜欢的东西，85.99%的"90后"表示会通过打工挣钱、省吃俭用攒钱等途径想办法努力得到。所以"为一场演唱会，吃一个月馒头"在"90后"的消费观里属于再正常不过的行为。

"90后"自主创业的案例在互联网时代愈发抢眼。对待工作，传统评价里的"眼高手低"被重新定义为"兴趣至上"。这一点在《"90后"洞察报告》里也体现得很充分。

"90后"的职业规划要么职场求职，要么自主创业，而后者的比例达到了40.9%，选择"铁饭碗"公务员的仅占6.43%。对于职场跳槽的选择，"90后"比"80后"有着更果断的抉择：96.15%的人会在条件允许情况下选择"另谋他就"，"一份工作干一辈子"在他们看来是无趣和不可能的事。对于就职单位的选择，个人兴趣高高凌驾于发展空间和薪资水平之上。

当然梦想也难敌现实。对于自身能力和现实条件，"90后"有着比任何年代的人群都清醒的认知。8成"90后"表示"屌丝逆袭"的关键在能力，但对就业影响最大的还在于家庭环境。此外，报告中引用的百度指数数据显示，已步入职场的"90后"，10个人中有1个人进入了政府体系，捧上了他们心里排斥的"铁饭碗"。

《"90后"洞察报告》显示，"90后"是在互联网陪伴下成长起来的一代，平均网龄达 7.53 年，日均上网时长达 11.45 小时。

相关社会学专家认为，"90 后"大多是独生子女，注定会在物质相对优越的年代被父母娇生惯养。极小部分的非主流代表也会让人感觉"90 后"不懂事、做事出格。但其实每一代人年轻时都会面临类似问题，曾经的"80 后"也一直被认为是堕落和享受的一代，但如今世界已然在他们的"掌控"之下。因此，《"90 后"洞察报告》试图"去标签"，重新看待"90 后"。

事实上，面对中国这样庞大的市场，如此巨大的消费人群，如此快速增长的消费需求，不只是对"90 后"，能做到对中国各个阶层消费者的深入准确的研究，绝不是一件容易做到的事情。美国记者和商人卡尔·克劳（Carl Crow）在 1937 年的著作《四万万消费者》中如此写道："这个国家如此之庞大和如此之复杂，它永远不会让人感到无聊和平庸，而且人们对她知之甚少，只要多走走，你总会有些新发现和惊喜。"即便经历 80 年的巨变，这段描述依然适用于中国市场。幸运的是，生活在大数据时代的我们，可以利用大数据的技术去发现和了解一些中国消费者的行为。

案例：从"大数据"看国人消费观——广州、深圳市民钟爱臭豆腐

春节期间，全国最火的菜肴是什么？哪家餐厅最火爆？各地市民最喜欢去哪里逛街购物？"80 后""90 后""00 后"，不同年龄段的人挑选的年货差别又有多大？"大数据"时代，当你轻点鼠标的同时，你的购物数据也进入后台，成为统计的依据。而这些数据背后，国人消费观正在发生哪些改变呢？今天是春节长假最后一天，我们就一起来关注一下。

我们先从年货说起，在淘宝发给记者的数据中，对全国的 19 个区域购买年货的情况进行了统计。当地老百姓买自己地方特产最多的是广州，买的是什么呢？腊肠、牛肉丸和广绣。排在第二位的是杭州，买的是杭州丝绸和西湖藕粉。然后依次为南京的盐水鸭、雨花茶、南京云锦、天津的十八街麻花和泥人张。而上海人回家探亲的时候买得最多的是西湖龙井、和田枣、武汉鸭脖；在昆明鲜花饼、铁棍山药和山西汾酒的购物单上我们能看到北京人民的身影。最受广州和深圳市

民喜爱的外地特产是长沙臭豆腐。

而在年龄段的统计上，"60后"最中意的是滋补品，"70后"则更爱宠物，而"80后"觉得没有什么比娃娃的尿布和奶粉更重要的，"90后"则比较偏爱苹果手机。如果你打算给"00后"的宝贝买一款新的电子书，他或许正在想着给这个电子书配上一个定制的保护盒。总之，从这些看似有点新鲜甚至有点新奇的数据中，不知道大伙有没有看出一些未来的网络消费趋势呢？

节日的消费不用说也就是吃喝玩乐了。2015年，大众点评网专门推出了一款"年味地图"，其中就包括节日期间吃喝玩乐的一些实时大数据。比如说现在是11点07分，此时此刻卖得最火的菜是什么呢？是"三杯鸡"，目前共有34万多人在关注。最受欢迎的十道菜除了三杯鸡，还有烤鸭、羊肉串、烤鱼、剁椒鱼头等。每餐人均消费排在前五位的是香港、澳门、上海、北京和台湾。说完了吃，还有玩。即使明天就要上班了，逛街、购物仍然是"最热乎"的休闲娱乐方式，有将近1570万人在关注。在人均娱乐消费方面，最高的仍然是香港，其次是上海、澳门、台湾和北京。[31]

2015年初全球最大的管理咨询公司埃森哲（Accenture）发表了《埃森哲中国消费者洞察：消费零售篇十亿消费者——多元的"唯我市场"》的市场调查报告，声称为了帮助消费品和零售企业了解中国潜在消费市场的组成和复杂性，埃森哲调查了遍布中国27个城市的3500名消费者。通过对调查结果的详细分析，总结了四大洞察，并相信这些洞察将会帮助消费品和零售企业制订增长战略，使他们能够更准确地瞄准他们所想要获得的城市客户群。

洞察一："唯我"文化的胜利

现在的中国城市消费者表现出中产阶级生活方式的消费模式。这意味着他们将钱花费在不久之前他们认为是奢侈品的物品和体验上。这也意味着他们会在被认为是高品质的商品上花费更多。三类产品（即食品和餐饮、服装、电子产品）及其服务目前置于消费清单的顶端。在休闲活动上的消费增长迅速，如旅游及与个人健康相关的产品。重要的是，"唯我"消费者也越来越意识到他们的购买力意味着什么。他们越来越多地通过他们的购买行为来彰显自我，并维护自己的社会地位。

洞察二：品牌的困境

中国的消费者极具冒险精神，有超过 2/3 的受访者表示，他们愿意尝试新产品。品牌转换在所有城市和所有年龄组中都很盛行。只有 11% 的受访者表示不愿意尝试新品牌。这对能够充分利用产业聚合优势为其消费者提供全新产品、服务和体验的消费品和零售企业来说，是利好消息。但这为长久以来完全依靠自己的品牌和声誉来吸引新顾客的公司带来了困扰。

洞察三：数字化的生活

数字化渠道已经渗透到了中国市场的每个角落，数字化消费的受欢迎程度持续上升。这意味着单使顾客参与线性的采购流程远远不够。在数字化生活中，消费者将在每一个互动点获得更智能、无缝和安全的体验。但是，数字和社交媒体在中国的激增并不意味着传统的营销策略和观念需要推倒重来。了解目标客户、掌握客户渠道依然是企业制胜的根本。即使在数字空间，消费品和零售企业仍然需要了解自己的目标客户，以及如何接近这些目标群体——无论是在线上还是在线下。

洞察四：实用为上

尽管中国的城市消费者越来越注重通过网上渠道购买和消费，但他们购物时基本上仍然以实用为上。他们经常出入传统的超市和百货公司，以及在线商店。研究结果证实，传统的零售店和网上商店并非相互排斥。如同世界的其他地方，中国的城市消费者正在使用两个通道来创造一种无缝的、更安心的体验。消费品和零售企业在他们的营销努力中忽略任何一个世界都会置自身于险境。

埃森哲认为，在中国这样复杂和快速变动的市场中，一个企业的成功取决于对客户洞察的质量和精细度，以及利用这些洞察来成就卓越绩效的能力。那些最了解他们客户的企业将会获得明显的竞争优势。全新的规则将决定企业在中国消费市场的成败。要想取得卓越绩效，企业不仅需要拥抱新的（甚至非传统的）增长机会，而且需要以全新的、更具活力的方式与消费者建立良好的关系。

随着技术的不断创新和进步以及社会结构的演变，中国消费市场将持续变化。了解和洞悉中国消费者，不仅会带来新发现，还将带来惊喜和回报。

第五章　迎合消费者新变化

迎合，意为：曲意逢迎，投其所好。可以理解为：揣度别人的心意以便顺从或投合。

我们认为，迎销要迎合消费者的新特征，或者说，揣度消费者的心意并顺从或投合他们的需求，是大数据时代迎销的基本要求。

一、电子商务呈现出普及化、全民化、移动化特征

2016 年 1 月，权威部门中国互联网络信息中心（CNNIC）发布了《第 37 次中国互联网络发展状况统计报告》，重要的数据如下。

- 截至 2015 年 12 月，中国网民规模达 6.88 亿，全年共计新增网民 3951 万人；互联网普及率为 50.3%，较 2014 年底提升了 2.4 个百分点。

- 截至 2015 年 12 月，中国手机网民规模达 6.20 亿，较 2014 年底增加 6303 万人；网民中使用手机上网人群占比由 2014 年的 85.8%提升至 90.1%。

- 截至 2015 年 12 月，中国网民中农村网民占比 28.4%，规模达 1.95 亿人，较 2014 年底增加 1694 万人。

- 截至 2015 年 12 月，中国网民通过台式电脑和笔记本电脑接入互联网的比例分别为 67.6%和 38.7%；手机上网使用率为 90.1%，较 2014 年底提高了 4.3 个百分点；平板电脑上网使用率为 31.5%；电视上网使用率为 17.9%。

- 截至 2015 年 12 月，中国域名总数为 3102 万个，其中 ".CN" 域名总数

为 1636 万个，占中国域名总数比例的 52.8%；".中国"域名总数为 35 万个。

● 截至 2015 年 12 月，中国网站总数为 423 万个，其中".CN"下网站数为 213 万个。

● 截至 2015 年 12 月，中国企业使用计算机办公的比例为 95.2%；使用互联网的比例为 89%，其中，通过固定宽带接入方式使用互联网的企业比例为 86.3%、移动宽带为 23.9%。此外，开展在线销售、在线采购的比例分别为 32.6%和 31.5%，利用互联网开展营销推广活动的比例为 33.8%。

上述统计说明，中国总人口中有能力上网人口占据中国总人口的多半以上，而且每年都在增长。如果说中国人每天有很多时间生活在虚拟世界中，绝对不过分。

本次报告突出的一个内容就是关于近年来中央和社会不断宣传的企业"互联网+"的发展情况。

从重点产业和行业角度看，截至 2015 年 12 月，全国工业企业计算机使用比例为 94.5%，其中，制造业的计算机使用比例为 94.7%；服务业企业为 95.9%；批发业、零售业、住宿业和餐饮业略低，为 94.2%。截至 2015 年 12 月，全国工业企业互联网使用比例为 87.9%，其中，制造业的互联网使用比例为 88.1%，服务业为 90%。

在此基础上，企业广泛使用多种互联网工具开展交流沟通、信息获取与发布、内部管理、商务服务等活动，且已有相当一部分企业将系统化、集成化的互联网工具应用于生产研发、采购销售、财务管理、客户关系、人力资源等全业务流程中，将互联网从单一的辅助工具转变为企业管理方法、转型思路，助力供应链改革，步入"互联网+"深入融合发展的进程。

专业人才是企业发展"互联网+"必不可少的支撑，有 34% 的企业在基层设置了互联网专职岗位；有 24.4%的企业设置了互联网相关专职团队，负责运维、开发或电子商务、网络营销等工作。互联网已经成为企业日常运营过程中不可或缺的一部分。同时，我国企业中决策层主导互联网规划工作的比例达13%，"互联网+"正在成为企业战略规划的重要部分。在开展过互联网营销的企业中，35.5%通过移动互联网进行了营销推广，其中有21.9%的企业使用过付费推广。随着用户行为全面向移动端转移，移动营销将成为企业推广的重要渠道。移动营销企业中，微信营销推广使用率达75.3%，是最受企业欢迎的移动营销推广方式。此外，移动营销企业中建设移动官网的比例为52.7%，将电脑端网页进行优化、适配到移动端，是成本较低、实施快捷的移动互联网营销方式之一。

报告对网民（个人网络用户）的分析数据更加引人注目。

- 截至2015年12月，我国网民以10～39岁群体为主，占整体的75.1%。其中20～29岁年龄段的网民占比最高，达29.9%；10～19岁、30～39岁群体占比分别为21.4%、23.8%。与2014年底相比，10岁以下低龄群体和40岁以上中高龄群体的占比均有所提升，互联网继续向这两部分人群渗透。

- 截至2015年12月，网民中学生群体的占比最高，为25.2%；其次为自由职业者，比例为22.1%；企业/公司的管理人员和一般职员占比合计达15.2%。这三类人群的占比相对稳定。

- 截至2015年12月，网民中月收入在2001～3000元、3001～5000元的群体占比较高，分别为18.4%和23.4%。随着社会经济的发展，网民的收入水平也逐步增长，与2014年底相比，收入在3000元以上的网民人群占比提升了5.4个百分点。

- 2015年，互联网对个人生活方式的影响进一步深化，融入教育、医疗、交通等民生服务中。调查结果显示，在线教育、互联网医疗、网络约（租）车等公共服务类应用的用户规模均在1亿人以上，用户习惯逐渐养成。

- 2015年，移动搜索市场快速增长的态势得以延续。其一，移动搜索用户数量增速仍快于领域整体；其二，来自移动端的搜索流量全面超越 PC

端，2015 年第三季度企业财报显示，百度有超过 2/3 的搜索流量来自移动端，搜狗搜索移动端流量也超过了 PC 端；其三，移动营收在整体营收增长中的贡献越来越大，财报显示，百度移动营收在总营收中的占比从第一季度的 50%增至第三季度的 54%，搜狗移动搜索营收占比也从第一季度的 22%增至第三季度的 30%。

- 截至 2015 年 12 月，我国网络购物用户达 4.13 亿人，较 2014 年底增加 5183 万人，增长率为 14.3%，我国网络购物市场依然保持着稳健的增长速度。与此同时，我国手机网络购物用户规模增长迅速，达 3.4 亿人，增长率为 43.9%，手机网络购物的使用比例由 42.4%提升至 54.8%。

- 截至 2015 年 12 月，我国使用网上支付的用户规模达 4.16 亿人，较 2014 年底增加 1.12 亿人，增长率达 36.8%。与 2014 年 12 月相比，我国网民使用网上支付的比例从 46.9%提升至 60.5%。值得注意的是，2015 年手机网上支付增长尤为迅速，用户规模达 3.58 亿人，增长率为 64.5%，网民手机网上支付的使用比例由 39%提升至 57.7%。

应该说，上述报告中的很多数据和部分客观分析确实是枯燥乏味的，但是数据真实地反映了目前中国网民和企业的互联网的生活和运营状态。从企业迎销的角度来讲，互联网经济已经深深渗透到了企业的日常经营和消费者的日常生活中，在大数据技术的支持下，我们可以看到新时代、新经济下当今消费者的消费行为状态。

电子商务（Electronic Commerce，简称 EC）是指，通过使用互联网等电子工具在全球范围内进行的商务贸易活动，以计算机网络为基础所进行的各种商务活动，包括商品和服务的提供者、广告商、消费者、中介商等有关各方行为的总和。

传统营销时代与互联网时代消费者的购物行为的最大变化，在于电子商务的从无到有，从微到巨，从部分人到全体购物者，从偶然所为到经常行为，发生了翻天覆地的变化。中国 20 余年的电子商务发展取得了巨大成就，给中国社会在政治、经济、文化等诸多方面带来了翻天覆地的变化。如今的中国，互联网经济对中国经济发展的影响不论是深度还是广度都占据着特别重要的地位。通过上述分析，明显可以看出作为互联网中重要组成部分的电子商务已经呈现出"普及化、全民化、移动化"的明显特征。

二、千方百计迎合消费者是迎销取胜的关键

上述 CNNIC 发布的报告数据本身是冷冰冰的，但是却真实地反映了中国从 20 世纪 90 年代开始步入互联网时代起，到当前大数据的时代背景下，中国消费者的数字化生活很大程度上正在改变着中国消费者的消费观、消费方式与支付方式。全国城市商业信息网络统计数据显示，2014 年全国主要城市销量排名前 97 家的百货店实现销售额 990.9 亿元人民币，而 2014 年 11 月 11 日（"双十一"）的网络销售"狂欢日"一天，仅仅在淘宝和天猫网络销售平台就实现了 571 亿元销售额的惊人数据！有专家预测，到 2020 年，中国的网络销售额将可能达到 50 万亿元，约为 2010 年的 10 倍。所以，研究网络消费者行为已成为社会和每个企业必须研究和学习的一课，企业只有秉承迎销的精神才能健康行走在市场的康庄大道上。所以，迎合消费者新特征下的新需求，是大数据时代的必然选择。那么大数据时代消费者有何种新特征？如何迎合消费者？

新特征 1：从个体顾客到"亲们"——传统渠道（线下）面对的是个体顾客，网络销售（线上）则是面对"社群"。

企业的迎销，就是要迎合消费者在社群经济中的相互影响力，逐步转化为自身的品牌和产品的推动力。

过去的消费者不论是到百货商场，还是品牌专卖店、超级市场等终端购物消费，基本上是 1～2 人，或朋友一起三五成群，一定意义上讲，传统的购物是个人顾客，经过培训后上岗的品牌企业数个服务人员即可为顾客提供良好的服务，消费者决定是否购买产品，更多的时候是自身经过分析判断而做出的决定。然而，在电子商务的世界里，即使是同一类产品，消费者也要面临几十甚至数百个电商品牌产品，琳琅满目地陈列着，这些产品如此丰富以至于让消费者产生视觉疲劳，

进入哪家店铺、在店铺浏览多长时间才能找到满意的产品，颇费周折；从商家的角度说，每天可以有几百、几千甚至数万人点击来到自己的店铺，搜索自己心仪的产品。如何留住进来的客户，并使客户能欣赏和喜欢自家的产品？所谓的网站点击量、页面浏览量、访问量等如何转化为实际购买行为也是商家特别伤脑筋的事情。

网络消费者很大程度上是以社群的形式出现的，在淘宝、天猫、京东商城等各个商城几乎都设有"累计评价"，记录着网络消费者购买产品之后对产品的各种评价，包括对产品本身、物流服务、小二（客服人员）服务等林林总总的由网友自由撰写的评价。不要小瞧这些评价，这些评价往往是新来的网友是否下单购买产品的最重要社群推荐意见，如果某网友对产品或服务留下了恶评，不但会影响商家的未来销售，还会导致商家在电商平台的评级下降。所以，商家对网友的留言极其关注，网络商家对恶评的网友采取极端报复措施的新闻也时有报道。

现在，微信朋友圈、公众号等形式的产品消费分享与朋友推荐也极大地影响了消费者的消费行为。

人类进入互联网时代以来，社会关系、兴趣爱好、情感互动等方面的交织与共享，在互联网与移动互联网上实现的信息的连接与交流，智能手机、即时社交、位置服务等多方面的广泛使用，人们所处的位置、所在的地域、文化背景等，已显得不是特别重要，大家关心的是是否有共同的爱好、共同的消费需求和消费体验、共同的话题等。线下与线上的交互通过互联网和移动网络联系起来，形成了各式各样的社群，而中国以微博、微信为代表的即时社交工具激发了巨大的生产力和传播力，虚拟世界与现实世界相互联通，使得当前的消费者的消费行为出现了前所未有的新气象。社群经济沸沸扬扬，而且也有不少的企业在线下注重建立那些有关企业和产品目标的相关社群性的组织，并尽力将线下与线上的社群组织有机结合起来，为企业的迎销目标服务。因此，企业必须研究新形势下社群经济特点，知晓消费者的新特征，并迎合这种新变化。

案例：社群成就小米奇迹

小米到底该被如何定义，并不重要。只要掌握了用户社群，一切生意皆可做。

在"社群商业"热火朝天的今天，小米确实创造了社群经济的奇迹。公司成立之初，小米就聚集了一批忠实的发烧友，小米的产品和他们紧密地绑在了一起。从小米的社群化运营中，我们能窥探到怎样的商业逻辑？

让用户高度参与！

当初做 MIUI 时，雷军曾要求团队不花一分钱，将用户做到 100 万。那时，团队人员只能将目光瞄准论坛，注册了上百个账号，到各大手机论坛灌水发消息。最终，挑选了 100 位种子用户，这群人便是早期 MIUI 设计和研发的参与者。

众所周知，小米诞生之初就是"为发烧友而生"的。

"发烧友"这个群体，对于小米意味着什么？他们不仅高度参与产品的改进和测试，还是小米手机的第一批用户和传播者。多重身份，让这群人成为小米的第一批种子用户。几年来，这一群体不断扩大。

为了激发用户的参与感，小米甚至冒着很大的风险，成立了针对发烧友的"荣誉开发组"，让他们试用未发布的开发版，甚至参与绝密产品的开发。

2014 年，小米手机的出货量超过 6000 万台。而另一个事实是，依靠 100 个种子用户起家，至今小米论坛上的人数已经超过 3000 万。数量庞大的用户群，小米是如何运营的呢？

2014 年，小米社区举办了 18 场"爆米花"会、1000 多场民间同城会活动。同样在这一年里，"米粉"组建了 312 个同城会、72 次公益活动，全国的成员数达 90 万人，小米社区总帖数突破 2.2 亿。

忠实的手机用户、粉丝，手机发烧友，购机意见领袖，构成了小米的用户群。针对不同的用户群，小米通过线上线下的各种平台将他们聚合在一起。

小米的线上平台，有 MIUI 论坛、小米论坛、小米网。MIUI 论坛用于 MIUI 信息发布，以及用户的线下活动发布和 MIUI 系统的交流；小米论坛包括各种主题的论坛板块，是线下组织同城会以及"爆米花"活动的组织交流发布平台；小米网主要提供手机以及周边产品的销售，同时也作为前两者的入口。

在线下，小米通过官方物资支持、民间志愿组织等形式，建立了三种组织：

一是 MIUI 俱乐部，以市为单位成立，粉丝志愿申请成为部长，定期组织活动，小米负责提供物资支持。二是小米同城会，同样也以市为单位成立，但规模更大，线下活动更大众化。三就是小米"爆米花"，由小米官方组织的大型线下活动，包括抽奖、游戏、才艺、互动等形式，连小米的合伙人都参与其中。

这些社群，小米为什么能够有效地组织起来？事实上，这也是很多效仿者想学却做不到的。

第一，合伙人的高度参与。在很多活动上，小米的合伙人会和米粉一起狂欢。比如：在 2014 年的"爆米花"年度盛典上，为了兑现前一年的诺言，小米总裁林斌身穿肉色肌肉男外套，高喊着"米粉屌爆了"，围绕舞台疯狂地"裸奔"了一圈。同时，所有合伙人身穿彩色西装，大跳《小苹果》，而传统企业的高管能做到这些吗？

第二，给予米粉荣誉感。在每年"爆米花"年度盛典上，米粉都会成为主角。米粉从全国各地聚集，展示自己的才艺。每年，小米还会评选出一年中表现最活跃的米粉，被称为 MIBOY、MIGIRL。

第三，让米粉管理米粉。小米科技的联合创始人黎万强曾在《参与感》一书中写道：让用户去帮助和管理用户，官方团队反而要在背后辅助核心用户团队。以小米校园俱乐部为例，俱乐部部长诞生于各大高校，他们主要负责产品体验、小米品牌建设，并定期组织线上线下活动。优秀的部长还能获得专属校园组身份与聘书，甚至可以享有到小米实习及工作的机会。

在小米的商业逻辑里，手机只是聚合用户的一个入口。小米依靠高性价比的手机来吸引用户，进而将成千上万的米粉通过 MIUI 集结在一起，让米粉形成一个相互连接的、庞大的社群。小米只需做好口碑，经营好这群米粉，就可以挖掘整个产业链上的增值服务，从而获得收益。

小米到底被如何定义？这并不重要。只要掌握了用户社群，一切生意皆可做。[32]

新特征 2：从"我的眼里只有你"到"众里寻她千百度"——线下选择的有限性与线上选择的多样性。

企业的迎销，就是要迎合消费者的多样性需求

传统渠道下的产品和品牌与线上的产品和品牌相比，不论是数量上还是多样性方面，都有"小巫见大巫"之感。传统渠道，以在上海销售额名列前茅的上海第一八佰伴为例，其新世纪商厦位于浦东陆家嘴金融贸易区内，总建筑面积 14.4万平方米，商场面积 10.8 万平方米，是集购物、娱乐、餐饮及办公楼为一体的多功能、现代化、综合性商业大厦。以商品品类中数量最大的服装为例，占据了 4个楼层的商铺位置，男女高中档等各品牌数量大约 180 个。然而，在电商平台以天猫为例（2015 年 9 月 9 日为时间点），仅品牌女装的栏目下就有 196 个品牌，共 2322722 件相关商品，其中仅 2015 年当季新品的数量即达 65376 件。在淘宝网，笔者在潮流男装中输入"外套"一词，得到的搜索结果是有"280.6 万件宝贝"。

传统营销下的消费者购买行为中，表现为冲动性购买和理性购买（计划性购买）两种购买行为。冲动性购买行为是指消费者非事前计划的现场购买行为，亦称非计划性购买。这种购买行为涉及消费者的多种心理和情绪。传统消费者行为在很多情况下表现出更多的冲动性购买的特征，消费者进入商场等购物场所后受到店内现场产品的促销手段、导购人员的劝说、产品价格的折扣、现场消费者的即时需求等因素的影响，有可能促使消费者发生消费行为，或者表现为实际花费金额比预期更多。而理性购买行为通常有一个复杂的过程，对此，科特勒教授把这种计划性购买程序分为五个阶段，即唤起需要、资料搜寻、估价行为、购买决定和买后感觉。

电商环境下的消费者则更多地表现出理性购买的特征。正如上文提到的，电商网络上有太多的品牌和产品，使得消费者有时候真的犹如坠入浓雾之中，不知道哪个产品的功用适合自己，也不可能如同在线下可以通过现场体验来了解产品，对于网络上的产品，很大程度上要依靠消费者自己的购物经验和联想。所以，这在客观上要求消费者计划购买某个产品时，要有理性购买行为的五个阶段。先有

需求买某个产品，在网络上或多个电商平台上搜索相关的某个产品（或者在社交媒体发布消息希望得到朋友圈朋友的推荐）。实际上，每年"双十一"的购物狂欢，所谓的"剁手党"，其实表现的是理性购买。例如，每年快到 11 月 11 日前，就有大量的网友先到心仪的品牌和产品店铺中提前关注，或者提前将产品放入购物车，而不是在"双十一"当天非理性地乱拍。这些典型的理性购买特征在 CNNIC 发布的《中国网民搜索行为研究报告》中表现得非常明显。例如在购物搜索时，分别有一半以上的 PC 搜索用户和手机搜索用户最常使用购物网站，远超综合搜索网站常用率；有近一半的搜索用户注意到了搜索结果中的推广信息或广告；近 8 成的用户会因为广告中商品有更好的用户评价而改变其购物决策。

当然，网上品牌和产品的巨大数量，客观上给企业特别是新品牌或非知名品牌的产品销售增加了很大难度。企业和消费者彼此处于虚拟世界，不像在传统营销的传统渠道中可以通过热情服务、店面气氛等手段吸引客户进店并实现客户消费。网络商家更加关注的是流量和转化率，因为，流量×转化率＝网络店铺销量，所以流量和转化率都非常重要。没有流量就没有迎合消费者的机会；有客户来到店铺，如果形成不了转化率，就不可能实现销量目标。

在电商环境下，网络店铺引流是实现销售的最基础工作。要提高搜索排名，就要在关键词优化、产品上下架时间、注重买家体验等方面认真仔细地策划与执行。要推广引流，就要经常运用淘宝、天猫的很多推广手段，如直通车、钻石展位、淘宝客、橱窗推荐、发红包、抵价券、商盟、社区发帖回帖等，以达到引流的目的。

提高店铺转化率更加重要，因为转化率才是销量。商家在提高转化率上都很积极。首先，网络店铺的网页形象（整体装修）非常重要，经过特别策划的形象可以向网络消费者展示自身定位、产品风格、品牌形象等。其次，网络店铺要设立促销区域，促销活动的产品和内容要有特色，吸引眼球，能够给网络消费者巨大的吸引力，千方百计地留住用户。再次，要特别注重产品展示，尽可能将产品的多种信息通过细节图或描述性文字详细列出，对产品本身的特色更要突出显示给网络消费者。此外，优质的客服服务也很重要，严格培训过的有经验和技巧的淘宝客服可以促进商品的成交，提高顾客的转化率和回头率，建立网络商铺的口碑和品牌。

案例："三只松鼠"的成长

"三只松鼠"成立于 2012 年，是一家以坚果、干果、茶叶等森林食品的研发、分装及网络自有 B2C（商家对消费者）品牌销售为主的现代化新型企业。"三只松鼠"品牌一经推出，立刻受到了风险投资机构的青睐，先后获得 IDG 的 150 万美金 A 轮天使投资和今日资本的 600 万美元 B 轮投资。

在上线一年的时间里，"三只松鼠"屡次创造行业神话。"三只松鼠"正式成为一家实力雄厚的互联网电商食品行业的领导品牌！"三只松鼠"的创始人——章燎原被称为"松鼠老爹"。他与他的淘品牌如今做得风生水起，无人不晓。章燎原曾经自述其成功的故事。

1. 品牌

"三只松鼠"这个品牌名字，我觉得也要体现出互联网的特色。互联网的销售行为和销售方式，对一个品牌产生了一定的影响，更要求这个品牌有记忆性和互动性。在互联网时代，每天接触的信息太多，一闪而过，很难记住。而互联网主流群体是"85 后"，非常年轻。所以互联网化的品牌，要好记忆，并且好玩些。这两者合为一体，我们就想到动物，这就是"三只松鼠"名称的由来。一个品牌、一个形象深入人心之后，如果供应链能跟得上的话，消费者是会爱屋及乌的。互联网渠道跟传统渠道最大的不同是，互联网只要你能做得出来，顾客喜欢你，就有无限的可能。而一个互联网的品牌，用户是具有黏度的，二次购买率是较高的。我们的二次购买率超过 30%。

2. 目标客户

互联网发生的变化，就是不是你想让它怎么样就怎么样，消费者有很强的话语权。我们现在到处说："我们萌！我们卖萌卖坚果！"这个萌不是我们自己去定位出来的。所以我认为互联网很大一个跟传统企业不同的地方，是话语权发生了转移，不再是企业说了算，而是消费者说了算。这就导致企业在互联网发展的过程中没有办法把很多东西做一个定义型和标准型，而是根据用户的需求适时调整去迎合他们。以前我们做一个品牌，一看某某企业定位哪个群体，我们也去定位。我觉得这是一种错误的思维。为什么非要这样呢？人也有一个更新迭代的过程，下一代人迟早会来。所以为何不"服侍"好下一代人呢？我们就这么想的，所以我们将客户群体定位在"85后"到"90后"这个年龄阶段，我们只要服务好这一群人，陪伴他们一起成长，再过5年，他们将是消费能力最强的一个群体。我们公司的人很年轻，我们年轻也是基于互联网的一种行为，因为我们的群体很年轻，我们了解用户。谁最了解用户？我们的年轻人最了解。

3. 核心竞争力

系统的竞争力。电子商务我觉得没有什么核心不核心，真正的核心就是你应该看不到短板。你就是一个系统化的东西来组成核心。举个例子来讲，过去我们做推荐式产品、推荐式营销，在互联网不行，你两头都要好。首先在互联网上，产品不好，就不要做互联网了，顾客希望反馈出来。过去在超市买个东西不好，你没有办法去告诉别人。互联网，你要的东西不好，马上会被评价。这个不好那个不好，你还能卖吗？所以产品好是个标配，是个基础性的工作。[33]

新特征3：从"亲身体验"到"想象体验"。

企业的迎销，就是要迎合消费者在网络购物中的体验感受。

在线下，消费者可以通过眼耳鼻舌身等身体感官，对产品进行初步的亲身感受，例如买食品可以通过亲口品尝，买衣服可以在试衣间试穿，而买床上用品即便不可以脱衣躺下感受，但可以通过手摸、观察配套产品搭配效果等手段，了解面料的体感与家居的配套效果等。总之，线下消费者可以通过"亲身体验"帮助自己决定是否购买，有些消费者特别是女性消费者在传统渠道的购物体验更重要，甚至不购物也可以得到"逛街"的享受。从相反的角度讲，这种"亲身体验"实质上也是线下渠道有别线上网络购物最大的优势。充分发挥好这种优势，亦是在大数据时代，传统渠道迎销中要迎合消费者的重要手段。

（1）线下渠道迎合消费者——全力打造"体验式消费"。线下传统商场过去最关注所处的地理位置和引进的品牌影响力，而目前商场的布局、商家尤其是体验消费型商家的引进及布局、人文设施和服务的改善日益重要。特别是面对线上网络购物的巨大竞争现状，要为消费者在购物场所关心的体验、环境、情感和服务等提供保证。越来越多的商业项目纷纷开打"体验牌"，调整业态，增加休闲、餐饮、娱乐，甚至体育场馆、博物馆、儿童游乐设施、水族馆、体验式运动城等业态的比重，通过轻松愉悦的购物环境，以实现对客流的重新集聚。

例如，最近几年不断出现的综合性购物中心就注重在下述方面帮助消费者提升购物体验：

- 在业态配比上，以休闲娱乐为主，购物功能为辅；
- 在商业理念上，强调顾客的心理体验以及在购物过程中的立体感受；
- 在商场设计和空间环境营造上凸显娱乐性、互动性、文化性、情景性和个性化等特点，一般为开放式购物区间；
- 坐落在相对集中的高收入人群区域，停车方便，有足够的停车位。

（2）尽可能开发和使用线上的信息转化为支持线下为迎合消费者的手段。例如，作为北京时尚地标、全业态零售购物兼体验中心的朝阳大悦城，认为自身成功的原因是将业态和顾客体验做到了极致。"某种程度上顾客买的不是商场里的商品，而是贴心的服务。在服务好顾客的每个环节，我们在潜移默化地推广大悦城品牌。"线下与线上结合得非常突出，首先，数据服务，通过"交易数据"分析顾客购买行为、商家销售行为，总结并推导出零售商业演变规律，提升购物体验和销售业绩。其次，依托数量庞大的微信会员，注重微信营销，如推送主题活动、品牌推荐、限时优惠以及商户促销等信息；利用平台互动模块，善于利用热点事件、话题或节日进行活动策划，与用户进行积极互动。再次，虚拟会员模块，发展电子会员卡，推动电子卡与实体卡的绑定与升级。

从本质上讲，不能充分满足消费者的购物体验是电子商务的先天缺陷。在网络上，消费者不能享受到在线下对产品的"亲身体验"，更不能享受服务员面对面的热情周到的服务。在网上看到的产品是平面的、不能触摸、不能嗅、不能试穿、不能试吃，有问题还需要下载阿里旺旺之类的聊天软件与店小二敲打文字进行交流，尽管那边一口一个"亲"地称呼你，其实你根本不知道她是冷脸还是笑脸。如此的缺陷，为什么电商的网络销售却发展如此迅速并将在未来很长的时期内成为购物的主流呢？原因众多，其中各个购物平台、各个店铺和手机购物 App 使出浑身解数，处心积虑地将网页上的各种各样的文字、图片、视频、链接、评论、推广等方式运用起来，重要的目的就是要迎合消费者的"想象体验"，以使消费者有身临其境的感受，或者利用上述网页的多种技术帮助消费者产生"眼耳鼻舌身"的感官体验。

（1）利用网络技术引导消费者"联想"，达到体验的目的。例如，网络上有软件开发商开发的、可以在 PC 端（电脑端）网络和手机无线网络使用的、能达到 3D（三维）效果的"试衣搭配软件"。网络商家如使用这种软件，可以使消费者随时随地试衣搭配以及更换背景、发型、体型等。通过模特体型调整、网友脸型更换、发型与模特匹配，得到无数不同模特服装搭配效果；还可以让电脑自动随机组合服装搭配方案，得到无数搭配方案，点击保存搭配可以分享到新浪微博、腾讯微博、微信等，让好朋友给她（他）提供建议。因为可以按照要求或者随机生成多种选择，消费者可以联想成为网上那个最接近她（他）的模特的试衣效果，总有一款适合自己而下单购买。

（2）网络销售商根据自身的定位和品牌形象，在网页设计（店面装修）上使用多种方法迎合消费者体验，引导消费者实现联想，达到销售的目的。或者说，运用得当的体验式营销技巧和方法，有利于网络消费者购物时产生联想体验。例如：在感官体验上，网页设计风格可以迎合目标客户的审美习惯，针对目标客户的审美喜好确定网站的总体设计风格，字体、网页主体颜色、logo（商标）设计、导航设置、图片大小、文字叙述形式、代言人选择等，必须按照目标客户的需求认真研究，绝不可根据自身的好恶而随意调整设计。在关联体验上，很多微信商户注重客户之间的关联性，根据自身的兴趣和爱好建立了多个不同的朋友圈，创造并迎合消费者在网络上的关联交流体验。朋友圈中的"朋友"很可能各自生活在不同的城市，互相不认识，甚至不知对方是男是女，不知道真实姓名，但经常为了品牌和产品的共同感受而交流，有时候为了共同的产品和品牌联合起来反击某些客户对产品或品牌的不满和攻击。某品牌的忠实客户，除购买该品牌的产品之外，对该品牌出品的衍生品也是趋之若鹜，真正是爱屋及乌。

新特征4：从接受"满意服务"到接受"有针对性的长期服务"。

企业的迎销，要迎合消费者的信息，与消费者建立长期的服务关系。

显而易见，从消费者购买产品得到商家服务的角度来讲，消费者的网络购物行为，从购物过程、接受服务的形式、付款方式、最终得到产品等全过程，与过去传统购物流程相比，都发生了根本的变化。网上购物主要步骤如下：

（1）选择购物平台（商城还是网店）；

（2）注册账号（首次，以后只要登录即可）；

（3）挑选品牌或产品；

（4）与客服协商交易事宜；

（5）填写准确详细的地址和联系方式；

（6）选择支付方式；

（7）收货验货；

如若不满意，那么往下，

（8）退换货；

（9）退款；

（10）维权；

（11）评价（不是必须，但可以帮助建立信誉）。

以某个消费者在"淘宝网"购物的流程为例（所有国内外的购物网站基本相同）：

首先，消费者必须注册一个淘宝账号，下载一个在线聊天工具——淘宝旺旺或阿里旺旺。按照注册过的账号登录后，搜索比较满意的店铺（品牌）和喜爱的产品，在查询的页面，选择以商家信誉排列商品或以价格高低排列商品，帮助自己选择更加青睐的产品。

然后，如果对选择的商家和产品满意或者还有问题需要了解，可以通过聊天工具与客服人员交流需要了解的问题，可以从客服那里或者网页上进一步了解产品的更具体的细节，如促销价格及售后、物流公司和送货时间等；如觉得一切妥当了，就可以选择支付方式，如使用支付宝第三方支付平台向商家付款。

最后，消费者按照商家的约定时间收到预定的产品后，及时查验是否与商家描述相符；收货后，消费者可以对产品是否与卖家描述相符、卖家的服务态度、卖家的发货速度等进行评价，交易结束。

仔细分析,网络购物的消费者购买行为相比于传统购物行为的突出变化在于，消费者所有的购物流程都是靠电子化平台实现的，是通过电脑、平板电脑、手机端的购物软件实现的，整个购物过程虽然享受到了商家的全程服务，但是商家和消费者没有见面就实现了销售和购买。在传统渠道的商业终端，消费者和服务人员是经过面对面的沟通交流实现购买和销售的，消费者在享受商家的当面热情服务后，带着产品离开，消费者享受的服务可能是周到的、热情的，在一定意义上讲，商家只是给消费者提供了一次短期的服务。然而，在线上销售，消费者第一项流程就是完成注册，包括消费者基础信息，如真实姓名、邮箱地址、手机号码、家庭住址，甚至收入情况等。如果注册客户经常购买产品，商家利用大数据技术可以判断消费者的购物习惯、消费能力、产品喜好等重要信息。优秀的商家可以使用这些信息为消费者提供长期的跟踪服务。目的在于，迎合消费者的多种需求，与消费者建立长期的关系，使之成为商家和品牌的长期忠诚客户。世界著名电商网站亚马逊在维护消费者关系、迎合消费者需求方面做到了最大化，成为全世界网站纷纷效仿的榜样。

案例：亚马逊推荐系统机制

推荐机制作为成熟的技术应用到网站的各个方面，譬如内容网站推荐机制可以为用户进行个性化的网页内容定制，电商网站可以为用户进行商品推荐，客户中心、柜面可以利用推荐机制为用户提供个性化服务。电商网站被大家提得最多的要数 Amazon（亚马逊）。

一个好的推荐系统，对于电子商务网站来说：①可以提高用户体验，更好地向顾客展示商品以提高转化率；②可以发现顾客的潜在需求。电商商务的先驱——亚马逊号称推荐系统提高了其30%的销量。

但一个好的推荐系统的建立不是一蹴而就的，就像一个好的"导购员"，需要不断地进行经验积累，需要参加多种培训，以提高销售技能一样。不断地迭代、优化，不仅需要从算法上、计算效率上提高，而且现在加入了许多数据分析师日常工作中发现的规律（例如通过顾客的人口统计学分析对顾客进行细分，在细分的基础上，再利用推荐系统的相关算法，可有效地提高系统的准确性），建立了一个类似于专家库的系统，把这些知识纳入推荐系统中。

推荐形式包括三种：①针对用户的浏览、搜索等行为所做的相关推荐；②根据购物车或物品收藏所做的相似物品推荐；③根据历史会员购买行为记录，利用推荐机制做 EDM（电子邮件营销）或会员营销。前面两种表现形式是大家可以在网站上看到的；而第三种表现形式只有体验后才能知晓，一封邮件、一条短信、一条站内消息都是它的表现方式。

对于非登录用户，亚马逊中国在网站首页和类目栏会根据各个类目畅销品的情况做相应的推荐，其主要表现形式为排行榜。搜索浏览页面以及具体的产品页面的推荐形式有关联推荐（"经常一起购买的商品"）和基于人群偏好的相似性推荐（"购买此物品的顾客也购买了""看过此商品的顾客购买的其他商品"）。对于登录用户，亚马逊中国则给出了完全不同的推荐方式，网站会根据用户的历史浏览记录在登入界面首屏展现一个今日推荐的栏目，紧接着是最近一次浏览商品的记录和根据该物品所给出的产品推荐（"根据浏览推荐给我的商品""浏览××产品的用户会买××的概率"）。值得注意的是，每个页面最下方网站都会根据用户的浏览行为进行相应推荐，如果没有浏览记录则会推荐"系统畅销品"。

亚马逊总裁杰夫·贝佐斯曾说过这样一句话："如果我的网站有 100 万个顾

客，我就应该有 100 万个商店。"这或许就是推荐的极致，而这样一个系统必定是以用户为中心的，有记忆、进化功能的。个性化是一个永无止境的进程，它的效用可以被无穷放大。对于电商网站而言，如果推荐的页面上全是用户喜欢的物品，连尺码、颜色、付款方式、物流等细节都给处理好了，或许就是对用户最好的"个性化"。[34]

互联网大数据时代，随着数据挖掘技术逐渐成熟，平台根据用户的浏览行为、购买历史等网络行为，为用户推荐商品成为时下流行的基础手段。2014 年 CNNIC 的调查数据显示，用户网购时，遇到或者察觉到平台根据自己的浏览痕迹推荐商品的人群占 57.6%。可见，根据用户浏览行为进行销售推荐已经非常普遍，并引起了大部分用户的注意。谈及网购用户对平台根据浏览行为进行营销的问题，43.1%的用户表示无所谓，对其个人影响不大；34.9%的用户表示可以接受，有助于提升购物效率；仅有 21.9%的用户表示无法接受，觉得购物隐私被泄露。

新特征 5：从"盲目追随"到"体现个性"——中国的消费者更加趋于成熟。

企业的迎销，就是要迎合消费者不断成长的个性化需求。

国际著名咨询机构麦肯锡曾发布《"会面" 2020 中国消费者》研究报告，提出到 2020 年，诸如商品能否体现个性的情感因素将在很大程度上影响中国消费者的购买决定，体现了消费者购物时更注重自我表达。以购买巧克力为例，2009 年时仅有 8%的消费者受到"体现我的身份""适合我的品牌"等情感因素的影响。2011 年这一比例达到了 19%，在富裕消费者中则更高达 24%。随着收入的增加，消费者的个人意识也在不断提高。

报告认为，小众品牌未来可能更受欢迎。部分原因是，当消费者购买第一台冰箱、汽车或手机时，除了品牌的知名度以外，几乎没有品质和安全的指标可以依赖。随着消费者购买经验的丰富，他们在尝试小众品牌时会感觉更有安全感，并且把购买小众品牌作为体现个性的一种方式。

在互联网时代，电子商务的巨大发展空间，新的销售平台的无限扩张机会（理论上线下的实体渠道和终端是有限的和走向饱和的），客观上为众多的企业和个体商户的生存和发展提供了无限的机会。但是，如果墨守成规，甚至是将用在传统渠道和终端的产品和推广手段，不加改变地直接转移到电子商务平台，绝对是没有发展前途的，极有可能被用户抛弃。而且，没有突破、没有创新、没有新特点、没有价格优势的产品在电子商务的海量产品数量面前是很难有发展机会的。因此，企业和个人商户都在使出浑身解数以多种手段取得突破，有的在产品设计上、有的在产品功能上、有的在服务质量上、有的在产品价格上等为各自的目标人群开发和生产、销售适合目标人群的产品。所以，在电子商务平台，每天都会涌现出众多的个性化的、小众品牌的产品。这些所谓的"小众产品"，实际上在其消费群体中非常受追捧，而网络上没有地域的限制，消费者可能来自世界的各个角落，因此似乎是小众，但消费者用户并不是小众。我们经常在传统渠道如百货公司看到某些商家的品牌产品，它们似乎很有名，在每个百货公司都可以看到这几个有限的品牌产品，它们似乎垄断了百货公司的专柜。然而，在电子商务销售平台的世界中，各种各样的商铺如过江之鲫，海量的产品丰富多彩，其中充满了众多个性化品牌和产品，在为商家赢得竞争优势的同时，更加迎合了大数据时代消费者的个性化需求。如大量的所谓"淘品牌"（淘宝和天猫网络上创造的品牌产品）精心策划，取得了成功。

以家电行业为例，传统的家电行业是一个行业整合非常成熟的领域，目前已经进入寡头竞争时代。拿白色家电来说，格力在国内空调市场，海尔在冰箱和洗衣机市场，美的在小家电市场等的占有率都处于绝对领先的垄断地位，国外的家电名牌也虎视眈眈地盯着这个行业。黑电市场的集中度虽不如白电高，但也是巨头林立，小品牌几乎无立足之地。但也有淘品牌（上文提到的小众品牌）在其中找到了生存空间。小熊电器从酸奶机切入，SKG 主打榨汁机，道尔顿专攻饮水机，它们目前都在行业里占有一席之地。2014 年"双十一"网络购物盛宴中，在天猫销售排名中，以韩都衣舍（女装）、Lovo（家纺产品）、林氏木业（家具）、三只松鼠（休闲食品）等为代表的淘品牌大放异彩，销售排名在其品类中名列前茅。

新特征 6：消费者人群构成更加"多层化"。

企业的迎销，应该迎接消费者多层化需求。

20 世纪 90 年代以前的中国消费者人群相对单一，即产品似乎可以满足所有年龄层次人群的需要。例如服装，中老年、中年人、年轻人在设计、面料、色彩等方面没有特别明显的区别。销售渠道也单一，消费者购物的主要场所基本上为传统零售店、百货公司、批发市场等。随着中国经济改革深入发展，经济快速增长，产品从"短缺"进入了"过剩"，中国的经济结构发生了翻天覆地的变化，彻底改变了消费者的消费能力、消费观念，消费层次随之发生了巨大调整。

进入 20 世纪 90 年代以后，从消费者构成的角度看，有两个人群组合走向前台，并影响至今。一个人群是"60 后""70 后"，他们成为消费的主力，同时也是企业经营的主力人群。出生在 20 世纪 60 年代、70 年代之后的人，他们开始读书的时候，正是中国拨乱反正的年代，社会充满着批判与反思的氛围，他们在继续接受中国主流文化熏陶的同时，大量的西方的新文化和新思潮潮水般涌入到正在形成世界观的"60 后""70 后"人群的思想意识中，他们的社会责任感极强。在消费观上，总体上虽表现出比较谨慎、比较节约的态度和行为，但是"60 后"与"70 后"都有的共同特点，即不排斥新产品、新品牌、新渠道，并愿意尝试。

另外一个人群就是"80 后"与"90 后"，在 20 世纪末走向经济的前台，吹响了消费的新号角。

当然，不论是"60 后"与"70 后"之间，还是"80 后"与"90 后"之间，除了具有相同点之外，也存在着很大的差异，或者说完全按照年代出生时间分析消费者的消费观异同不是非常科学的方法。但是实践中，不论是标签，还是自我认识、群体文化认知和消费特征表象，这样的分类也确实存在很大的合理性，或者说，历史的时间烙印清晰地展示了各个时代成长人群的共同特征。

在互联网时代，网络冲浪、网络购物已经成为当今人们主要的工作方式和生活方式；"60 后""70 后""80 后""90 后"，甚至"00 后"的消费观念相互交融；消费渠道从单一的传统渠道发展成为传统渠道、现代渠道、网络渠道相互并存；消费者虽然属于不同的年龄层，但消费观在有些方面却趋于融合。

1. 复古情感消费

复古已日渐成为引起消费者深层情感共鸣的新时尚。有人调侃说，2012 年最难抢的不仅仅是诺亚方舟的船票，还有一睹 3D《泰坦尼克号》电影的"船"票。在这部影片尚未上映之前，早已在国内掀起了一股怀旧热潮。"十年前谁陪你一起去看的《泰坦尼克号》"等问题带着人们回到过去，也引发了人们回电影院重温这部电影的冲动。电影上映首周就在中国内地市场吸金 4.6 亿元，总票房更高达 9.6 亿元。主打回忆牌的《泰坦尼克号》的吸引力与魅力不减当年。同时，近年来主打回忆牌的电影不断涌现，《大闹天宫》《蓝精灵》《黑猫警长》等，都引起了消费者的广泛关注。有意思的是，人群中不仅仅有"70 后""80 后"的观影大军，而且还有众多的"90 后"，了解一下父兄们 10 年的感情寄托不也是一大乐事吗？在电子商务平台，复古风格的产品更是比比皆是，不少精明的商家迎合了消费者的这种趋势，有人将旧货翻出来，高价出售；有人将新产品赋予怀旧和经典的内涵，将"回忆"售卖给喜欢怀旧、经典的人群。这些现象说明，商家面对变化的市场，将产品和服务多层化，迎合一个阶层的多种需求，或者，开发并推出某种产品以满足多层次人群的需要（这绝不是理论上可行而实战中难以实现。实际上，这样的产品在当今时代有很多，以苹果手机为例，它成为"街机"，"80 后""90 后"认为它时尚而趋之若鹜，"60 后""70 后"则认为它体现价值而愿意展示，打工者使用它展示自己追求潮流，企业家使用它则认为代表了身份）。

2. 追求互动体验

全球领先的专业数字营销公司 DigitasLBi 发布的《2015 年中国社会化与数字营销趋势报告》对互动体验进行了很好的研究与分析。报告认为，当今品牌不再仅满足于在网站打造一波活动，或单纯地发布与分享一些社会化的故事，而是开始大幅度地投入到复杂的数字化应用中。未来的"内容"将不再是单纯、分散的内容，哪怕这些内容都在传达一样的关键品牌信息。

未来的内容将会更有序、更系统化，并以带动用户的行为变化为目的，即未来的内容会更趋向游戏化的体验。这里的"游戏"，意义更广泛，不是指游戏本身，而是内容互动的游戏化——为了商业目的而设计的体验，用户的长期互动，并且会带动用户的行为变化。

报告指出，商家利用四大模式和动作迎合消费者，见图5-1。

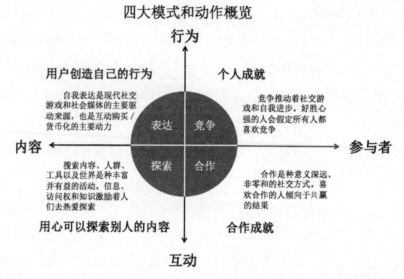

图5-1 四大模式和动作

报告以耐克跑步记录仪 App 为例，耐克在与客户进行游戏互动的同时，也在迎合消费者互动的愿望，在消费者的心中植入了品牌和产品的信息（见图5-2）。

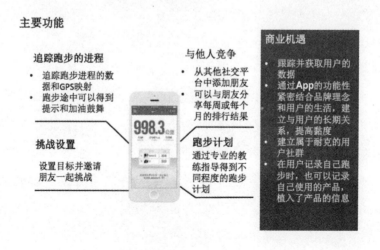

图5-2 耐克跑步记录仪 App

像耐克这种类似的互动性产品成为多个年龄层共同接受和喜欢的产品。我们也经常发现很多电影、电视等文化产品、网络产品引起了各个年龄层的兴趣，例如"全网民种菜偷菜"、白发苍苍的网民和小学生一起在网络上"斗地主"和"老老少少逛宜家"等有趣的风景线经常呈现在我们面前。

而作为线下传统终端家居类产品销售的翘楚企业——宜家（IKEA），也在新时代寻求新变化，迎合消费者的互动体验，取得了非常好的市场效果。

案例：宜家 App，贴近顾客，家的体验

传统上，宜家最具特色、最具吸引力的经营模式莫过于体验式营销，他们在产品设计、展示、体验、试用的每个具体的环节，都让消费者体会到无微不至的关怀。互联网时代，宜家更加重视与消费者实现线下与线上的互动体验。宜家官方于 2013 年发布了移动应用 IKEA App，与现实中宜家的体验式营销的风格保持了高度统一，注重虚拟显示增强实景技术的运用，把个性化的 DIY（自己动手做）方式发挥到极致。消费者能够通过 IKEA App 获取宜家产品、商场以及特别优惠活动的最新信息，可以查看产品的价格、尺寸、颜色及更多详细内容，查询产品库存状况和自助提货位置，为满足顾客个性化的需求提供了便利。发布的 IKEA Catalog App 共有数百幅图片，展示了千余种产品，增加了令人兴奋的新鲜元素，消费者只需扫描印刷版《家居指南》中带有智能手机图标的页面，就可以浏览更多精彩内容，包括图片、有趣的短片、3D 模型、互动视频等。

2012 年 9 月，IKEA 推出了一款 IKEA Now App，可以通过这款应用增强现实设计。IKEA Now App 中载有产品的 3D 样本，能让用户更直观地看到产品摆设在自己家中的效果，判断这样的尺寸和风格是否适合。对 App 移动应用的开发利用，让顾客成为品牌的传播者和感受的分享者，有效提高了顾客的主动性。宜家不是单纯地出售家具，而是为顾客搭建一个体验产品的平台，给顾客营造美好的感受。[35]

3. 银发族消费

人口老龄化是当今世界发展的一个重要趋势，中国已经进入了老龄化社会，截至 2013 年底，中国 60 岁以上的老年人口已达 2 亿人，占总人口的 14.9%。预计到 2050 年，每 5 个人中就会有 1 个老年人。而随着"60 后"逐步进入到银发族，以老年人为目标客户的产品市场将进一步扩大。据民政部测算，由于老年人口发展速度过快，到 2050 年我国的老年市场需求是 8000 多亿元，现在仅满足基本需求就有 1000 亿元左右。说"银发产业"是个大市场，不仅是因为老年人在不断增加，还因为他们有较强的购买力。有资料介绍，日本的老年人占全国总人口的 17%，而储蓄存款额却占全国储蓄总量的 55%。中国老龄科学研究中心进行过一项调查，我国城市老年人中，42.8% 的人拥有储蓄存款。随着我国经济的发展，老年人的退休金也将不断增加。预测表明，到 2020 年时将达到 28145 亿元；到 2030 年，将增加到 73219 亿元。这些资金，大部分将进入市场消费，关键是商家是否能开发出迎合老年人需求的产品。

当今中国，50 岁以上的老年人并不是走在潮流之外的人群，和年轻人一样，每天上网并进行网购已经成为很多老年人生活的一部分。淘宝网研究团队曾经专门对 50 岁以上网购人群进行了调查与分析，他们的特征为：

- 男性为主。通过对在淘宝网购物的老人进行调研发现，超过 6 成是男性用户，女性用户不足 4 成，这与全网女性居多的特征略有不同。

- 收入较高。老人的收入也较为可观，近 2 成用户家庭月收入（该收入不含子女收入）过万，超过 6 成月收入在 5000 元以上。进一步对老年用户职业背景进行分析发现，他们当中过半用户都有政府或事业单位背景，部分用户离退休后会被返聘到其他企业、学校工作。

- 互联网经验。75% 以上的用户网龄超过 5 年，有 4～5 年网络经验的用户约为 10%，有 1～3 年网络经验的用户约为 12%，而少于 1 年经验的仅占 3%。

- 心态年轻。这群高龄用户虽然年龄较长，但依然保持年轻的心态，追求时尚，无论是在购物过程中，还是日常生活中都会关注、跟随时代脚步，使用流行软件。对这些老人来说，使用印象笔记、美图秀秀、微信、QQ、淘宝网、炒股软件都是很普通的事。

- 网购品类。服饰、鞋包、数码、家电、虚拟类商品是老人最常网购的 5 类商品，但男女购买类目上存在差别，女性用户购买服饰、鞋包类商品较多，而男性用户购买数码、家电居多。

- 在他们的购买决策中，商品尺码、商品详情、商品评价较被关注，对价格、店铺信誉的关注度相对次之。

第六章 逢迎——迎销之产品篇

逢迎，一般是指，说话和做事故意迎合别人的心意。大数据时代的迎销，强调企业的产品策略，一切真正从消费者出发，千方百计迎合消费者的心意。

一、大数据时代下的产品策略

所谓产品策略，是指企业为获得市场竞争优势，营销体系中的产品系统所运用的措施和手段，如产品定位、产品组合、产品开发，以及品牌策略等。产品策略在传统营销理论4P（Product, Price, Place, Promotion）、4C（Consumer's Need, Cost, Communication, Convenience）理论中占据着非常重要的核心地位，是营销组合的基础。传统营销理论认为，企业只有了解消费者的消费行为，满足消费者的需求，生产出产品（有形产品、无形产品或服务），为消费者提供满意的产品，并通过市场多种经营和推广手段与消费者实现交易，才能完成企业的销售目标。

在大数据时代，传统营销组合观念面临着巨大的挑战。迎销观念下的产品策略与传统营销观念下的产品策略相比较，出现了很多新特点。

1. 迎销观念中产品概念更加表现出消费者成为产品设计开发的主导

传统营销观念中，关于产品概念的叙述更加指向为消费者提供利益或好处，除有形的产品实体，产品还是一组实体特色的组合，包括包装、颜色、价格、质量和品牌，以及卖方的服务和商誉。"所谓产品可指货物、服务、地点、人员或创意。实际上，消费者所购买的产品超越了产品的实体特色，他们希望从采购产品中获得满足需求的利益和好处。"[36]

产品概念历来是营销观念的重点，但其在市场营销观念中的位置发生过变化。菲利普·科特勒教授曾经进行过总结，市场营销活动的竞争观念有 5 种（可以看出产品策略发生变化）。

- 生产观念。认为消费者喜欢那些随处可买到的价格低廉的产品。生产导向组织的经理会致力于追求更高的生产效率和更广的分销范围。

- 产品观念。认为顾客最喜欢那些质量最高、性能最好、特色最多的产品。以产品为导向的组织，重点在于开发优质产品并不断加以改进。

- 推销观念。认为如果对消费者置之不理，他们不会大量购买本企业的商品，因而企业必须进行大量的推销和促销努力。

- 市场营销观念。认为达到企业目标的关键在于正确确定目标市场的需要和欲望，而且比竞争者能更有效地满足目标市场需求。

- 社会营销观念。认为组织的任务是确定目标市场的需求、欲望和兴趣，比竞争者能更有效地提供满足顾客需求的商品，提供商品的方式应能对消费者和社会福利双重有益。[37]

上述 5 种市场营销观念在不同市场发展阶段颇具代表性，遗憾的是，在中国我们可以看到大量中国企业中的营销观念还停留在前两个观念之中，坚信自己企业的产品能力，而忽略了消费者真实需求并生产制造了大量产品，占用了大量资源，因销售不畅造成库存积压严重的现象比比皆是。还有很多企业喜欢相信产品属性之一的价格是最重要的营销手段，经常举起价格大旗，"零利润销售""挥泪大甩卖"等口号此起彼伏，所以企业间恶意价格竞争十分普遍和严重，导致企业陷入亏损的境地而不能自拔。

产品是企业生存的根本，任何一家企业都重视自身的产品在市场的销售和发展前景，动用多种手段希望提升自己产品的市场份额，企业的经营者无时无刻不在考虑：企业生产什么样的产品？为谁生产产品？生产多少产品？如何及时、有效地提供消费者所需要的产品而实现企业的发展目标？这是企业营销活动的主体，在传统营销时代如此，大数据迎销时代亦然。

产品层次的分析实质上是产品概念中非常重要的内容，企业经营者必须认识到自己的企业为消费者提供哪一个层次或者是哪些层次的产品。1988 年，菲利普·科特勒教授在其重要的著作《市场管理：分析、计划、执行与控制》中，提出了一个产品的三层次结构理论。该理论认为，任何一种产品都可被分为三个层次：核心利益（Core Benefit），即使用价值或效用；有形产品（Form Product），包括式样、品牌、名称、包装等；附加产品（Extra Product），即附加服务或利益；并认为这三个层次是相互联系的有机整体。科特勒的产品三层次结构理论较好地反映了消费需求的多层面性，特别是解释了消费需求的动机，以及实体产品与服务的不可分割性。这一理论影响至深，已得到市场营销界的广泛认同，产品每个层次所包含的内容又被后来的学者不断扩充。但是，产品三层次结构说仍未摆脱企业在产品效用和价值形成过程中的主体地位，更多的作用是引导生产者和销售者根据消费者的需求去提供产品和服务。因此，在 1994 年，科特勒教授在该专著修订版中将产品概念的内涵由三层次结构说扩展为五层次结构说，即包括核心利益（Core Benefit）、一般产品（Generic Product）、期望产品（Expected Product）、扩大产品（Augmented Product）和潜在产品（Potential Product）。科特勒教授最先提出产品的三层次结构理论，然后又将其发展为产品的五层次结构理论，这是对产品概念及其内涵的一个重大发展，有着极为重要的理论意义。首先，在指导思想上将产品看成一个动态和有生命的概念，要求人们在选购和消费产品的过程中逐层认识，认识其丰富的内涵和包含的全部价值，丰富对产品内涵和外延的认识；其次，在分析思路上从基于企业和生产者主导的产品生产，转向基于顾客和消费者主导的产品需求，将"顾客至上"、面向市场需求视为产品开发的最高境界，从而确立了消费者在产品设计和生产中的主导作用；再次，在实际分析过程中又坚持产品是一个双向动态的概念，把企业的产品设计与开发、购买者的产品选购与消费联系起来，实现产品从形式到内容、从使用价值到消费体验的高度统一。[38]

产品层次发展到五层次结构，表明科特勒在 20 世纪 90 年代就已经敏锐地观察出消费者将在产品设计与开发中占据主导地位。传统营销时代，企业当然可以通过多种手段听取和研究消费者关于产品设计与开发的各种建议，但是由于技术条件限制，企业得到的消费者信息是有限的。前文阐述过传统营销时代即使通过大量的市场调查，样本数量一定意义上讲仍然是十分有限的（可以参看前文关于"新可口可乐"的案例）。况且，那个时代的企业营销人员坚信只有自己最了解产品，比消费者更加了解市场，生产出最佳的产品是企业天然的基本责任，企业可以为消费者提供心仪的产品。特别是在中国，传统营销时代的市场，产品基本属于卖方市场，企业更多要研究如何提高劳动生产率，扩大生产以满足不断增加的产品需求。和消费者一起甚至由消费者自己设计产品，由企业按照消费者的要求生产产品是天方夜谭的事情。

当然，在这个营销的时代，如果在这个观念下设计自己的营销体系，建立企业创新的商业模式，可能企业就取得了成功。例如最成功的案例就是戴尔（Dell）电子计算机。戴尔的模式习惯上被称为直销，戴尔公司建立了一套与客户联系的渠道，由客户直接向戴尔发订单，订单中可以详细列出所需的配置，然后由戴尔"按单生产"。戴尔电子计算机在2000年前后在全球市场取得了巨大的成功。然而实质上，戴尔案例与我们强调的在迎销时代由用户定制企业产品还是有着不同的含义，有人称戴尔的所谓"直销模式"实质上就是简化、消灭中间商，本质上属于渠道变革。

在全球有着巨大影响的大数据专著《大数据时代——生活、工作与思维的大变革》一书的作者维克托·迈尔·舍恩伯格认为，大量的数据能够让传统行业更好地了解客户需求，提供个性化的服务。大规模定制，可以为大量客户定制产品和服务，成本低，又兼具个性化。比如消费者希望他买的车有红色、绿色，厂商有能力满足要求，但价格又不至于像手工制作那般让人无法承担。

因此，在厂家可以负担得起大规模定制带来的高成本的前提下，要真正做到个性化产品和服务，就必须对客户需求有很好的了解，这背后就需要依靠大数据技术。数据能告诉我们：每一个客户的消费倾向，他们想要什么、喜欢什么，每个人的需求有哪些区别，哪些又可以被集合到一起来进行分类。大数据是数据数量上的增加，以至于我们能够实现从量变到质变。[39]

在大数据时代，广大消费者对企业的要求、对产品的价值需求、对产品的设计要求等，可以通过鼠标、手指、语音等诸多手段，借助互联网络、手机 App、聊天软件、社交软件等作为媒介传导至企业，企业只要"照单抓药"就好了。换句话讲，企业要研究的是如何利用好大数据技术来逢迎消费者，企业与消费者在产品生产与迎销上与以往相比，建立的是更加深层次的关系。

案例：用户中心化

"用户中心化"被誉为天猫家电 2015 年的关键词，由此衍生出的则是 C2B（消费者对商家）定制化生产模式的兴起。所谓 C2B 生产，即由消费者直接对应企业（Customer to Business），即先有消费者提出需求，后有生产企业按需求组织生产。

在此过程中，消费者可以参与产品设计、生产和定价，以彰显消费者的个性化需求，这是一个新的制造时代的来临。4 月 20 日，科沃斯携手阿里云的定制化产品——云定制扫地机器人"地宝朵朵"在天猫首发，仅短短 13 分钟，首发 2000 台被一抢而空。

"为什么这款产品叫朵朵？朵朵这个名字从哪儿来的？其实是在和上千名网友的互动、交流中得来的。"在 4 月 15 日举行的天猫小家电行业峰会上，科沃斯集团董事长钱东奇介绍说，"网友说，因为是个云产品，而朵朵就有云的含义在里面。"

"在产品制造的各个环节跟消费者互动，能让我们跟消费者进行心灵的嫁接，从而研发出更多适合消费者需求的产品。"钱东奇说。

定制化的本质，是与消费者在各个环节产生最大的互动。近日，在美的天猫官网及其微信平台，正在对"i 青春"系列智能云空调的外观颜色进行投票，5 款全彩色外观新品种中，将对由网友最终选出的 3 款颜色进行量产。记者看到，已有上万名网友参与了投票。

业内人士认为，未来的定制化，将最终进入到"用户设计、用户研发、用户智造、用户下单"的时代，真正实现全流程的"用户中心化"。

如果说与消费者深度互动代表的是商业的未来，那么支撑这未来的必定是大数据。

"借助于阿里大数据的用户行为分析，品牌商制订货品定位、定价策略等优化整个供应链，不仅降低了生产成本，还能快速生产出契合消费者需求的产品。"美的电商负责人任勇表示，借助大数据，能让产品研发和生产周期变短，并且减少产品试错的概率。

"电商提供的数据，让我们能实现以销定产，企业第一时间就能接受用户反馈，能及时调整战略，不到一个月就能实现按需生产，而传统企业则需要 2~3 个月。"佛山品一照明董事长梁荣华说，大数据是做电商的核心，要用数据驱动研究客户特性，再决定产品定位、设计、价格等，让大数据贯穿整个产业链。

"任何复杂的整屋个性化家具定制，我们都能在 30 天内整装完成。"尚品宅配董事长李连柱表示，"云设计库是实现快速流程的关键，一位顾客只要告知所在城市、楼盘、房价、收入、年龄等信息，设计师就可以在系统中找到过去三个月、半年、一年内类似顾客中受欢迎的几十甚至上百套方案，作为参考方案，然后根据顾客需求进行方案微调即可。"据介绍，2007 年开始，尚品宅配就开始搜集楼盘的数据，建立"房型库"，并逐渐从单一的房型库扩展到产品库、设计库的三位一体，相互打通，成为"云设计库"。

"如果说物联网是'互联网+'的眼睛的话，那么大数据就是'互联网+'的大脑，抛开物联网和大数据走'互联网+'的道路，犹如在黑夜登上了一架没有雷达的飞机。"广东柯内特环境科技有限公司总经理朱斌认为，真正的"互联网+"解决的是企业效率、渠道、物流、成本等系统性问题，是企业从 B2B（商家对商家）或 B2C（商家对消费者）转型到 C2B（消费者对商家）。[40]

一方面，互联网大数据时代来临之前，企业与消费者之间的关系是不对称的关系，企业处于优势地位，企业在产品方面比消费者掌握更多的信息，很多情况下消费者是被动接受的。另一方面，即便消费者自身对产品有需求，也很难传递到产品生产企业；当然，也有些企业出于成本等方面的考虑，有意忽略或者漠视消费者的愿望。然而在互联网大数据时代，消费者可以有更多渠道了解企业信息、产品信息、品牌信息，可以更加主动地选择企业的经营行为，特别是新型渠道、网络电商渠道的全面推广，使得消费者可以更多地掌握对企业品牌形象、产品生产等经营行为的投票权，企业如果发生严重影响消费者信心的行为，就可能会断送企业的前程，甚至可能整体摧毁整个行业的未来。"三鹿奶粉"事件的发生，极其严重地打击了中国消费者对国内奶粉行业的信心，中国的国产奶粉品牌一蹶不振，在艰苦中度日。

2. 大数据时代，逢迎消费者的创新产品是企业的生命线

产品创新在传统营销时代也是企业发展的关键。有着100多年历史的宝洁公司更是将产品创新放在营销的核心，他们经常讲，"企业成功的核心是产品创新。如果我们能创新，最终赢家就是我们"。

消费者的需求是经常变化的，企业的产品和品牌迟早会过时，况且任何产品都要经历诞生、成长、成熟、衰落直至退出市场的产品生命周期。企业除了尽可能延长产品生命周期之外，更重要的是不断开发满足消费者需求的新产品。知名的3M公司就是以勇于创新、产品繁多著称于世。目前，3M在科研和产品开发方面形成了超过46个门类的核心技术，公司围绕这些核心技术，开发了6万多种产品，以满足不同客户的需要。3M在全球共拥有70多个实验室、8200多位研发人员。3M全球每年有35%的销售额来源于最近4年的新产品，而3M中国市场的新产品销售额更是接近销售额的50%。但是，不是说企业的新产品数量多，就表示企业注重产品创新，产品创新必须特别有利于满足消费者需求，有利于引导消费者的隐形需求，而不是为了达到新产品的开发数量而盲目开发。

在大数据时代，产品创新更加成为企业在市场取得成功的不二法宝。纵观近年来成功的企业，不论是从事传统产品的企业，还是从事新型产品的IT企业；不论是制造中间产品的企业，还是生产最终消费品的企业；不论是生产实体产品的企业，还是提供服务的机构和平台，它们共同的特征就是在产品创新方面表现明显。可口可乐公司从事传统产品——饮料的生产和营销，但是这个有着100多年

历史的企业，对待创新却是乐此不疲，其企业专门设立创新研究中心，2009 年 3 月 6 日，"可口可乐全球创新与技术中心暨中国总部园区"在上海紫竹科学园区开幕。可口可乐公司总裁表示，希望在构建和共享可口可乐全球系统专业资源基础上，更快地把创新成果带给中国的消费者和客户。2014 年可口可乐推行了一项名为"Coca-Cola 2nd Lives"的活动，免费为人们提供 40 万份 16 种功能不同的瓶盖。只要将其拧到旧可乐瓶上，空瓶瞬间就可变身杠铃、水枪、喷壶、笔刷、调味瓶或者吹泡泡的玩具，赋予空可乐瓶第二次生命！

图 6-1　Coca-Cola 2nd Lives 活动

3M 公司的创新产品思高 TM 外科胶带以及 Micropore TM 外科胶带的诞生，更是为医学带来了变革，产品能够黏合皮肤，直接贴在伤口边缘以防止进一步感染，它成为无痛闭合伤口的最佳选择。进入互联网大数据时代，以京东商城为代表的产品营销服务平台，正是不断地创新，才给企业带来了勃勃生机。京东商城的建立就是突破当时以国美、苏宁为代表的电器产品终端，上升至线上的网络销售的创新平台。京东商城在发展过程中，不论在消费者满意度、产品质量管理、服务流程、支付方式、物流服务，还是在企业的资金管理等方面都有创新，京东商城更是以"创新、竞争"作为其企业核心文化价值观。

案例：苹果公司的产品创新

1. 创新的文化

苹果公司产品创新来自于其创新时尚的企业文化。苹果公司的符号意义为设计、科技、创造力和高端的时尚文化。

第一，另类。

苹果公司是一个以奇特、另类为核心理念的创新型企业。在创办初期，苹果公司曾在楼顶悬挂海盗旗，向世人宣称自己与众不同。苹果公司力图让每一项产品都符合消费者心目中的苹果文化印记。因为要求苛刻，以至于苹果每年只能开发出一两款产品，但几乎每款产品都能让消费者欣喜若狂。

第二，流行文化。

乔布斯历来就是技术行业流行文化的风向标。乔布斯具有一种敏锐的感觉和能力，能将技术转化为普通消费者所渴望的东西，并通过各种市场营销手段刺激消费者成为苹果"酷玩产品"俱乐部的一员，使苹果用户都有时尚、品味的标签和自豪感。

第三，产品设计精益求精成就苹果文化符号。

卓越的产品设计成就了苹果产品"另类、品味、时尚"的文化符号。iMac电脑以半透明的、果冻般圆润的蓝色机身重新定义了个人电脑的外貌，打破了原有电脑枯燥乏味的米黄色盒子的呆板模式，并迅速成为一种时尚象征。而风格极简、纯白的iPod，在充斥着各种颜色的数字家电市场中特立独行。可以这样形容苹果的设计：简洁的、纯净的、空洞的。就如现在的iPhone，只有一个巨大的空洞洞的屏幕和唯一的一个按键，比iPod还要简单干净。乔布斯追求产品完美细节的激情使其被媒体形容为"魔鬼性的完美主义者"，正因为他的执着与精益求精，苹果产品才会有众多的追随者。

第四，人才精英文化。

苹果公司在人才的使用上，极力强调"精"和"简"，强调"质量比数量更加重要"。乔布斯的用人标准是使用"那些每天挑战彼此，而让产品最佳化的人才"。

他相信由顶尖人才所组成的一个小团队能够运转巨大的轮盘，仅仅拥有较少的这样的顶尖团队就够了。为此，他花费大量精力和时间打电话，用于寻找那些他耳闻过的最优秀的人员，以及那些他认为对于苹果各个职位最适合的人选。

2. 创新过程管理

苹果公司产品的卓越设计与其严格的创新过程管理是分不开的。苹果产品的设计流程有以下阶段。

第一，从 10 到 3 到 1。

对于任何一项新的设计，苹果的设计师们首先要拿出 10 种完全不同的模拟方案，使设计师们有足够的空间，在没有限制的情况下放开设计。然后他们从中挑出 3 个方案，再花几个月的时间仔细研究这 3 个方案，最终得出一个最优秀的设计方案。

第二，两次设计会议。

设计团队每周会有两次会议。一次是头脑风暴会议，完全忘记任何的条件限制，自由地思考，甚至提出疯狂的想法。第二次是成果会议，这个会议与前一次会议正好相反，设计师和工程师必须明确每一件事，明确前面疯狂的想法是否可能在实际中应用。尽管在这个过程中，重心已经转移到一些应用的开发和进展上，但团队还是要尽量多地考虑其他各个应用的潜在发展可能。即使到了最后阶段，也要保持一些创造性的想法做后备选项。

第三，小马驹会议。

将设计团队每周两次会议上最好的几个想法交给领导层，由领导层的"小马驹会议"决定方案，以确保苹果的产品线不会出现低级的错误。

3. 以用户为本

苹果产品设计的目标是简便易用。苹果公司把消费者的需求放在第一位，在一切看似复杂的技术面前，苹果公司往往能化繁为简，让消费者容易使用。

苹果产品的设计总是贯穿着以人为本的设计理念，清爽的外观、简洁的按钮、便捷的操作模式是产品的灵魂。

产品创新源于用户需求。苹果产品的产生往往源于一项潜在的消费者需求，如 iPod 原本的设计思路是为了让用户能够更妥善地保存和管理音乐文件。而 iPod 和 iTunes 的结合则来自于顾客对有质量保障的音乐、携带便利的数字格式音乐及大量数据的强烈需求。苹果公司把科技与消费者的需求进行了完美的结合，实现了产品策略的飞跃。[41]

大数据时代为企业的创新，特别是产品的创新提供了更多机会和条件。维克托·迈尔·舍恩伯格认为，数据是创新的驱动力。"有时候不一定是理念驱动世界的变化，可能是实实在在的数据，在数据的基础上产生理念，新的理念是创造性破坏的核心，而数据则是创新的驱动力。"舍恩伯格在一次学术演讲中提出要尽其所能去观察这个世界，而这个观察的过程实际上就是一个搜集数据的过程。通过搜集数据，我们进一步理解数据，通过理解数据我们理解了世界。搜集数据、分析数据需要花费大量的时间、精力、财力，可是"我们是否可以搜集最有必要的数据，然后对这些数据进行挤压，从大量的数据中挤出最精华的东西来，然后在此基础之上进行意义的构建？也就是说，我们从大数据中可以提取小数据，数据对我们来说成为一种可以应用的、有价值的资产"。他以特斯拉汽车、优步（Uber）以及谷歌曾经斥巨资收购的 NEST 等为例，指出这些产品之所以取得了巨大成功，不仅仅是因为产品本身，更在于它们都是一个数据收集平台，"这意味着你只要能够充分地使用信息，你就可以用数据进行创新，进行突破，从而创造出一个新的环境"[42]。

3. 在大数据时代，跨界产品成为潮流

传统营销理论认为，产品是被生产出来的、向市场提供的、能满足消费者或用户某种需求的任何有形物品和无形服务。通俗地讲，某些产品可能具备多种价值，满足消费者多种需求，例如，服装首先是满足消费者的避寒需求，同时一定程度上还可以满足消费者追求时尚潮流、社交等方面的需求。但是，本质上它还是服装，服装产品的基本功能是不变的。冬天到了，消费者要买棉衣避寒是基本需求；口渴了，购买饮料不论是含有二氧化碳气体还是不含气体，不论是可口可乐还是百事可乐，解决口渴问题才是第一需求，饮料本质上是解决人们渴的需求；航空公司将消费者从一个城市运送到另一个城市，为消费者提供飞行服务的产品；手表就是让消费者关注时间的，除美观和显示身份的附加功能外，满足消费者其他的需求并不突出。

然而，在互联网大数据时代，科学技术迅猛发展，特别是数字技术的成熟，传统意义上产品属性含义正在甚至已经发生了根本的变化。Apple Watch（苹果手表）是手表还是数字产品？谷歌眼镜是眼镜还是电子产品？手机微信是社交通信软件还是微商商家的营销平台？看起来莫衷一是，但它们却有一个共同的特征——跨界，都是跨界产品。

"跨界"一词，开始使用比较多的是在演艺界。一个所谓的三栖明星可能是一个电影演员，可能是一名歌星，也可能是一名主持人，虽然横跨了娱乐界多个行当，但是他（她）至少还是一个演员，通过自己的多种形式的表演来取悦不同领域的观众。而企业或产品的跨界有时候则是过去概念中完全不同的行业，在互联网大数据时代，这种事例有很多。例如，当前风起云涌的互联网金融，某些企业过去只是单纯的互联网公司，取得经营牌照后，目前开展的完全是金融领域的业务，与之相关的企业生产的产品也成为跨界产品。支付宝本来是用于网购的支付工具，现在则还有投资、储蓄、理财等金融产品的功能。跨界企业和跨界产品的出现与人类进入互联网大数据时代密切相关。

案例：耐克的"跨界"产品

提到耐克，你首先想到的是什么？跑步鞋、篮球鞋、运动鞋，还是乔丹、刘翔、李娜？如果你的反应还是这些，那你实在需要重新认识这家公司了。

实际上，我们早就不能把耐克看成一个传统的运动品牌公司了，你可以把它当成一个贩卖运动时尚——从观念到生活方式、到配套产品的高科技的服务公司。就在本土运动品牌们还在为库存焦头烂额的时候，耐克已经在积极拥抱互联网带来的行业变革了。

耐克依靠旗下线上运动社区和数字化平台 Nike+，正在调整产品策略和销售目标。围绕着每一款新品或营销策略，不同于其他体育用品公司仍要依靠专业运动员、第三方数据调研等手段收集数据，耐克独有的社交运动平台 Nike+正在成为耐克新品设计、营销推广等商业决策的重要依据。

在互联网时代，耐克不能只是一个传统的运动品牌公司了。建立自己的网上运动社区，更深、更直接地卷入消费者的生活，掌握他们的数据，准确把握他们的需求，随着他们的脉搏跳动去建立新型的更符合互联网时代特色的联系，耐克正在努力发动这场数字革命，把自己打造成一个贩卖运动时尚——从观念到生活方式、到配套产品的高科技的服务公司。2006 年，耐克总部的工程师发现，在俄勒冈大学校园里，几乎每个人都使用 iPod。在与苹果公司接触后，Nike+iPod 的方案一拍即合。这让耐克第一次尝到了数字化社区带来的甜头。经过几代的升级，Nike+支持多种系统下载，通过手机，跑步者可以获得自己的运动时间、步伐、消耗热量、路线等数据。

如今通过 Nike+而衍生出来的产品，正在通过更多形式的载体涉猎更多的运动，Nike Hyperdunk+ —— 耐克芯片篮球鞋，这种"跨界鞋"可以记录每一次的跳跃高度，追踪跳跃极限、平均跳跃高度和每场比赛跳跃总高，以及你的步速、最快速度等信息，随后将活动数据转化为 Nike Fuel 数值。[43]

跨界经营并推出跨界产品和服务，成为很多企业的产品的开发重点。2014 年8 月，美国的梅西百货、Target 超市和 Barnes & Noble 书店都先后引入了星巴克。优衣库（专题阅读）在店内摆放了沙发、桌子、椅子和一个 iPad 站供顾客使用。不仅如此，优衣库还赞助了隔壁的纽约现代艺术馆（MoMA）周五免费开放计划，推出限量版服装配饰"SPRZNY"，采用了著名现代艺术家的画作，产品多达 200多种，包括手袋、T 恤等，通过优衣库全球门店和网站销售。世界著名经典时装品牌古驰（Gucci）则在中国上海开设了全球第一家餐厅，不同于之前以氛围营造为主的 GUCCI CAFÉ，这里提供的是扎扎实实的西式高级正餐，成功地传达出"我们不止卖奢侈品，我们还卖生活"的概念。据说消费者对古驰餐厅反响强烈，需要提前 1 个月订座。

　　鼓励企业跨界、推进企业"互联网+"行动，已经上升到国家推动经济发展、经济转型的战略层面。2015 年国务院正式发布了《国务院关于积极推进"互联网+"行动的指导意见》，特别强调，"'互联网+'是把互联网的创新成果与经济社会各领域深度融合，推动技术进步、效率提升和组织变革，提升实体经济创新力和生产力，形成更广泛的以互联网为基础设施和创新要素的经济社会发展新形态"。"积极发挥我国互联网已经形成的比较优势，把握机遇，增强信心，加快推进'互联网+'发展，有利于重塑创新体系、激发创新活力、培育新兴业态和创新公共服务模式，对打造大众创业、万众创新和增加公共产品、公共服务'双引擎'，主动适应和引领经济发展新常态，形成经济发展新动能，实现中国经济提质增效升级具有重要意义"。同时提出了跨界融合的要求，"我国在互联网技术、产业、应用以及跨界融合等方面取得了积极进展，已具备加快推进'互联网+'发展的坚实基础"。

　　开发推广跨界产品实际上是企业满足消费者不断变化的需求，逢迎消费者的必然选择。以互联网、数字化产品为例，只是由于消费者的需求和消费习惯发生了巨变，跨界产品才能够大量出现。因为，"80 后"尤其是"90 后"几乎是伴随着互联网成长起来的一代，这部分群体对互联网、移动互联网具有高度依赖的特点，已经养成了在网上获取信息、娱乐、购物的习惯，而且这部分群体正在逐步成为中国社会消费的中流砥柱。所以说这已经不是一种趋势，而是一种现实。一项调查显示，中国人平均每天用在手机上网方面花费的时间是 158 分钟，远高于全球范围的平均值 117 分钟，其中 25～35 岁的"80 后"消费力量成为主流，"80 后""90 后"追求网络消费、科技消费、个性化消费，这与传统的"60 后""70 后"的消费需求和消费习惯存在巨大的差异。由此，这对传统的企业乃至产业提出了全新的要求，企业必须提供适合该部分群体的产品、服务内容和方式，才能适应这个时代的发展，因为从多方面逢迎消费者日新月异的需求，是大数据时代迎销的基本要求。

二、大数据时代下的产品定制

从销售角度讲，商家面向特定的或个体消费者提供的产品定制服务，是一种既古老又现代的营销行为。商品经济建立初期，商品在形成大规模工业化生产之前，商家与消费者之间的大部分产品交易是在定制化条件下进行的。比如，商家根据消费者的身形、高矮胖瘦、个人喜好等为个体消费者定制服装、鞋帽等生活用品。早期的商品经济时期，产品定制一定程度上是产品交易的主流。进入工业化社会以来，随着产品市场的扩张，区域性、全国性的市场日益完善，个体化的产品定制已经少之又少，某些商家只能以"百年老店"的形式存在着，在汹涌的市场经济大潮中艰难度日。

实际上，在工业经济社会发展初期，20 世纪 50 年代以前的很长时间里，市场上充斥着大量的统一化、相同或类似的产品。譬如亨利·福特向市场上推出著名的 T 型车，采用统一的设计和唯一的黑色款式。可口可乐一度只向整个市场供应一种可乐，希望吸引所有的消费者。穿着相同式样的西装、戴着同样高度的绅士帽、手握雷同的文明棍，是那个时代上流社会绅士的标志。当然，那个时候的中国，长袍马褂、长长的旗袍是男士和女士的标配。

然而，20 世纪 50 年代之后，随着经济发展的繁荣、交通及通信技术的快速发展、市场规模与地域的迅速扩大，企业与消费者联系的广度和深度快速提升。多种渠道形式如超市、专卖店、便利店、百货公司、区域批发市场蓬勃发展。消费者得到产品的信息、选择产品的方式可以从多种媒体和渠道中获得。此外，现代工业技术发展推动了企业生产能力的进一步提高，商品日益丰富，市场由供不应求逐渐变为供大于求，市场由卖方市场转向买方市场。20 世纪 60 年代以来，以美国为代表的西方国家个性解放思潮盛行，追求个性、倡导差异、强调与众不同等观念必然影响消费观的变化。消费者的需求水平和需求层次亦有所提高，越来越希望得到更体现个性化的产品和服务。以服装为例，服装虽然是每个消费者的基本生活用品，但在款式、面料、风格上的要求却大不相同。除一些特定的场合之外，我们看到的更多是不同风格、不同色彩、不同式样等表现出个性化的服装；某些时髦女性如果发现有人在同一场合与其"撞衫"，会感觉非常不舒服。

从理论上讲，正是消费者在消费观念、消费水平、消费方式上的差异，市场上才出现了多种有差异的消费人群，企业的市场定位和产品定位就是针对各自企业的不同目标人群设定的。企业的资源在一定程度上是有限的，因为不可能开发并生产出可以满足市场各个不同目标人群的所有产品或者"万能产品"，而是不得不将企业资源有选择地投向认为最适合企业的消费者目标群体。

20世纪90年代后期发展起来的一种新型的营销策略——定制营销（Customized Marketing）也被称为个别化营销（Individual Marketing）。定制营销就是在市场细分的基础之上，进一步针对个别消费者的特定需要提供个性化的产品。如完全按照消费者个人的喜好来设计服装、手表、皮鞋等消费品；按照个人的设计来装饰住房甚至建造别墅；按照个人的需要和可能来制订学习计划，提供业余培训等。定制营销更有针对性，对顾客的满足程度也更高，因此开展定制营销的企业就能更牢固地控制其目标群体，稳定其目标市场。在定制营销策略中，定制产品是核心，而定制产品当时最具代表性的是戴尔电子计算机。戴尔认为最有效和明确地了解客户需求，并迅速做出回应才是成功的商业模式。消费者可以按照提示定制个性化的且配置丰富的计算机产品。由于减少了中间环节，所以戴尔计算机的价格极具竞争性。正是凭借"量身定制服务""最新最全产品""高性能升级"及"全职咨询顾问"四大直销优势，戴尔电脑几年内就成为世界计算机企业的翘楚，赢得了无数的荣誉。定制化直销的戴尔模式受到了业界的追捧。

然而，互联网大数据时代到来，互联网不再是戴尔电脑联系客户的独家秘籍，计算机厂家都利用互联网作为加强与消费者关系的工具，戴尔过去的电脑直销模式的几大优势已经成为计算机巨头企业的基本配置，戴尔电脑近几年开始走下神坛，被联想、苹果电脑追赶并超越也就不足为奇了。

即便如此，戴尔电脑的成功，证明了产品定制营销模式的有效性。

大数据时代，产品定制可谓恰逢其时，也是迎销策略中逢迎消费者的重要手段。企业如果根据自身的优劣势分析，整合资源，管理好流程，可以取得喜人的回报。因为大数据时代的产品定制与传统营销的产品定制有很大的不同，主要表现如下。

1. 与传统相比，大数据时代产品定制双向交流更为明显

过去的产品定制，无论是 B2C，如福特的 T 型车，还是 C2B，很大程度上是一方提出，另一方予以满足，都有所偏颇。在大数据时代，信息交流和充分沟通成为基本条件，在成本很低的情况下实现点对点、点对面的无缝交流。消费者如果有个性定制要求，直接在网络上向商家提出，商家如觉得可以满足，马上可以实现交易。商家还可以通过接入顾客兴趣社群、发现顾客兴趣、与顾客共同试制产品、助推顾客口碑传播交流等多种形式找到个体的或部分小群体的共同需求推出定制化产品，满足小部分有共同兴趣的消费群以推广产品。目前，在微商中，这种类型的各种交流群、朋友圈比比皆是，相互之间随时沟通交流，进行产品定制，不亦乐乎。商家还可以利用大数据技术，对目标客户有针对性地提出定制建议，实现消费者个性化产品定制。例如，耐克的 NikeiD、阿迪达斯的 Mi Adidas 的个性定制服务，就是商家和消费者双方充分沟通后实现的。

2. 大数据时代的产品定制可以实现"模块化定制"

大数据时代，商家利用大数据技术不仅完全可以实现个体消费者个性定制需求，还可以了解部分群体性消费者的相同需求，推出某些类型的产品，实现所谓的"模块化"的定制产品。例如，某知名视频网站推出了"绿镜"的服务，点击后，你所看到的将是剪辑过的节目片段合集。譬如，热门的综艺节目《爸爸去哪儿》一期的总时长是 90 分钟，开启绿镜模式之后，你所看到的是 29 分钟的精华版。

负责剪辑节目的不是网站的视频编辑，而是后台系统，或者说所有观看视频的普通用户。大多数人在观看视频时，都会根据自己的兴趣暂停、快进、倒退。用户在无意识地通过这些动作来评价内容的好坏，用鼠标来反映哪些是他们认为好看的，哪些是无聊的。

简单地说，绿镜就是将所有用户"评价"汇总，再经过后台系统的运算，将最受欢迎的片段剪辑出来，形成精华版视频。这样形成的"模块化"产品非常适合那些有相同趣味的观影人群，有计划推广产品的广告商可以比较准确地找到适合的目标群体，有针对性地精准投放，做到资源的最大化。

另外，有很多商家利用双向的沟通交流，实现先收集需求再生产的预售模式。因为个别用户的个性化需求可以汇集成若干"模块化"的多个群体性需求，企业有针对性地制订产品开发计划、生产计划，最大限度地降低库存。从事电子商务的企业经常开展的团购预定、"双十一"节日前的预售等，就是这样的销售手段。

模块化定制的实现和预售模式均可以最大限度地降低个性化的成本，在规模化的同时又可以满足一些群体具有交集的个性化需求。这样更多是为了节省生产资源、降低库存压力、提高产销比。

3. 大数据时代，企业推出个性化定制产品服务，满足消费者的需求提升

餐饮、旅游等传统服务性企业，在新时代来临的大潮中，争夺新消费人群、与同行竞争而立于不败之地的重要手段就是要与时俱进，尽量与新时代同步。2015年7月2日，麦当劳面向中国市场在上海3家门店推出自创汉堡服务，消费者可在餐厅点餐机上自主搭配24种原材料创造个性化汉堡，并计划2016年在北京、深圳等城市推广。

中国是麦当劳第6个推出自创汉堡的市场，之前已在美国、澳大利亚、新西兰、新加坡和科威特推出。麦当劳在"我创我味来"概念门店引进新型点餐机，消费者可在触摸屏上选择包括面包、芝士、蔬菜、酱料等在内的24种食材，根据喜好定制出"独一无二"的汉堡。这种组合可达到上亿种汉堡。

麦当劳认为，定制汉堡服务是大数据分析的首个应用产品。每块点餐屏幕的背后，含有消费者的口味偏好和趋势，也有上菜准确度、服务响应度等硬性指标，日后可通过对汉堡搭配等海量数据分析来改进产品。

案例：蚂蜂窝的"反向定制"旅游服务

2014年8月6日，旅游社交网站蚂蜂窝与航空服务商在路上旅业宣布共同推出"反向定制"旅游产品，以蚂蜂窝的用户数据为基础，联合在路上旅业的航空

服务优势，共同推动旅游行业的个性化服务；同时"反向定制"产品也开启了旅游行业以大数据预测为基础的定制化模式。所谓的"反向定制"产品，是指基于庞大的用户数据，进行消费者消费行为的预测与预判，从而根据消费者的喜爱或消费倾向制定相应的旅游产品，满足消费者的个性化出行需求。

根据数据统计，平均每天有超过 300 万人通过蚂蜂窝规划行程，约 20 万人参与旅游问答，10 万人预订酒店。目前，蚂蜂窝拥有近 180 人的工作团队，其中 50%的人员进行技术研发，同时也成立了专门的数据中心，进行需求分析，链接用户和高性价比的旅游产品。

蚂蜂窝 CEO（首席执行官）陈罡认为："2014 年，用户的个性化需求将成为主流。蚂蜂窝是一种基于兴趣图谱的社交，通过大数据分析用户行为或聚合社交力量，就能够撬动和重构上游的旅游资源。这就是一种'预售+反向定制'的 C2B 模式，本质上说，它区别于以往携程或去哪儿等传统 OTA（在线旅行社）服务商的 B2C 模式。"

用户数据有了，那么相关的能够与之相匹配的出行数据呢？这就是在路上旅业将要提供的资源。作为航空产品解决方案提供商，在路上旅业在航空产品方面积累了大量的经验和数据。在路上旅业能够提供相关的航运承载能力数据、航班信息，并与蚂蜂窝的消费者数据进行匹配，从而制定出消费者需要的、切实可行的旅游产品。

此次合作双方共同推出了第一批"反向定制"产品，这些产品可以根据用户偏好数据进行定制及预售，不仅符合旅行者需求，性价比也极高。

"反向定制"是以消耗"远期库存"的方式进行销售，这也就意味着厂商能够以合理的价格进行机票预售，同时根据销售状况及时调整销售价格，避免赔本困境，使消费者和厂商双方获益。

"反向定制"产品的出现意味着，个人休闲游的个性定制化行程将得到满足，消费者将更加便捷地获得出行机票的组合购买，方便出行。同时，航空公司将解决"远期库存"的问题。与传统的商旅市场不同，"反向定制"是以个人休闲游市场为基础的、站在买方市场角度的解决方案，按需定制，精准投放。

近年来，旅游产品营销正在经历这样一个过程：从最初由企业主导的分销，到目前依然是企业为主导的直销，将逐步过渡到用户主导的反销——反向销售及反向定制，也就是商家根据旅行者出行意愿数据或预定，针对目的地、旅行方式、出游时间、预算等偏好进行产品定制。[44]

总之，无论是传统行业、传统产品，还是新兴企业、新时代的数字产品，在互联网大数据时代，企业都要秉承迎销的观念，逢迎消费者日益增长的需求，满足消费者的需求必须抛弃过去的旧观念，抛弃自我为中心、"我的产品我做主"的陈旧观点，真正放下架子，利用多种渠道和方法，特别是大数据技术，真正倾听消费者的声音，了解消费者的个性化需求。

定制个性化产品不是成本陷阱，而是突破营销困境，实现迎销的正确方向。

三、大数据时代下的产品开发

传统的营销理论认为新产品开发策略"就是一种确认新产品预估可达成企业目标和营销目标的宣言"，认为"新产品开发策略可帮助企业避免开发过多产品，但却无法规划已上市的产品"。新产品开发将经历 6 个开发阶段，即激发创意、评估创意、经营分析、开发产品原型、市场测试、商品化。强调制造商推出新产品的原则：必须有足够的市场需求，产品应该满足主要财务指标，产品必须符合环境标准，产品应该适合企业现有营销架构。[45]

传统营销产品开发策略，突出表现为以企业内部为核心的特点：产品开发是否需要？要不要开发？上市后能否成功？这在很大程度上依赖于企业产品开发人员的创意能力、企业的财务能力，甚至企业少部分人的一时好恶，呈现出浓厚的闭门造车色彩。而在大数据技术条件下，新产品开发策略有了更重要的改变，有些甚至是革命性的转变。

1. 长尾理论

首先，不论是传统营销，还是在大数据时代迎销环境下，任何企业的新产品开发策略都不能回避的关键点是：开发哪种产品？开发的产品利润回报如何？

进入互联网时代，市场上产品愈加丰富，数字化产品更是大行其道，然而产品同质化愈加严重，产品毛利愈摊愈薄，企业面临着大多数的产品毛利很低甚至亏损的局面。很多企业非常符合"帕累托法则"，即所谓的 80/20 法则（大多数的社会及经济活动中，只需要把 80% 的资源投入到重要的 20% 的事件或活动中去，即可产生 100% 的结果）。实际上在传统的营销策略中，我们发现企业主要关注在 20% 的产品上创造 80% 收益的产品或客户群，忽略了那些在 80% 的产品上创造 20% 收益的客户群。

美国《连线》杂志前主编克里斯·安德森经过系统研究亚马逊、谷歌、易趣、网飞等互联网零售商的销售数据，并与沃尔玛等传统零售商的销售数据进行了对比，观察到一种符合统计规律（大数定律）的现象。这种现象恰如在数量、品种二维坐标上的一条需求曲线，拖着长长的尾巴，向代表"品种"的横轴尽头延伸。

安德森又经过反复分析，特别在研究了互联网时代众多成功企业的案例后，出版了一本影响商业世界的畅销书《长尾理论》。作者的三个结论是："第一，产品种类的长尾远比我们想象的要长；第二，现在我们可以有效地开发这条长尾；第三，一旦集合起来，所有利基产品可以创造一个可观的大市场。这些结论看起来无可辩驳，特别是一些在此之前鲜为人知的数据在支持着它们。""人们直觉地认识到，传播、生产和营销中的效率的提高正在改变可行商业模式的定义。用一句话就可以形容这些力量：它们正在把以往无利可图的顾客、产品和市场变得有利可图。这种现象存在于更广的层面，从汽车到手工艺，各种领域都受到了影响"。[46]

安德森的长尾理论给企业的产品开发带来了新视角，就是我们在进行产品开发时不要只关注必须有足够的市场需求、产品应该满足主要财务指标、产品必须符合环境标准、产品应该适合企业现有营销架构等这些传统营销中产品开发的"金科玉律"，而要看看自己企业的产品线，是否有一条长长的尾巴，在尾巴端是否还有产品开发的机会，这里面很有可能是企业焕发新生机之机遇所在。当然，长尾理论从诞生之日起，也饱受很多人的怀疑，但强调长尾理论可能最适合互联网时代的互联网产品，而传统企业和传统产品则不适合长尾理论。对此，作者在几年之后对长尾理论进行了升级，出版了扩容版，我国将其翻译为《长尾理论2.0》。学者吕本富说："我在读《长尾理论》第一版的时候，一直有个疑问：人们赖以生活的种种产品，如食品、卫生清洁用品等，不可能通过数字化的形式进入'集合器'，也无法实现小规模但是低成本的生产，更不用提消费者参与的具有个性化的加工生产过程，这些产品的长尾在哪里体现？在读《长尾理论》第二版的时候，我急切地想找到在大规模物质产品的市场中是否也有完美的'长尾案例'。幸运的是，安德森开动了脑筋，发现了很多这样的事例，产品生产方式的长尾存在于很多市场之中。"[47]

迎销，在产品范畴就是不要忘记逢迎消费者，不是只逢迎部分消费者，争取做到逢迎所有消费者，在目标消费者之中更加细分，在产品长尾、客户长尾中发现逢迎消费者等机会点。安德森阐述了长尾时代的六个主题：第一，廉价的生产使尾部（利基）有利可图；第二，显著下降的获取成本（营销成本）使尾部市场供应丰富；第三，需求信息加工使尾部进一步变长；第四，为个性选择提供服务，使热门不再热，冷门（尾部）不再冷；第五，汇总的尾部市场利润不亚于热门市场；第六，长尾现象的形成改变了需求方式。[48]

长尾理论的原理提醒企业，可以在长尾时代的六个主题中，通过基于大数据的方法进行消费者用户细分，找出更好的细分维度，对用户做更好的区隔，以辅助产品运营人员做更加准确的用户细分，并洞察每个细分人群的兴趣爱好和消费倾向，在产品长尾中找到更加细分的消费者需求与产品的关系，帮助企业产品研发人员制订产品研发策略。

2. 用户体验

近年来 UE（UX）是企业产品开发者最常挂在嘴边的、我们在互联网产品中经常看到的词汇。UE（UX）实际上是英文"User Experience"的简写，中文是"用户体验"的意思。前文提到过，传统营销在产品开发过程中，虽然强调要以满足消费者需求为开发方向，但是产品在诞生之前，研发者甚至企业老板对产品、设计理念和产品使用效果更具发言权。有的企业遵循产品开发流程中"市场测试"的必要流程，但更侧重产品在市场的销售测试，消费者用户体验不是最重要的指标。当然，在实战中，中国更是有太多的企业没有"市场测试"的环节，更不要谈及"用户体验"了，有的企业认为产品研发好（有的企业模仿好）推到市场去，是死是活，顺其自然。然而，在互联网大数据时代，特别是移动互联网的广泛普及，消费者查询产品信息、购买并使用产品后可以将自己的体验非常容易地向其他用户分享，从而影响其他用户的购买意愿。所以，太多的以互联网为生的企业和产品更加关注用户使用产品的体验，在产品开始研发时，将产品的用户体验满意度列为重要的指标。营销实战中，用户体验已经不仅是互联网产品关注的重点，传统的线下产品开发也愈来愈重视用户体验。

产品经理强调产品的开发设计应为 UED（User-Centered Design），即以用户为中心，一切从用户的需求开始。腾讯公司就提出产品经理应该是：用户必须告诉你他想要什么；你必须完整地了解用户的业务；必须知道与系统有关的任何人和任何东西；如果用户不能告诉你他想要什么，你必须花费时间去观察和记录他现在是怎么工作的；从专家那里了解用户业务的原理和规则；你是去了解要做什么而不是怎么做。

以用户体验作为产品开发的起点，确实是互联网全面进入人们的日常经济生活之后，产品经理在开发互联网产品的时候开始提倡的，之后成为互联网产品开发的圣经。但实际上，传统的线下产品也在积极利用互联网思维，产品开发必须强调遵循用户体验的原则。杰西·詹姆斯·加勒特在其知名著作《用户体验要素——以用户为中心的产品设计》第二版中特别强调，用户体验要素不仅仅局限在网站，无论是关注点、概念模型，还是设计原则，都是可以应用于所有的产品和服务之中的。书中开篇列举了用户体验的案例，如加油机、咖啡机、闹钟等都是传统的产品。

与传统营销不同的是，大数据时代的迎销之产品开发与设计，就是从逢迎消费者的体验开始的，图 6-2 非常清晰地阐述了这个过程。[49]

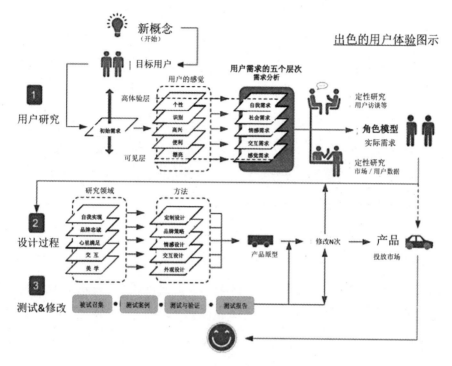

图 6-2 产品设计与用户体验

出色的用户体验过程，从研究用户开始，找到目标客户，通过对用户多层次需求进行分析和定性研究，找出产品目标的客户角色模型，围绕客户需求进行一系列的设计过程，形成产品原型，再进行测试修改。杰西·詹姆斯·加勒特认为，用户体验设计是如此重要，要从产品设计进行到用户体验设计，"为体验而设计——使用第一""用户体验就是商机"，这是客户忠诚度和企业投资回报率的重要保证。

案例：苹果的用户体验

产品是客户体验的首要载体。苹果是全球在营销、服务和公关领域做得最出色的公司之一，但在苹果内部，产品永远是第一位的。

iPod 推出时，批评家认为它是"idiots price our devices（白痴为我们的装置定价）"的缩写。iPad 推出时，业界都质疑在笔记本和手机之间是否存在这样的一个缝隙市场。但事实证明了苹果公司的正确性，这种正确的核心是"卓越体验的革命性产品"。

在苹果公司的精英创造出具备优秀客户体验的产品原型后，苹果公司并不像很多企业一样根据生产可能性调整产品，而是更多地采用最新技术和创造出新的生产方法。如客户所熟知的多点触摸技术、重力感应系统，甚至 USB（通用串行总线）和 WIFI（无线网络）都是在苹果的产品上率先使用的。为实现更好的客户体验，苹果对细节的关注同样近乎苛刻。苹果产品的底色之上都有一层透明的塑料，能够为产品带来纵深感，这被称为共铸（Co-molding）。为了实现这种体验，苹果的团队与市场营销人员、工程师甚至跨洋的生产商合作，最终采用了新材料和新流程，保证了工艺在所有产品上的大规模实施。几乎所有科技产品在塑料或金属的接口处都有缝隙，但苹果公司创造了新的工艺，保证产品没有缝隙。所有的产品上只有线条，而没有缝隙，甚至没有任何可见的螺丝，这就是质量和优雅的客户体验基础。苹果的平台体验负责人专门配了一副钟表修理工使用的高倍双目放大镜用来反复搜索屏幕上的每一个微小像素的可能瑕疵。

在 iTunes 推出的时刻，产业对其抱高度怀疑态度，认为习惯使用盗版的客户并不能接受 0.99 美元的音乐付费下载。但苹果公司并不这么认为，比较起花费几个小时去找资源，用几美金在卓越体验环境下立刻获得内容，苹果坚信客户会选择后者。在 iTunes 成为世界最大在线内容商场的今天，事实证明：客户体验，基于全面解决方案的客户体验战胜了盗版。当然，这些的实现并非易事。苹果公司的能力和资源囊括了设计、研发、硬件、软件、营销、公关等多维度多环节，不同于微软、戴尔、IBM（国际商用机器公司）等在某一生产环节聚焦能力的企业。[50]

通过大数据技术可以帮助企业了解用户使用产品的体验满意度，进行有针对性的用户画像，并通过用户画像、用户行为和偏好数据，结合个性化推荐算法实现根据用户不同的兴趣和需求研究产品开发策略或者向客户推荐客户满意的现有产品。大数据帮助企业真正地实现了逢迎消费者，真正做到了"投其所好"，实现了推广资源效率和效果的最大化。

3. 大数据帮助企业进行产品开发决策

企业开发什么类型的产品？未来的市场表现如何？消费者对新产品是否欢迎？这样的课题经常萦绕在企业决策者和产品开发者的脑海中。这个课题如此重要，因为它决定了企业在未来市场的竞争力、企业的盈利能力，还有目前的资源投入力度。

客观上讲，在传统营销时代，产品的开发决策很大程度上面临着巨大的风险，过去经常讲要开发"适销对路"的产品，怎么样提前知晓开发的新品是否"适销对路"？很大程度上取决于企业决策者的经验判断。过去企业产品开发决策一定意义上讲是"摸着石头过河"，即便是经过一定程度的市场调查，但调查方法、样本数量、调查区域选择等的局限性，使得得出的调查结论并不一定是真正的市场和消费者的准确需求；而且，由于调查与产品开发有时间差异，进一步加大了开发决策的风险。

大数据是对所有的数据进行处理，而不是样本数据。它可以反映数据的真实性。因此大数据不是采用随机算法进行分析，而是对所有数据进行分析。大数据的核心是预测，它通常被视为人工智能的一部分，或者被视为"机器学习"。数学算法被运用到海量数据上以预测事件发生的可能性。比如明年某产品流行什么颜色、样式、特性……这些预测能够成功都是建立在海量数据的基础上。此外，随着系统接收的数据越来越多，企业可以聪明地选择最好的判断模式来改善判断与决策性能。可以说，利用大数据技术可以帮助企业最大程度上减少产品开发决策的盲目性，这才是避免"盲人摸象"的现象发生并开发出"适销对路"产品的决策依据。

案例：阿里巴巴联手上海家化建大数据日化产品研发实验室

2015 年 12 月 21 日，阿里巴巴集团与上海家化联合股份有限公司（以下简称"上海家化"）在杭州签署战略合作协议。双方将通过大数据挖掘消费者偏好，不断优化和升级产品供应链，助力上海家化布局全品牌、全渠道的战略发展。同时，双方还将共同建立国内首个大数据日化产品研发实验室。

阿里巴巴集团CEO张勇表示:"阿里巴巴将为上海家化提供包括多场景销售、精准营销和线上线下融合在内的全链路数字商业服务,以帮助上海家化触达更多消费者,实现全渠道销售和用户管理。同时,我也很高兴地看到,阿里巴巴和上海家化正在依靠互联网和大数据对生产供应进行改造,携手创造出全新的商品设计和生产流程,推动国产品牌不断满足中国消费升级的需求。"

据悉,在阿里巴巴集团和上海家化签订的战略合作协议中,双方将在线上线下会员融通、商品生命周期构建、订单融通及实体店数字化升级等细分领域展开深入合作,构建全渠道品牌营销闭环。合作期内,上海家化所有子品牌超过一半以上的新品将在天猫独家首发15天。阿里巴巴集团将整合旗下的零售以及农村电商、菜鸟网络、云计算和大数据、阿里妈妈以及生态体系的优质资源,为上海家化提供精准匹配的商业解决方案。

阿里巴巴和上海家化将建立国内首个大数据日化产品研发实验室,将阿里巴巴提供的大数据解决方案应用于上海家化旗下新品的研发、上市、销售以及售后服务,实现全链路的打通。比如所有新品针对哪个年龄阶段的用户,应该具备哪些功效,以及新品最佳上市时间、市场定价如何等。

此外,通过大数据来挖掘上海家化品牌金字塔及核心消费者背后有价值的信息,并将其植入品牌,从而形成从阿里系到全网、从电商销售到品牌塑造的市场闭环,这也是此次战略合作的重中之重。

阿里巴巴通过大数据帮助上海家化筛选出具有品牌购买倾向的潜在客户,为其拓展了新的消费市场。阿里巴巴副总裁靖捷透露:"这是阿里大数据在全方面服务合作伙伴方面所跨出的新的一步,此举将为大数据在各个领域的深度应用提供更多可借鉴的方向。"[51]

第七章　迎新——迎销之市场推广篇

英文"Promotion"一词，在市场营销学体系里，中国大陆一般将其翻译为"促销"。例如，大陆出版的菲利浦·科特勒的市场营销书籍中基本将其翻译为"促销"。这样的翻译当然没有错误，但是，"促销"已经成为目前中国大陆企业的市场营销人员最爱使用的销售刺激手段，在线上和线下"促销"（如打折销售）的广泛使用（甚至是滥用）导致这个市场营销学中的基础概念的含义被混淆了，很大程度上，是将市场推广的手段之一的销售促进（Sales Promotion）等同于英文"Promotion"了。笔者还是认为中国台湾学者将"Promotion"翻译为"推广"更加准确一些（就像台湾更喜欢将"Marketing"翻译为"行销"而不是"营销"一样，"行销"似乎更加传神一些）。因为，市场营销学中，"Promotion"指的是品牌所有的"推广"活动，并不限于单纯用来刺激销售的"促销"活动，而且成功的"推广"活动必须有正确的"推广"策略来指导才行。而本书强调的大数据时代的"迎销"观念，"市场推广"一词更能表现其内涵。

一、营销的市场推广策略

"推广是指提高顾客对产品或品牌的认知度，产生销售，创造品牌忠诚度。它是市场组合的四个基本要素，价格、产品、推广和渠道之一。"[52]科特勒教授更将推广作为"传播客户价值"的重要一环。"企业不能仅仅止步于创造客户价值，他们还必须运用促销，清晰、令人信服地传播所创造的价值。"企业在进行推广时，要更加重视促销组合（Promotion Mix），或者称为营销传播组合（Marketing

Communications Mix）　　以广告、公共关系、人员销售、销售促进（各种鼓励购买产品和服务的短期刺激）和直接营销（公司销售队伍为了销售产品或建立顾客关系而进行的人员展示）为主[53]。

　　本质上讲，推广的目的是企业与消费者建立更加密切的联系，有效的市场推广应包括两个要素，即推力和拉力。菲利普·科特勒教授用一张图给予了很好的说明。

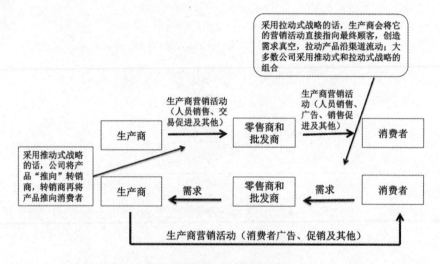

图 7-1　推动式战略和拉动式战略

　　企业不论是采取推动式还是拉动式战略，目的都是希望影响消费者的感觉、信念和行为，即告知、说服和提醒现有客户和潜在客户关于企业和产品的信息，达成企业的营销目标。

　　在传统营销环境中，市场推广的重要性十分明显。传统渠道中分销渠道长，产品从制造者生产出来最终到消费者手中可能要经历多个环节，因此，企业需要将产品和企业信息尽可能全面准确地告知消费者，特别是需要挖掘潜在客户、开发新市场、巩固原有市场份额的时候，市场推广中的告知作用尤为重要。过去经常讲的老话"酒香不怕巷子深"需要改变为"酒香很怕巷子深"了。

　　说服是企业市场推广的一个重要目的，即说服潜在消费者试用并购买企业的产品，成为企业的稳定消费者，使稳定消费者成为忠诚消费者，或者扩大购买频率和购买数量。在企业的实力、产品的价值、品牌的价值以及与竞争对手相比自身的优势方面，市场推广的说服作用是很大的。

市场推广的另外一个目的就是提醒，提醒消费者企业产品的利益和价值可以满足消费者需求。企业借助于市场推广的多种手段，以大量信息轰炸市场，就是要时刻提醒消费者的注意，即使是老品牌、知名品牌仍然需要不断提醒消费者企业产品、品牌的价值存在。这就是为什么我们每天都能看到可口可乐、耐克等耳熟能详的"大牌子"的各类广告的原因了。

二、传统营销的市场推广手段及困境

一般认为，传统营销的市场推广手段由四个方面组成，科特勒教授称之为促销组合（Promotion Mix）。

（1）人员推销。这是指销售人员通过直接向消费者展示产品或服务而实现销售的推广手段。这个手段对企业来讲，成本可能是最高的。

（2）广告。广告是传播信息的一种方式，其目的在于推销商品、提供劳务服务、取得政治支持、推进一种事业或引起刊登广告者所希望的其他反应。广告信息通过各种宣传工具传递给它所想要吸引的观众或听众。

（3）销售促进（Sales Promotion）。作为刺激消费者需求的推广手段，销售促进包含针对直接消费者的推广，也有针对渠道中间商的推广，其目的是刺激消费者对特定产品和服务的较快或较多的采购。销售促进活动的形式多种多样，如赞助活动、销售回扣、赠品、终端展示、折扣券等形式。销售促进是营销活动的一个关键因素。如果广告提供了购买的理由，而销售促进则提供了购买的刺激。但是，长期不断进行的销售促进活动对企业品牌有一定的伤害作用。

（4）公共关系。这指的是通过各种传播活动来促进企业形象、产品美誉度的提升。公共关系和上述三项市场推广手段相比，有显著不同。公共关系并不一定包含特定的销售信息。公共关系包含内外公共关系，目标对象可能是消费者和社会公众，也可能是股东、政府机关，甚至是一些特殊群体。与前三项手段相比，公共关系有时能够起到特殊的市场推广作用，特别是企业有危机现象出现时，危机公共关系处理得当会起到举足轻重的作用。

市场推广组合，是企业营销行为的重要组成部分。运用得当，可以帮助企业达成企业目标，不论是长期目标还是短期目标，特别是在市场竞争日趋激烈的时候。从短期目标来看，企业运用销售促进的手段更加频繁，力度更大。特别是传统营销体系里，销售促进手段更是企业提升销售目标的利器。在市场上并非每一个公司都做广告，但是每一个公司都无一例外地开展销售促进。从全球的广告与销售促进对比中看，销售促进费用的增长率至少比广告费用的增长率高。有人做过统计，20世纪90年代初，美国销售促进费用约占整个市场推广费用的3/4。销售促进活动之所以有这么大的开支，是因为人们都看好这一销售形式且效果不错，企业乐意为立竿见影的效果付出。

尽管市场推广组合是任何一家企业或多或少每天都在从事的营销活动，但是认真分析一下，市场推广组合的任何一项都在某些方面存在着多种不足，在大数据时代，这些不足更加突出，甚至成为企业营销必须突破的困境。

传播学知名学者萨姆瓦认为，传播的定义是"一种双边的影响行为的过程，在这个过程中，一方（信息源）有意向地将信息编码通过一定的渠道传递给意向所指的另一方（接受者），以期唤起特定的反应或行为"，"完整的传播必须是：意向所指的接受者感受到信息的传递，赋予信息以意义（破译编码），受其影响并作出反应"。[54]萨姆瓦在书中还详细阐述了8项传播要素。

（1）信息源（Source）。

（2）编码（Encoding）。

（3）信息（Message）。

（4）渠道（Channel）。

（5）接受者（Receiver）。

（6）译码（Decoding）。

（7）接受者的反应（Receiver Response）。

（8）反馈（Feedback）。

市场推广组合，实质上属于传播方式的范畴。市场推广组合手段符合传播要素范畴，企业就是希望利用传播的多种要素达到企业传播的目标。埃策尔等著的《新时代的市场营销》一书中将市场推广（促销）的传播过程图示如下。

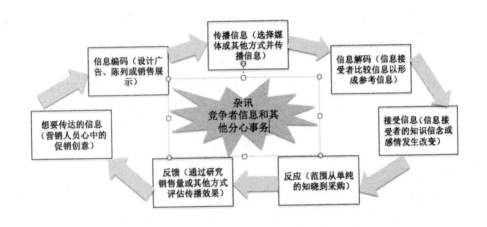

图 7-2　市场推广（促销）的传播过程

该书阐述了这个传播过程，希望能够说明：第一，编码有很多种形式，信息可以是实体形式（如样品或奖金），也可以是象征性形式（口头信息或视觉信息）；第二，信息传播的渠道或方法有限，且依据信息传送者的想象力和创意而定；第三，信息如何被解码或解读，取决于信息的传递形式（编码和传送）和信息接受者的能力与兴趣。设计和传播信息时，营销人员需要深入把握目标受众的基本特征。[55]

案例：市场推广传播的成功案例——王老吉凉茶的成功推广

2002 年以前，从表面看，红色罐装王老吉（以下简称"红罐王老吉"）是经营得很不错的品牌，在广东、浙南地区销量稳定，盈利状况良好，有比较固定的消费群，红罐王老吉饮料的销售业绩连续几年维持在 1 亿多元。发展到这个规模后，王老吉的经销商加多宝公司的管理层发现，要把企业做大，要走向全国，就必须克服一连串的问题，甚至原本的一些优势也成为困扰企业继续成长的障碍。

而所有困扰中，最核心的问题是企业不得不面临一个现实难题——红罐王老吉当"凉茶"卖，还是当"饮料"卖？

面对消费者混乱的认知，企业迫切需要通过广告提供一个强势的引导，明确红罐王老吉的核心价值，并与竞争对手区别开来。

另外一个难题是红罐王老吉无法走出广东、浙南。

在两广以外，人们并没有"凉茶"的概念，甚至在调查中频频出现"凉茶就是凉白开""我们不喝凉的茶水，泡热茶"这些看法。普及"凉茶"概念显然费用惊人。

做凉茶困难重重，做饮料同样危机四伏。如果放眼整个饮料行业，以可口可乐、百事可乐为代表的碳酸饮料，以康师傅、统一为代表的茶饮料、果汁饮料更是处在难以撼动的市场领先位置。

第三个难题是推广概念模糊。

如果用"凉茶"概念来推广，加多宝公司担心其销量将受到限制，但作为"饮料"推广又没有找到合适的区隔。因此，在广告宣传上不得不模棱两可。很多人都见过这样一条广告：一个非常可爱的小男孩为了打开冰箱拿一罐王老吉，用屁股不断蹭冰箱门。广告语是"健康家庭，永远相伴"。显然，这个广告并不能体现红罐王老吉的独特价值。

重新定位。

经过大量的市场调查，发现消费者的认知和购买行为均表明，消费者对红罐王老吉并无"治疗"要求，而是将其作为一个功能饮料购买，购买红罐王老吉的真实动机是"预防上火"。再进一步研究消费者对竞争对手的看法，则发现红罐王老吉的直接竞争对手，如菊花茶、清凉茶等由于缺乏品牌推广，仅仅是低价渗透市场，并未实现"预防上火的饮料"的定位。而可乐、茶饮料、果汁饮料、水等明显不具备"预防上火"的功能，仅仅是间接的竞争。所以确定的品牌定位——"预防上火的饮料"，其独特的价值在于——喝红罐王老吉能预防上火，让消费者无忧地尽情享受生活：吃煎炸、香辣美食，烧烤，通宵达旦地看足球……

确立了红罐王老吉的品牌定位，就明确了营销推广的方向，也确立了广告的标准，所有的传播活动就都有了评估的标准，所有的营销努力都将遵循这一标准，从而确保每一次的推广，在促进销售的同时，都对品牌价值（定位）进行积累。

品牌定位的推广。

明确了品牌在消费者心目中的定位，接下来的重要工作，就是要推广品牌，让它真正地深入人心，让大家都知道这个品牌，从而持久、有力地影响消费者的购买决策。

为更好地唤起消费者的需求，电视广告选用了日常生活中消费者认为最易上火的五个场景：吃火锅、通宵看球、吃油炸食品（薯条）、烧烤和夏日阳光浴。画面中人们在开心享受上述活动的同时，纷纷畅饮红罐王老吉。结合时尚、动感十足的画面，反复吟唱"不用害怕什么，尽情享受生活，怕上火，喝王老吉"，促使消费者在吃火锅、烧烤时，自然联想到红罐王老吉，从而促成购买。

红罐王老吉的电视媒体选择主要锁定覆盖全国的中央电视台，并结合原有销售区域（广东、浙南）的强势地方媒体，在 2003 年短短几个月，一举投入 4000 多万元广告费，销量立竿见影，得到迅速提升。同年 11 月，企业乘胜追击，再斥巨资购买了中央电视台 2004 年黄金广告时段。正是这种疾风暴雨式的投放方式，保证了红罐王老吉在短期内迅速进入人们的大脑，给人们留下深刻的印象，并迅速红遍大江南北。

在地面推广上，除了强调传统渠道的 POP 广告外，还配合餐饮新渠道的开拓，为餐饮渠道设计布置了大量终端物料，如设计制作了电子显示屏、灯笼等餐饮场所乐于接受的实用物品，免费赠送。这些有针对性的推广，使得消费者对红罐王老吉"是什么""有什么用"有了更强、更直观的认知。目前餐饮渠道业已成为红罐王老吉的重要销售传播渠道之一。

同时，在针对中间商的促销活动中，加多宝除了继续巩固传统渠道的"加多宝销售精英俱乐部"外，还充分考虑了如何加强餐饮渠道的开拓与控制，推行"火锅店铺"与"合作酒店"的计划，选择主要的火锅店、酒楼作为"王老吉诚意合作店"，投入资金与他们共同进行节假日的促销活动。由于给商家提供了实惠的利益，所以红罐王老吉迅速进入餐饮渠道，成为主要推荐饮品。

推广效果。

红罐王老吉成功的品牌定位和传播，给这个有 175 年历史的、带有浓厚岭南特色的产品带来了巨大的效益：2003 年红罐王老吉的销售额比上年同期增长了近 4 倍，由 2002 年的 1 亿多元猛增至 6 亿元，并以迅雷不及掩耳之势冲出广东。2004 年，尽管企业不断扩大产能，但仍供不应求，订单如雪片般纷至沓来，全年销量突破 10 亿元。以后几年持续高速增长，2008 年销量突破 100 亿元大关。[56]

加多宝公司王老吉产品的营销成功更加突出表明，在传统营销体系下，成功的市场推广组合在传播的八大要素方面做到了极致。然而，在传统营销的历史上，虽然应用了市场推广组合，但是没有达到预期理想传播效果的案例不胜枚举，失败的案例也比比皆是，多种原因不必赘言，其中在传统营销观念指导下的营销传播难以克服的不足是共同败因。2000 年新世纪到来之前，曾几何时，中国有太多的明星企业在传统营销环境中叱咤风云，呼风唤雨。然而，现在回首观看，"巨人"倒下、"太阳神"下山、"飞龙"落地、"标王"破产，一大批知名企业被营销危机和营销失败笼罩，曾领导市场潮流的风云企业和曾是行业翘楚的明星企业，先后如流星一般坠落了。唏嘘之余，作为营销案例进行分析，其中原因，如战略决策失误、品牌定位混乱、无效的多元化、价格混战、危机公关失败等，可以说是林林总总；但如果从营销传播的角度分析，共同的特征就是传播效果的失败。传播学认为，传播效果是传播行为产生的有效结果。广义上讲，传播行为所引起的客观结果，是指对他人和周围社会实际发生作用的一切影响和后果。狭义讲，是指传播者某种传播行为实现其意图或目标而达成的效果。营销的市场推广的传播行为更加符合传播效果的狭义理解。这些失败案例的共同点就是失去了传播的目标——接受者的信任。

　　国内传播学学者胡冀青在其著作《传播学:学科危机与范式革命》一书中，特别分析了在进入信息社会之后，传播学的研究母体"信息人"是具有信息属性的人，是在信息传播领域居于主体地位、拥有创造能动性的人。[57]书中引用美国哈佛大学信息政策研究中心主任安东尼·欧廷格对物质、能量、信息的新阐述，"没有物质，什么东西也不存在。没有能量，什么事情也不发生。没有信息，就什么东西也无意义"。信息对于人类来讲是如此重要，"任何一个人，从一个胎儿开始到生命的终止，无论其是否自觉，信息都如同水、空气和阳光一样重要，信息是人的生存和发展的精神空气、精神阳光。人作为生命的有机体，一刻也不能离开氧气的呼吸；作为社会的成员则一刻也不能离开信息的传播"[58]。

　　企业的市场推广行为既然作为传播行为，那么企业向消费者发出的推广信息必然可以用传播学的方法进行分析研究；而从另一个角度讲，作为"信息人"的消费者也离不开信息的传播与接受。"信息人"，不但是信息的接受主体，也是信息的加工主体，又是信息的传播主体。很多失败的企业的市场推广行为，往往关注自身信息的发布渠道、发布范围和信息的创意性，将"信息人"消费者当成了被动的接受者。而"信息人"在传播学角度讲，有如下的特征。

　　首先，"信息人"是一个完整的信息处理系统，能够主动地获取与选择信息，他们有足够的能力处理信息的输入与输出。

　　其次，"信息人"通过接受信息来适应社会，通过创造和传播信息来改变社会，并最终实现自己的价值。

　　最后，"信息人"通过"协商"，构建日常生活中达成共识的信息传播规则，从而建构传播的领域与世界。[59]

　　实质上，信息时代的"信息人"和过去时代的"信息接受者"的明显不同在于，过去时代的信息通过传统媒体如报纸、电视、广播、互联网门户网站等媒体传播给信息接受者，受众更多是被动接受，发布信息的更多是政府、机构、企业、社会团体、利益集团等，社会普通大众很少有机会或有条件发布广而告之的信息。接受信息、分辨信息进而信任信息是过去时代社会大众的主要特征，一条打动人心的创意无限的广告可能会打动无数消费者趋之若鹜、奔走相告。然而，在当今新媒体爆发并大行其道的时代，过去时代信息传播的巨大功力已经脆弱不堪了，可以说，中央电视台的标王时代一去不复返了。

微博虽然近一两年热度有所降温，但是其作为自媒体的重要一员，仍然有着巨大的影响力，从微博用户调查报告中，可以看到大数据时代的"信息人"的特征。

2014 年微博发布的第三季度财报显示，截至 2014 年 9 月 30 日，微博月活跃用户数已经达到 1.67 亿人，9 月的日均活跃用户数为 766 万人，较上年同期增长 30%。对比网民整体数据增长水平，微博平台下的用户增长率保持了较高的水平。微博用户年龄结构较为均衡：从月活跃用户的年龄比重上看，19～35 岁用户占月活跃用户总量的 72%，"80 后""90 后"为微博活跃用户主体，且年轻化用户有较为明显的增长趋势。微博用户行为如下。

- 微博用户在微博平台上的行为日渐丰富，除了早期的发布博文，转发其他网友的博文、评论、点赞等也极大地丰富了微博平台的内容，使得微博用户之间的交互频度增加，其交互方式也更加多元化。

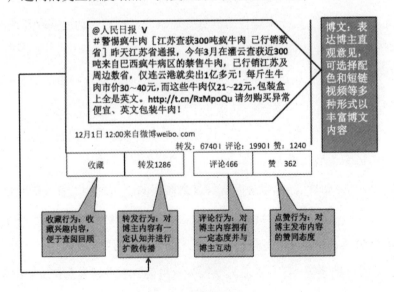

图 7-3　微博用户行为

- 用户收取的博文形式多种多样，在每日用户所收取的所有博文内容中，69%的博文是带有图片内容的，图片内容已经成为多数用户在收取博文时的关键信息；除图片内容外，8.6%的博文中包含有短链内容，短链中的内容则更好地完善了微博博文信息，使得微博成为重要新闻、信息的分享平台；多元化的内容呈现已经逐渐成为微博内容的重要体现形式。

从微博的报告可以看出，在新媒体和自媒体（微博、微信、网络论坛、电商平台、网络直播、弹幕等）的条件下，称当代网友为"信息人"似乎更加准确，因为他们在被动接受信息的同时，有更多的所谓碎片时间来自己发布信息、分享信息。或者说，大数据时代的"信息人"除了接受和传播信息变得更加主动之外，企业的信息发布者必须注意的是，当今的目标受众每天自觉不自觉接受的信息是海量信息，他们在多种媒体发布的信息也是丰富多彩的海量信息。

所以说，当今所有"信息人"发布的信息量，宛如宇宙的繁星。有人做过分析，互联网一天（2012 年的一天，那时候移动互联网还没有现在这样普及）产生的信息量如下。

- 整个互联网的流量信息可以装满 1.68 亿张 DVD 光盘。

- 每天约有 2940 亿封电子邮件发出。

- 200 万篇博客文章发表，相当于美国《时代》杂志刊发 770 年的总量。

- 1.72 亿来自世界各地的人访问 Facebook，人们花费在 Facebook 上的时间有 47 亿分钟，有 5.32 亿条状态更新。

- 有 2.5 亿张图片上传到 Facebook，有 86.4 万小时的视频传到 YouTube，相当于不间断播放视频 98 年。

- 1.87 亿小时的音乐在 Pandora（流媒体播放网站）播放，意味着如果从公元 1 年就开始一直播放 Pandora 的音乐，那么它现在还在播放。[60]

而且，很大程度上，由于移动互联网、电子商务和社交媒体的快速发展，使得企业需要面临的信息数据量成指数增长。IDC（互联网数据中心）《数字宇宙》的研究报告表明，2020 年全球新建和复制的信息量将超过 40ZB，是 2012 年的

12 倍；中国的数据量则会在 2020 年超过 8ZB，比 2012 年增长 22 倍。

所以，在如此巨大的信息世界中，企业发布的信息（市场推广信息）不至于像一滴水汇入大海一样。准确地传递给目标受众，这是企业经营者必须面对和解决的难题。如何传播？选择怎样合适的媒体？传播内容如何让消费者接受？这是很大的课题，与传统营销时期的市场推广相比真是天壤之别。况且，在传统营销体系下，企业营销传播自身的不足还经常导致传播失败。在当今真正的"信息爆炸"时代，不利用大数据技术帮助企业进行营销传播的决策和实施，可能会成为"茫茫大海中失去方向的一叶扁舟"。

三、大数据时代市场推广实践

科特勒曾经在 1997 年版《市场营销管理》（亚洲版）一书中，将沟通与促销组合（此处的"促销"，为 Promotion 的翻译，与笔者行文中的"市场推广"相同）做过一个小结。

市场营销传播沟通是公司营销组合四个主要部分之一。营销人员必须知道怎样运用广告、销售促进、直销、公关、人员推销等方式把产品的属性及价值的信息传递给目标消费者。

营销人员必须在目标对象有选择性注意、曲解、记忆等倾向时知道如何接近目标对象。

制订促销计划包含八个步骤。

（1）营销人员必须确认目标对象及其特性，包括其对产品的看法。

（2）要确定沟通的目的：是使顾客认识、了解、喜欢、偏爱、信任，还是购买产品。

（3）必须设计出包含有效的内容、结构、格式、来源的信息。

（4）必须选择沟通渠道，包括个人渠道与非个人渠道。

（5）需确定总促销预算。

（6）促销预算需在各主要促销手段之间分配。分配受到"推"或"拉"的策略、买方准备阶段及产品生命周期等因素的影响。

（7）营销人员必须及时进行监测：在促销过程中，有多少消费者知晓产品？多少人试用？多少人感觉满意？

（8）对所有的沟通手段必须进行有效的管理与整合，以保持连续性，把握好时机及实现成本效应。[61]

科特勒的上述总结，是在传统营销理论与方法下的营销人员从事企业市场推广活动的基本信条。实事求是地讲，其观念和原则仍然被当今营销人员坚守着，但是在实际执行过程中，科特勒的上述八个步骤很难得到准确全面的落实。因为步骤中的很多内容要靠市场调研报告、营销人员的推演和专业判断来确定，而没有当今大数据时代的全面定性、定量的事实数据支持，所以，在一定程度上也是"新可口可乐失败""标王早逝"的原因之一。有了大数据技术的保证，所谓的"精准营销""精确营销""一对一营销"等才能够成为现实；有了这种全新的基础和保障，新时期下的市场推广不论是推广目标、推广渠道、推广手段、推广过程控制、推广效果评估，还是推广的付费形式都发生了翻天覆地的变化。

案例：中国银联的大数据探索

在中国大数据大会上，中国银联执行副总裁柴洪峰教授与大家分享了中国银联金融大数据的探索与实践。中国银联是 2002 年成立的银行卡的组织，现在中国银联有 400 家成员机构，400 家银行是中国银联的合作伙伴。银联成立 12 年来，已经成为发卡量全球第一的银行卡组织，网络规模已经遍及全球 142 个国家，交易规模全球第二。银联产业，成就伙伴，惠及社会，人类社会从纸货币到电子货币这个过程当中，银联行使了这个职责。

柴洪峰教授介绍说："中国银联有丰富的大数据资源，涉及 43 亿张银行卡，超过 9 亿的持卡人，超过 1000 万户的商户，每天有 7000 万笔的交易数据，每天核心交易数据都要超过 TB 级。我们银联的数据资源无论宏观层面还是微观层面都有很高的价值。这个价值体现在哪里？我要说一下银联的数据价值。支付数据的特点更具参考性，它们可以衡量真实的购买行为，从而促进用户定向、个性定价、产品推荐、用户忠诚度和流失建模等策略。"

银联大数据分四个层次，即基础平台、基础数据、模型研究和应用服务。建设大数据平台是银联开展大数据工作的第一步，有一个云平台，充分汇集各方面的数据，集成常见的分布式机器学习算法。银联已经支撑了十多个业务应用系统在实际生产着。银联和新华社一起联合发布了银行卡消费信心指数（BCCI），通过这个指数可以读出居民消费水平和居民消费结构的变化。银联大数据也在BCCI指数上有所体现。银联利用大数据，也为持卡人提供数据服务。首先持卡人可以通过银联钱包这一手机 App 平台，查询自己各张银行卡的历史交易。同时，可以向持卡人提供更为丰富的持卡人账单服务。客户的细分工作也是今后电子商务与电子支付行业的热点和重点。基于外部数据和数据量化的指标以及数据总体特征，可以分析出每个持卡人的个体特征；基于持卡人个体特征和总体特征，可以为持卡人打上各种类型的标签，如商旅标签、医疗标签、购车标签，形成我们每个人购买习惯、生活习惯的图像。除了持卡人维度，银联在商户维度上做了相应的工作，为商户提供相应的商业智能分析，可以使商户认识到自身的经营情况。银联还为商户提供同业商户的比较，为商户提供最佳合作对象，也是这个链条中的合作对象的联合服务。同时也为商户提供了客户忠诚度、流失商户的分析、回头客的分析等。[62]

通过中国银联的大数据探讨案例，我们从市场推广的角度可以得出以下几点结论。

第一，银联的大数据资源，通过大数据分析技术，可以得到定量的消费者（如可以设定上海市某领域的 1 万名持卡消费者）、定性的消费者（如可以设定每月消费支出约 3000 元人民币的持卡消费者）等认为需要设定的定性、定量的消费群体，以及消费群体中长期消费特征、短期消费特征、所处地理特征、产品消费偏爱特征、社交特征、消费渠道偏爱特征、收入与消费能力特征等方面多种的集体的和个体的信息。

第二，企业的目标客户市场过去为全面的整体性市场（如喜欢旅游自由行的人群），现在可以更加细分客户市场。在多种细分市场和个体市场中认识并分析品牌差异化、品类差异化、受众差异化客户，企业可以集中对某类客户或者个体客户进行一对多或一对一的推广宣传，做到投入产出最大化。

第三，可以通过对客户的洞察认知、分析和比较，真正了解目标消费者的需求，进行有针对性的个性化、差异化的市场推广活动，以提升市场推广的成功率。

第四，数据成为资产，大数据成为可以进行市场推广的战略资产，各个企业要善于利用自身企业的大数据资源，或者通过程序化购买行为获得尽量利用大数据带来的利益。

1. 全新的推广渠道和手段——新媒体

自从人类社会开始出现媒体，每天都会发生媒体诞生与死亡的情景。媒体（Media）或媒介，是人们借助用来传递信息与获取信息的工具、渠道、载体、中介物或技术手段，也可以把媒体视为实现信息从信息源传递到受信者的一切技术手段。互联网时代出现前，企业营销人员选择的市场推广媒体基本上是电视、广播、报纸、杂志、户外广告等这些传统意义上的媒体。而随着互联网时代的来临，新媒体如雨后春笋般涌现出来，并成为当前迎销环境下企业营销人员的首选。

新媒体的"新"，不只是指其诞生的时间新，更是指其媒体特征与所谓传统媒体有根本的不同。新传媒产业联盟秘书长王斌认为："新媒体是以数字信息技术为基础，以互动传播为特点，具有创新形态的媒体。"美国《连线》杂志对新媒体的定义是"所有人对所有人的传播"。联合国教科文组织对新媒体下的定义是："以数字技术为基础，以网络为载体进行信息传播的媒介。"

新媒体就是能对大众同时提供个性化内容的媒体，是传播者和接受者变成对等的交流者，而无数的交流者相互间可以同时进行个性化交流的媒体。新媒体是相对于传统媒体而言的，是继报刊、广播、电视等传统媒体之后发展起来的新的媒体形态，是利用数字技术、网络技术、移动技术，通过互联网、无线通信网、有线网络等渠道以及电脑、手机、数字电视机等终端，向用户提供信息和娱乐的传播形态和媒体形态。新媒体具有交互性与即时性、海量性与共享性、多媒体与超文本、个性化与社群化的特征。[63]

新媒体表现形态有数字杂志、数字报纸、数字广播、手机短信、移动电视、网络、桌面视窗、数字电视、数字电影、触摸媒体等。而随着数据技术与网络技术的发展，所谓的"社交媒体"以博客、微博、微信、贴吧、论坛/BBS等网络社区平台的形式出现了，并成为最近几年炙手可热的主流媒体。总部位于英国伦敦的We Are Social是全球最大的社会化媒体专业传播公司，2015年1月发布了《2015年全球社会化媒体、数字和移动业务数字统计趋势》，囊括了全球互联网、移动互联网、社交媒体和电子商务统计数据。

报告指出，2014年全球社交媒体持续增长，活跃用户约占全球人口的29%。如图7-4、7-5所示，拥有超过13亿月活跃用户的Facebook依然是全球最受欢迎的社交平台，其中83%的用户（11.33亿人）通过移动设备访问；同时，中国的社交平台有3个进入了前10位，腾讯在华语社交媒体中继续扩张，其旗下的QQ和QQ空间紧随Facebook之后，拥有超过4亿月活跃用户的微信排在这个榜单的第6位。报告也列举了中国2015年最活跃的社交媒体。

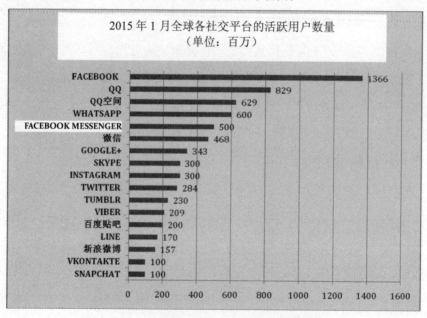

图7-4　全球各社交平台的活跃用户数量

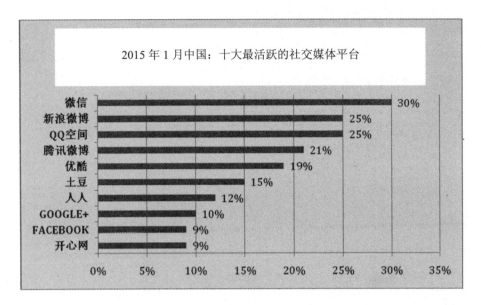

图 7-5　中国十大最活跃的社交媒体平台

新媒体特别是社交媒体的出现，彻底颠覆了传统媒体的信息传播的基本理论与实践经验，市场推广的意义更是发生了本质的变化。可以说，对市场推广的信息传播过程（参考本章前文）的"知、行"实现了彻底的颠覆。中国研究网络媒体、电子商务、消费者行为并进行市场调查研究的专业机构 Iresearch 对社交媒体（社会化媒体）的新特点进行了分析，并提出了社会化媒体营销的影响力模型（图7-6）。

相较于传统网络营销，社会化媒体营销具有如下几大特点：

（1）信任度高。通过社会化媒体平台用户之间的传播，营销内容的真实性和可信度更高。

（2）口碑营销。社会化媒体可以激发感兴趣的用户主动地参与和反馈，用户不仅是信息的接受者，同时也是信息的发出者。因此，企业通过社会化媒体进行社会化媒体营销时，能获得来自用户的口碑，使得用户自发地成为企业宣传的一部分。

（3）多级传播。在社会化媒体中，人们可以很快地形成一个社区，并以某种共同话题为连结基础，进行充分的交流。因此，在社会化媒体上的传播是多级传播，营销内容可以通过社会化媒体平台获得多次扩散，使信息扩散速度大大加快，从而更加高效，获得更大的传播范围。

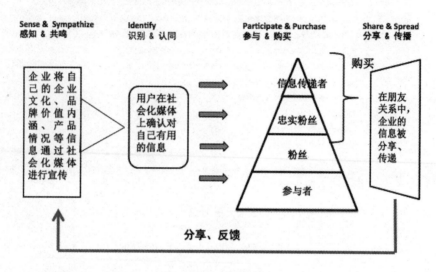

图7-6 社会化媒体营销的影响力模型

（4）门槛低。大部分的社会化媒体都可以免费参与其中，且参与和利用社会化媒体中的内容几乎都没有任何的障碍。企业可与用户之间进行直接的、透明的沟通和交流；企业也可以监测目标受众的属性、偏好以及反馈信息。

（5）监控难。一方面，企业对于社会化媒体平台中的企业相关信息掌控难度加大，一旦出现负面信息，就很难人为地把控其发展方向、传播速度和结果，可能给企业带来重大损失。另一方面，通过社会化媒体平台能够获取的营销效果监测数据往往只能是用户覆盖量、转载量、评论量、搜索量等，但其质量如何、效果如何、美誉度如何，都是难以监测和定论的。

在新媒体面前，中国消费者欢迎新媒体显示出更多的积极热情。2015 年 6 月腾讯公司发布了 2015 年微信客户数据。

● 微信已不单单是一个充满创新功能的手机应用，它已成为中国电子革命的代表。覆盖 90% 以上的智能手机，并成为人们生活中不可或缺的日常使用工具。截至 2015 年第一季度末，微信每月活跃用户已达到 5.49 亿人，用户覆盖 200 多个国家，超过 20 种语言。此外，各品牌的微信公众账号总数已经超过 800 万个，移动应用对接数量超过 85000 个，微信支付用户则达到了 4 亿人左右。

- 微信用户的男女比例为 1.8:1，男性用户约占 64.3%，而女性用户则只有 35.7%，用户整体以男性为主。年龄方面，微信用户平均年龄只有 26 岁，97.7%的用户在 50 岁以下，86.2%的用户在 18～36 岁。职业方面，企业职员、自由职业者、学生、事业单位员工这四类占据了 80%的用户。此外，80%的中国高资产净值人群在使用微信。

- 25%的微信用户每天打开微信超过 30 次。55.2%的微信用户每天打开微信超过 10 次。54%的用户认为使用微信后，移动流量的用量增加了。40%的用户微信流量使用占到全部流量的 30%以上。微信成为近 30%的用户手机上网使用流量最多的应用。用户在微信上的流量为所有应用中的最高，远高于微博、购物、视频、地图、邮件等服务。

- 微信直接带动的消费支出中，娱乐占了 53.6%，公众平台占了 20%，购物占了 13.2%，出行占了 11.2%，餐饮只有 2%。据统计，微信直接带动的生活消费规模已达 110 亿元，其中娱乐消费是最大支出，规模为 58.91 亿元。

- 关注比例方面，29.1%的用户关注了自媒体，25.4%的用户关注了认证媒体，20.7%的用户没有关注任何公众号，18.9%的用户关注了企业商家，而 5.9%的用户则关注了营销推广类账号。

- 可以说，公众号是微信的主要服务之一，近 80%的用户关注微信公众号。企业和媒体的公众账号是用户主要关注的对象，比例高达 73.4%。更加令人瞩目的是，微信似乎成为消费者每日生活的"必需品"。

微信，不仅是个App

微信平台化的目标：连接一切

> 微信平台的功能越来越完善，正一步步地实现其连接一切的目标；与此同时，微信功能的完善也逐渐使用户将更多的零碎时光（每个人都是有限的）花费在微信的使用上，从而会减少对其他App的使用

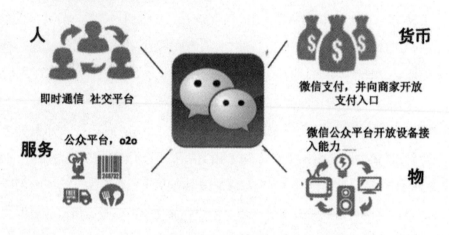

图 7-7　微信的功能

世界著名咨询机构麦肯锡经过分析和比较认为，中国存在一个突出特征，那就是社交媒体对中国消费者购买决定的影响比其他国家和地区更大。中国消费者表示，社交媒体上提到的产品，他们考虑购买的可能性较大；朋友或熟人在社交媒体推荐的产品及服务，他们实际购买的可能性也较大。其中部分原因与文化差异有关：中国消费者对正式机构缺乏信任，因此特别重视亲朋好友的推荐；一般而言，中国消费者对部分新闻媒体和广告提供的信息心存疑虑。一般人相对比较依赖亲友圈和意见领袖的口碑评价，而这些信息往往通过社交媒体进行分享。

中国庞大的在线人口日益富裕，培养了一大批以社交媒体作为品牌和产品重要信息来源的消费者。对于企业而言，这些社交网站的意义重大。企业营销人员必须在如产品开发、品牌和营销战略、销售机会挖掘和客户的服务与支持、广告宣传、销售促进活动等方面调整战略和战术，迎接新媒体，拥抱新媒体。

2. 全新的市场推广活动效果评估

在传统营销系统下，市场推广活动对于营销人员难度最大的莫过于如何对活动效果进行评估。以广告活动为例，广告决策至少包括五个步骤：确定广告目标、预算决策、信息决策、媒体决策和广告效果评价。在实战中，营销人员的决策步骤中，决定某项广告决策是否实施和继续的关键就是广告效果。在传统营销实战中，很多广告主（企业或组织）或广告公司为保证广告效果和广告投入的成功概率，采取的方法为：先设计一个广告活动，先在一个或几个城市开展广告活动，评价其效果，然后再投入大笔费用在全国范围内展开。如果广告效果不佳，就需要调整广告媒体、广告设计、广告费用等，之后再决定是否采取新的广告策略。

事实上，任何一位广告发布者，都希望预先或者尽快知晓广告发布、品牌传播以及产品销售的效果。但实际上，在传统营销时代，这不是一个轻松的任务，虽然那时候有多种多样的市场研究公司提供媒体分析和效果评估，但往往得到的评价是"事后诸葛亮"。

案例：广告调查技术（20世纪90年代）

广告的预先检验有多种方法。

（1）印刷品。斯达奇公司和盖洛普与罗宾逊公司是两家广泛运用印刷品预先检验的服务机构。其做法是将测试广告刊登在杂志上，然后访问阅读过杂志的消费者，了解有关杂志和广告的情况。可用回忆测试法与认知测试法来确定广告效果。斯达奇公司的做法是制订三种阅读评分标准：①注意分，能回忆起看过杂志中的广告的读者的百分比；②领悟/联想分，能正确识别产品和广告客户的读者的百分比；③深入阅读分，读过一半以上广告文字材料的读者的百分比。斯达奇公司按性别的不同，给出当年每类产品的平均分，以便广告客户能与竞争对手比较广告效果。

（2）播放服务。播放预先检验法有四种。

● 室内测试：携带小投影仪到目标消费者家中，请他们观看广告。此法能吸引被访者的全部注意力，但气氛很不自然。

- 活动房测试：为了更接近消费者决策的实际情况，可在购物中心内部的活动房里进行测试。在模拟的购物环境中，向购物者展示要测试的产品并给予他们选择一系列品牌的机会。然后请消费者观看一系列电视广告片，并发给他们购物中心的优惠券。通过评估回收的优惠券，广告客户就能估计出电视广告片对购买行为的影响。

- 影院测试：请消费者到电影院观看插播广告的新电视剧。放映前让消费者先表明在不同产品种类中所偏好的品牌；放映后，再询问他们在各种产品种类中选择偏好的品牌。偏好的变化可以衡量广告的说服力。

- 播放测试：可在某个电视频道中进行这种测试。邀请被访者观看所测试的广告节目，或挑选看过本节目的人参加，然后询问有关广告回忆的问题。这种方法可以创造出评估广告的真实气氛。[64]

从这个案例中可以看到，企业和广告公司为测试广告效果可谓是煞费苦心，但实际效果并不是都能满意，因为这种消费者调查受到样本数量的影响，不一定能代表所有目标客户的真实情况。

然而，大数据的迎销时代，营销人员提前预测市场推广的效果变成可能，如果运用得妙，大数据真能帮助他们"运筹帷幄之中，决胜于千里之外"。这些梦想正在实现。下面以广告传播为例。

在一项尼尔森的全球调研中，78%的中国受访者认为电子设备正在取代人们面对面的交流。尼尔森最新发布的《屏幕之战：多屏时代的观众之争》报告显示，在如今，3/4的全球受访者、86%的中国受访者正尽情享受随时随地被连接的自由。该报告通过对来自全球消费者的调研，试图揭秘正在迅速变化的全球数字化视频内容的生态格局，以及消费者如何调整自己观看视频内容的模式和习惯。研究报告显示，全球超过一半（55%）的用户认为视频节目很重要；相比之下，74%的中国受访者认为观看视频节目已经成为他们生活中非常重要的一部分。

同时，他们在观看视频的形式和内容上习惯各异：74%的中国受访者在广告时间会切换频道，81%的受访者则会选择在某一天连续看很多集视频节目来补回错过的时间。而便利性和移动设备的可携带特质也是他们非常重视的因素：81%的中国受访者表示在移动设备上观看电视节目很方便；64%的受访者认为在平板电脑上看节目和使用笔记本或台式电脑没有区别；但同时，65%的受访者表示更愿意在大屏设备上观看节目。

在全球，近50%的受访者出于各种社交需求而观看视频节目，这一比例在中国更高。74%（全球49%）的中国受访者表示会因其在社交媒体上具有话题性而观看节目；70%（全球53%）的人愿意紧追节目以加入社交媒体上的讨论；65%（全球47%）的受访者则表示会在观看过程中参与社交媒体的互动。社交媒体互动只是观看节目时享受多屏的一个例子，在其他电子设备上了解更多内容、搜索剧中人物信息、玩手游或观看节目录制花絮等，都成为人们观看视频时同时进行的活动。62%的国内用户表示会在观看视频时浏览网页，这一比例依然高过全球58%的平均水平。

跨屏正逐渐成为消费者观看视频的延伸性体验，多屏赋予消费者更多选择，同时也为视频制作方和广告主提供了更多机遇。尼尔森中国总经理乐是德（Oliver Rust）表示："巧妙设计的收看体验不仅让消费者更加享受收看的过程，同时也可最大化用户与品牌互动的时间和效率。"

"总之对于节目提供商而言，把握三个关键点方能与今日用户取得紧密联系：第一，社交化，在视频内容设计时赋予其可在社交媒体被讨论的谈资，使其具备不可错失的魅力；第二，互动性，内容保持新鲜度，最大化用户的参与时间和再次观看率，让他们有参与感，加深其与节目的关联；第三，可获得性，保证用户能随时随地在任何一个平台轻松获取内容。"乐是德如是说。

就全国范围来看，即使是在如今的多屏时代，电视对于中国观众来说还是一个非常重要的播放平台。尼尔森的调查显示，仍有半数左右的消费者会通过电视观看一系列节目，包括新闻（56%）、游戏视频节目（53%）、纪录片（52%）、生活秀（48%）等。另外，有46%的受访者会倾向于在电视上收看体育赛事节目。

随着网络的盛行和视频节目的多元化，电脑和智能手机、平板等数据终端的重要性日益凸显。调研显示，中国用户在观看喜剧、电影、肥皂剧、短视频等节目时，以笔记本（台式）电脑作为终端的播放比例已经超过电视。

尼尔森的跨屏研究还指出，设备的选择还因用户观看节目时的时间、地点以及正在做什么而异。与家人在一起时（54%）是中国消费者选择电视观看的最主要情况；独自在家时，64%的用户选择电脑，选择智能手机的比例是40%；为了消磨时光，50%和58%的用户会分别选择电脑和智能手机来观看视频；在一些碎片化的时间内，比如在等待朋友（62%）、等医生叫号（30%）、通勤（51%）、学校里（40%）、购物（41%）、运动（30%）时，智能手机已经当之无愧地成为用户观看视频的最重要媒介。

尼尔森的报告还同时指出，就每天人们在各个屏幕上平均所花费的时间而言，各个国家不尽相同。在中国，人们每天在智能手机上（170分钟）和电脑上（161分钟）的时间已经远远超过他们观看电视的时长（89分钟）。而在美国，人们每天花在手机屏幕上的时间虽然也很长（147分钟），但花在电视屏幕上的时间仍达到151分钟。

"屏幕之间的界限将日渐模糊，何为最佳屏幕？因人因时因地而异。"乐是德提出，"用户将根据自己的需求选择当下最合适的设备。对于内容制作者而言，视频节目如何实现在时间、空间和屏幕之间的无缝连接是当下的新要求，整合方能制胜。"[65]

大数据时代，互联网以及社交媒体的发展让人们在网络上留下的数据越来越多，海量数据可以帮助企业通过多维度的信息重组全面打通各平台间的内容、用户、广告投放的依据和效果，这就为企业营销人员进行广告决策提供了更加科学的依据。因为有大数据技术的支撑，所谓的精准营销已成为可能；换句话讲，传统营销时代营销人员所梦想的都可以实现，例如，准确找到目标消费者，最大限度地将推广信息正确传递给消费者，准确了解目标受众对市场推广信息的反馈、广告效果到底在目标人群中引起怎样的反应、市场推广信息是否带来了品牌形象提升和促进了产品销量、推广费用是否得到最大程度的优化等。所有的广告决策过程，可以在投放之前通过海量大数据技术找到投放成功的蛛丝马迹，做到按图索骥、有的放矢，找到真正适合的媒体、适合的投放形式、真正的目标消费者，达成投入与产出的良性循环。

3. 市场推广新气象——企业与消费者的互动性

中文的"互动"一词，比较形象地表达了至少存在两方以上的个体或群体有相互之间的交流和合作，通过交流总会对某一方产生影响或作用。传统营销的时代，严格意义上讲，企业进行的市场推广活动是单向的，绝大多数情况下很难产生互动的效果（企业进行的促销活动或公关活动，事实上，更多表现了消费者的数量、类别、地域上的局限性，与当代的迎销模式下的互动不可同日而语）。在传统营销时期，传统广告的定义主要是企业对消费者的信息传达，希望沟通产销信息，以促进商品销售，塑造品牌个性，增加产品的价值。而在互联网出现后，人类进入大数据时代以来，单依靠一方对另一方的诉求是不够的，而应当在适当的时间把信息传达给目标受众并得到受众的响应，形成双方的交流，以达到真正的市场推广效果。互动性成为基本要求，成为现代市场活动的重要出发点和推广目的。特别是在社会化媒体大行于世的当今，互动性是企业市场人员的必备功课，因为互动性是社会化媒体营销发展的关键，在企业营销推广的同时，更多信息应该融入目标受众感兴趣的内容之中，激发目标受众的参与感、提高交流频率、保证客户对自身企业和品牌的情感与黏性是十分重要的。

不论是国内的社交媒体（如微信和微博），还是国外的社交媒体（如 Facebook 和 Twitter），都在功能设置上将互动性放在至关重要的位置，保证用户的互动交流。以中国最大的、最有影响的社交媒体微信为例。

微信的基本互动功能如下。

● 聊天：支持发送语音短信、视频、图片（包括表情）和文字，语音和视频聊天。

● 添加好友：可以通过查找微信号、QQ 号，查看手机通讯录和分享微信号、摇一摇、二维码查找添加好友，可以通过漂流瓶接受好友等，以此实现信息互动与交流。

- 朋友圈：用户可以通过朋友圈发表文字和图片，同时可通过其他软件将文章或者音乐分享到朋友圈，可以对好友新发的照片进行"评论"或"赞"。
- 漂流瓶：通过扔瓶子和捞瓶子匿名交友。
- 查看附近的人：微信将会根据您的地理位置找到在用户附近同样开启本功能的人。
- 语音记事本：可以进行语音速记，还支持视频、图片、文字记事。
- 微信摇一摇：是微信推出的一个随机交友应用，通过摇手机或点击按钮模拟摇一摇，可以匹配到同一时段触发该功能的微信用户，从而增加用户间的互动和微信黏度。
- 群发助手：通过群发助手把消息发给多个人。
- 游戏中心：通过游戏中心进入微信玩游戏，和微信世界各地的用户实现互动。
- 微信公众号：为企业和消费者提供了绝佳的互动交流平台。

2015 年末，微信在互动功能方面更是大大提高了。例如，微信与 QQ 平台打通，微信中的文章可以分享到 QQ 好友、QQ 群，为微信运营者提供了一个很好的引流入口。支付功能的改变及更新将支付功能移至微信首页，支付入口更明显。进入微信后，在聊天界面点击右上角"+"，可以看到增加了一项收钱功能。随着微信线下支付布局的深入，好友之间付款的频率在加大，而且随着支持微信付款的商户也越来越多，不带钱包出门就可以进行购物的理想生活开始实现了。微信在基本功能——聊天功能上增加了多种新技术、新手段，保证了用户之间互动交流的趣味性、便利性、安全性。

因此，运用社交媒体的互动功能，全面而积极地与客户保持互动，已经成为新品牌和传统品牌都特别关注和运用的市场推广的有效手段。

从 2007 年始，多力多滋（Doritos）一直通过举行"Crash the Super Bowl"大赛让它的客户为松脆零食提供商业广告。真正引起关注的奖励是获胜者可以看到自己的广告在超级碗期间播出。比赛的反响是热烈的，他们获得了数以百计的广告提交。经过筛选，公司将范围缩小到五个一批，然后请大家投票选出他们最喜欢的。其结果是由入围者向朋友们分享他们的入选作品，并鼓励他们投票以引起病毒式的传播，同时这些人作为客户和粉丝，希望看到最有趣的影片。

在 2013 年，多力多滋将视频大赛搬到了 Facebook 上（他们以前使用的是微型网站），超越了历届的成功。在多力多滋的 Facebook 主页上，会发现本次大赛的内容几个月都在不断地更新，并产生了大量的评论和互动。人们先是观看视频，然后评论广告，最后会咨询比赛的有关规则。以公开投票的方式创建一个视频大赛以吸引人们到你的页面，降低参赛门槛，然后请公众投票选出最后的获胜者。

而可口可乐则通过增加娱乐的元素提高互动效果。可口可乐开展了一项每日益智问答来提高互动。活动没有设置奖品，在 Facebook 上采用现成的问题，如"以下哪项是在 Scrabble 游戏中得分点最多的？"（注：Scrabble 是西方流行的一种拼字游戏。）可口可乐先提出益智问题，稍后揭晓答案，充分调动了粉丝的好奇心，让粉丝参与其中与之互动。其结果是，粉丝们在发布益智问题时带着自己的猜想进行评论，然后再回过头寻找答案，并在公布答案时再次评论。越多的粉丝参与互动，更新内容就越有可能出现在他们的消息提要中。每个益智问答更新，可口可乐都在巧妙地推广产品，不但获得了双倍的用户参与，而且在粉丝的消息提要中展示了更多的信息。

雅诗兰黛将与客户加强互动作为一个社会化媒体策略。每周二，该公司的创意美妆总监汤姆·佩奇尤克斯都会在 Facebook 上分享化妆技巧并提供咨询，附带相关的美容产品图片，并给出购买页面的地址或链接到有关近期流行趋势的博客文章。每周专栏都会收到很多意见和问题，公司会尽可能快地给予回复。随着互动，每周小技巧分享的形式给了粉丝更多信心，了解到公司听取了他们的建议，有趣的图片往往会引起更多的评论和分享，从而带来更多的互动。[66]

综上所述，企业加强研究并进行与消费者在多种市场推广手段中的互动，一定会成为今后企业在新形势下大数据时代的重要方向和目标。盛世长城全球 CEO

凯文·罗伯特茨（Kevin Roberts）在《未来的互动=大数据+大情感》一文中提出："情感的满足，而非技术，将是品牌赢得消费者的关键。人们喜欢技术，但人更喜欢与他人交流。人的生活越数字化，能被他人所理解，与他人关联越显得珍贵。那些最终赢得消费者的品牌，通常是那些有真实情感、人性化的品牌。"

"迎新"一词有两层意思：一是迎接新春；二是迎接新人。家喻户晓的王安石《元日》诗："爆竹声中一岁除，春风送暖入屠苏。千门万户曈曈日，总把新桃换旧符。"笔者认为，如果将这首诗的含义引申到当今营销的变化及发展趋势领域中，还是比较贴切的。互联网大数据时代如同爆响的爆竹，宣告了一个新时代——数字化时代的到来，数字化、网络化、信息化使人的生存方式发生了巨大的变化。被推崇为电脑和传播科技领域最具影响力的大师之一的美国学者尼古拉斯·尼葛洛庞帝在其 1996 年出版的《数字化生存》一书中指出，人类生存于一个虚拟的、数字化的生存活动空间，在这个空间里，人们应用数字技术（信息技术）从事信息传播、交流、学习、工作等活动。

在这个时代，传统营销的基本内容、内涵与外延、手段和方法、理论与实践等方面都发生了巨大的甚至是翻天覆地的根本变化；新思想、新战术、新媒体、新势力甚至新人类（有人将"90 后"消费者、"00 后"消费者称为新人类）等纷纷登场并且正在成为主流。企业市场人员作为大数据时代的迎销活动的设计者、参与者、互动者，一定要张开双臂，打开心扉，接受挑战，秉承迎新的态度，接受新事物，学习新事物，发扬新事物，推陈出新，站在新浪潮的潮头，只有如此，才能使企业、品牌、产品与新时代共同发展！

第八章　迎客——迎销之渠道篇

《礼记·曲礼上》："客至于寝门，则主人请入为席，然后出迎客。"

本书使用"迎客"一词，希望表达出这样的内涵，即从传统营销到迎销，企业不论是在战略思想还是在行动执行中，对待消费者要"请入为席"，积极"迎客"。"迎"字更加突出"主动性、积极性"，将渠道（线下与线上）变化为真正了解消费者需求、满足消费者的需要、主动积极迎接消费者的场所和平台（实战中有太多的企业，特别是线下的垄断性的渠道和终端"店大欺客""等客上门""冷脸面对"等"拒客户千里之外"的现象比比皆是，当然不断冒出的"天价虾""天价鱼"的坑宰客户的极端情况也时有发生）。

一、渠道在传统营销体系中的重要性

在传统营销体系中，市场营销的渠道更多起到的作用是产品的分销功能，这也是企业的成本和各自功用决定了企业必须有渠道这一中间环节。菲利普·科特勒在1997年出版的《市场营销管理》一书中强调："绝大多数制造商都要和市场营销中介机构一起，才能将其产品提供给市场。市场营销中介机构组成了市场营销渠道（也称贸易渠道或分销渠道）。"所以，科特勒认为市场营销渠道"是使产品或服务能被使用或消费而配合起来的一系列独立组织的集合"[67]。直到2012年出版《营销管理》第14版时，科特勒教授仍然坚持认为，绝大多数制造商仍然要特别重视第三方分销渠道的建设，因为"单一公司的成功不仅仅取决于它多么出色地完成了任务，还取决于与竞争对手相比，它的整个分销渠道有多么出色"

[68]。科特勒用不少篇幅来论证制造商使用营销渠道给自己带来多种利益，认为渠道成员可以提高价值，比制造商直接接触消费者在交易成本上也经济许多，而且渠道中间商还可以有以下的功能：

（1）信息功能：收集和传递营销调研、营销环境中的参与者及其影响力的情报资料，这对计划和促进交易很有价值。

（2）促销功能：发展与传播有关市场供应品的富有说服力的沟通。

（3）联络功能：发现与联络预期的买家。

（4）匹配功能：按买方的需要改变产品的外形，包括加工、分级、装配和包装这样的活动。

（5）谈判功能：就产品的价格及其他问题达成协议，以便实现所有权和使用权的转移。

还有如下有助于交易的完整事项。

● 实体分销：运输和存储货物。

● 融资功能：获取与使用资金以弥补渠道成本。

● 承担风险：承担执行渠道带来的相应风险。[69]

事实上，科特勒教授的上述分析在传统营销系统中是正确的。在传统营销体系中，制造商自身难以实现这些功能，依赖渠道成员是必须经过的环节。然而，自从互联网走进了人们的生活，特别是大数据技术的使用，使得渠道客户的功用发生了改变，以前制造商想做的但不能做的行为现在成为可能，梦想得以实现。直接面对消费者，制造商以前是增加成本而现在却是降低了成本。更重要的是，企业可以更加直接了解消费者的真实需求，走出企业大门直接"迎客"不仅成为可能，而且成为企业发展的策略和战术。

案例：2004 年的联想改制

在 2004 年 2 月 18 日，联想新三年规划的发布会上，联想总裁杨元庆宣布将对其渠道进行"短链"优化，并且"在现有渠道模式的基础上，辅助以客户为核心的营销模式"。让杨元庆始料未及的是，联想话音甫落，便被听众下结论为"开始准备试行直销"，这些结论给联想带来了无穷无尽的烦恼。

实际上，联想这次渠道调整遵循的原理是细分市场、权力适度下放、结构扁平化和矩阵管理。细分地域后管理更加精细，更容易了解客户的需求。为了增强其"攻城略地"的主动性，新上任的18位分区总经理有比过去宽泛得多的权力：他们握有充分的人权、财权、市场权，自主性更强，甚至可以自己商定与销售代理之间的返点并拒绝销售不适合自己区域的产品。对于联想来说，过去那些覆盖个人用户和数码消费产品客户的渠道策略几乎是没有变化的。对于它们，联想把"短链"作为变革优化的一个手段。短链分成两个方面，一个是管理短链，就是从分区一直到总部的管理层次在减少。另一个是指物流系统和渠道层次要缩短。对于那些商用大客户和成长型的企业，联想认为自己需要自主建立起一种新的渠道模式。他们要比以往更多地介入到对客户的发现和管理中去，然后协同渠道一起来"照顾好它们"。这才是此次业务模式变革真正的意图，是利用客户营销模式来辅助我们原来的渠道分销模式。

企业市场上，联想遇见的是戴尔。戴尔通过自己的直销模型和在供应链中通过网络进行的动态数据调整，创造了一个完善的低成本供应链。如果从供应链角度反观联想的渠道调整——把原有的7个大区划成18个分区，同时在组织结构上尽量扁平化，外界容易认为，这实际上是积重难返，在无法抛弃既有渠道的基础上重演了戴尔的供应链原理。但是由于渠道本身的特点，联想在这个基础上做到比戴尔的成本更低几乎不可能。没有了价格优势，它必将转向类似数码港、专营店或者IT服务这样的差异化的增值领域以求发展。而IT服务，在联想的战略中已经降到次要地位上去了。

"因此说到底，联想在新三年里必须全力解决的问题并不是渠道问题，而是战略问题。"一位业内人士说——这也是前一阶段业界的热门话题。

但是联想显然不同意这一观点，"对于在中国市场，经过认真的分析，我们不认为直销就比分销的运营成本低"。联想总裁杨元庆在接受采访的时候说："在中国的IT领域里，分销是不可取代的，它有它生存的价值、生存的空间，我们更多的客户，尤其是那些中小型的客户，必须依赖于分销的力量去做。而且据我的了解，在中国的市场上，没有一家公司是 100%的直销，甚至可以说是没有 50%以上是做直销的。这就是分销代理的价值。"[70]

联想这个案例实际上表现了在传统营销体系下，企业和渠道客户的合作与对抗的矛盾状态以及互为依存的实际效果。

二、渠道变革的必然性

事实上，市场营销的重要内容之一——渠道，一直以来就是营销体系中变化最大、速度最快的部分。或者说，渠道一直在变革中。

传统意义上的营销渠道有四类基本模式。

（1）从产品流通的角度。

制造商—总经销商—分销商（可能为多级）—零售店—消费者。

（2）从渠道成员经营业态的角度（有两种形式）。

● 制造商—批发商（批发市场）—分销商（批发市场）—专卖店系统或零售店—消费者。

● 制造商—连锁机构（百货公司、超市卖场）—消费者。

（3）从渠道成员层次的角度（见图 8-1）。[71]

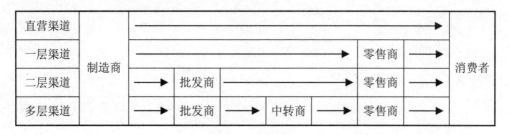

图 8-1　渠道层次

需要注意的是，在传统营销渠道中，存在着直营渠道，即由制造商直接销售给消费者。这种渠道也可称为零层渠道，如通过上门推销、电话销售、邮购、电视直销和制造商的自有终端店面等进行销售。例如，以前风靡一时的戴尔计算机销售、雅芳公司的直销模式等，虽然不是传统营销时期的主流，但也是营销世界中的一道亮丽的风景线。

在传统营销实战中，企业必须面对不断变化的消费者需求和市场，市场越来越细分化，出现新的销售渠道。所以，企业为了市场需要，实际上不是采用单一的渠道向单一的市场销售自己的产品，更多采用的是科特勒教授所说的"复合渠道分销系统（或者称之为多渠道分销系统）"。例如，笔者曾经服务过的可口可乐公司，其产品不论是品牌、品种口味，还是包装、定价等，都可以满足多种目标人群和多种不同渠道成员的需要，这就是复合渠道分销系统。还比如直营系统、经销商系统、超市系统、娱乐渠道系统、大客户系统（如专业服务麦当劳）、学校系统等，不一而足。

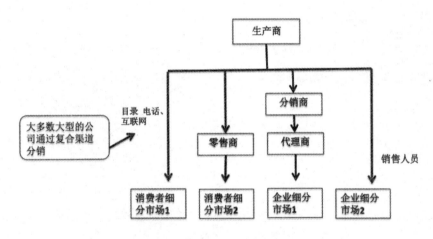

图 8-2 复合渠道分销系统

不论是传统经典的营销理论还是企业的营销实战中，渠道的设计和选择是任何企业都必须考虑清楚的难题。传统营销理论"4P"的第 3 个 P（Place）就是指企业如何选择渠道。任何论述市场营销理论的书籍，都要专辟章节阐述如何进行营销渠道的管理、营销渠道的设计、营销渠道成员的管理与服务、营销渠道的评估与调整等，表明了渠道对于营销的重要性。

"渠道为王，终端制胜"可能是传统营销实战中最耳熟能详的一句话了，表现了企业对渠道和终端的重视程度，认为渠道和终端的数量（当然更重要的是质量，但很多企业更关注数量）决定企业的生存和发展。特别是 21 世纪初的国美电器、苏宁电器在渠道和终端的成功案例，似乎更加印证了这句话。

案例：渠道为王——家电连锁业的国美时代

国美电器有限公司成立于 1987 年，是一家以经营各类家用电器为主的全国性家电零售连锁企业。2003 年国家商务部公布了 2003 年中国连锁经营前 30 强，国美电器以 177.9 亿元位列第三。2009 年，国美电器入选中国最大的家电零售连锁企业。国美门店总数（含大中电器）达 1605 家，覆盖全国 256 个城市。

完善的售后服务体系、高素质的售后服务队伍和一整套完善的售后服务制度，提出"我们员工与众不同"的口号，提出"超越顾客期望"的思想，提供"一站式服务"，这些都是国美规模化经营的基础。

最重要的，国美的成功与其积极倡导的创新精神和"薄利多销、服务当先"的经营理念密不可分。借助不断降价，同时其卖场内家电产品价格普遍都低（不是某个品牌某款电器的单低），国美与其他竞争对手的价格差距越来越大。国美之所以能够进行这种价格战，主要是有渠道优势。

首先是从进货渠道上采取直接由生产厂商供货的方式，取消了中间商、分销商这个中间环节，降低了成本和产品价格，把市场营销主动权控制在自己手中。

其次是采用诸如大单采购、买断、包销、定制等多种适合家电经营的营销手段，以保证价格优势。国美是国内几乎所有家电厂家最大的合作伙伴，供货价格一般都较低。国美以承诺销量取代代销形式，与多家生产厂家达成协议，厂家给国美优惠政策和优惠价格，国美则承担经销的责任，而且必须保证相当大的销售量。他们将厂家的价格优惠转化为自身销售上的优势，以较低价格占领了市场。销路畅通、与生产商的合作关系更为紧密，以及采购的产品成本比其他零售商低很多，为销售铺平了道路。同时采用全国集中采购模式，优势明显。国美门店每天都将要货与销售情况通过网络上报分部，分部再将各门店信息汇总，分销的优势直接转变为价格优势进行统一采购，因其采购量远远超过一般零售商，使其能以比其他商家低很多的价格拿到商品。国美有专门的定制、买断产品，价格自然比一般非定制、非买断的通常产品要低。

再次是国美将降价的部分影响转嫁给生产厂商，因为销售一定量的产品，国美就可以从生产厂家获取返利，因此国美的销售价格有时都可以与厂家的出厂价相同甚至更低，给了消费者"买电器，去国美"这样的印象，使其竞争力进一步增强。

在 2003 年，国美在进货渠道上进行大胆探索，全面互动营销，充分整合厂家、商家、媒体、社会评测机构以及消费者等资源，发挥了巨大的市场能量。2004年，国美开始重新审视和缔造新时期的厂商关系，整合营销渠道，倡导"商者无域，相融共生"的战略联盟，以发展的眼光加强联盟伙伴之间广泛持久的联系，并且相互帮助、相互支持、相互服务，通过资源共享、专业分工、优势互补，更好地服务于消费者，最终达到战略协同、合作制胜、共存共荣的目的。这个观点得到了众多家电制造企业的认同，这似乎也标志着一个由家电零售业带领前进的中国家电业发展时代正式到来。[72]

国美这个案例往往成为"渠道为王，终端制胜"的典型案例。实际上，笔者认为，案例本质上不只是反映了渠道和终端门店的巨大优势；而且更加反映了进入 21 世纪以来，家电企业面对激烈的市场竞争，实行渠道调整以降低渠道成本，更加主动走向市场，直接满足消费者的需求，推动并借助了国美、苏宁等这样的平台，主动"迎客"。国美只是利用这个市场机会发展壮大罢了。这个案例也表明，随着互联网大数据时代开始成熟，在当今的新市场竞争状态下，如果像国美一样的企业只拥有线下的终端数量和渠道优势，而没有采取新的迎销策略，则会失去往日光环，艰难前进。相反，另一家大型家电连锁企业苏宁则通过拥抱互联网、利用大数据技术迎头赶上，不论是在线下终端还是在线上电商业务方面，都再次蓄力而发，取得了新的成功！这也更加证明传统营销渠道发生变革已成为必然。

三、消费者购物行为的变化是渠道变革的诱因

关于消费者购买行为的变化，本书前文已经有过阐述，进入 21 世纪新时代的消费者，特别是"80 后""90 后"，保留着消费者的基本行为特征。

绝大多数消费者的非专业性——消费者一般缺乏专业的产品知识和市场知识。消费者在购买商品时，往往容易受厂家或商家广告宣传、促销方式、商品包装和服务态度的影响（如国美的案例，国美充分利用了消费者的这个特性）。

消费者的价格敏感性——消费者永远都对产品的价格保持着持续的敏感度，销售实际价格不论是对低收入者，还是对高收入者都具有巨大的诱惑力，所谓的高性价比是任何消费者都追求的。

消费者的追逐流行性——消费需求不仅受消费者内在因素的影响，还会受环境、流行时尚、价值观等外在因素的影响。时代不同，消费者的需求也会随之不同，流行的、代表市场前沿的、有时尚气息的产品总能得到消费者的青睐。

新的时代，新的消费者们在保留上述基本消费者行为特征的同时，其购物行为也有了一些新的比较突出的变化。

- 消费者的消费行为更加趋于理性。在传统营销体系下，消费者通过传统的大众广告媒体，如电视广告以及报纸、杂志等纸媒广告来获取商品信息。而在大数据时代，当消费者对某种商品有需求时，他们首先会选择通过互联网来收集该商品的相关数据，了解该商品的信息，提高购物效率，降低购物选择成本。在大数据时代，数据无处不在，消费者几乎更容易获得该类商品的多种市场信息，以保证购买到理想的产品，消费者的"专业化"水平提高很多。

- 消费者获取产品的信息渠道更加多元化。在传统营销时代，消费者对产品的了解除从传统媒体获得之外，基本来自制造商和渠道成员的介绍。而大数据时代，消费者同时还可以通过网络、多种社交媒体、社群圈了解产品，而这些对消费者有着更加直接的影响，消费者对来自这些方面的信息更是深信不疑。

● 消费者的消费行为更加个性化。传统营销时代，企业对消费者的信息了解有限，采取大规模生产产品的模式，产品缺乏个性，消费者更是表现出了大众化的特征。而在大数据时代，由于数据传播的广泛性和迅捷性，企业可以通过大数据了解消费者的个性化需求，也可以尽量满足消费者的个性化需求，消费者选择商品已经不再仅仅考虑商品的使用价值，而更多地考虑其体现的个性化特征。

当然，随着市场的不断变化，消费者的消费行为必将发生变化。科特勒教授认为，在营销 3.0 时代，营销与消费者的生活更加紧密，因为快速出现的社会、经济和环境变化与动荡对消费者的影响正在加剧。科特勒绘制了一个表，表明在新时代企业要以价值驱动营销。[73]

表 8-1　营销 1.0、2.0 和 3.0 时代的综合对比

不同方面	营销 1.0 时代产品中心营销	营销 2.0 时代消费者定位营销	营销 3.0 时代价值驱动营销
目标	销售产品	满足并维护消费者	让世界变得更好
推动力	工业革命	信息技术	新浪潮科技
企业看待市场方式	具有生理需要的大众买方	有思想和选择能力的聪明消费者	具有独立思想、心灵和精神的完整个体
主要营销概念	产品开发	差异化	价值
企业营销方针	产品细化	企业和产品定位	企业使命、愿景和价值观
价值主张	功能性	功能性和情感化	功能性、情感化和精神化
与消费者互动情况	一对多交易	一对一关系	多对多合作

消费者的上述消费行为变化，促使企业必须在满足消费者方面做出抉择。如增加直营部门，直接面向消费者；或者开发低级别代理商，减少层级；或者加强和连锁超市或百货机构的直营合作等，以缩短渠道长度，减少渠道层次，降低经营成本，减少中间环节费用，以满足消费者的高性价比的追求。

电子商务的发展壮大，为企业逢迎消费者的消费新特征（消费行为趋于理性，获取产品的信息渠道更加多元化，消费行为更加个性化）提供了新的渠道选择。

四、数字技术的普及与广泛应用为营销渠道变革提供了保证

数字技术（Digital Technology），是一项与电子计算机相伴相生的科学技术。它是指借助一定的设备，将各种信息，包括图、文、声、像等，转化为电子计算机能识别的二进制数字"0"和"1"后，进行运算、加工、存储、传送、传播、还原的技术。由于在运算、存储等环节中要借助计算机对信息进行编码、压缩、解码等，因此也称为数码技术、计算机数字技术等。

"无论你是总统，还是平民百姓，都应该了解这个计算机世界，因为它对每个人都有切身影响。无论工作和生活与技术距离有多遥远，你总有机会接触技术和搞技术的人。"[74]

称我们目前的世界是数字的，或者说我们生活在数字化的世界中，这一点都不过分。柯林汉教授形象地将数字化技术的应用带给每个人的感受描述为就像世界被施了魔术一般，使得人类能够实现传统年代的梦想。数字技术融入人类的生活，融入世界的所有角落，数字技术以硬件、软件、通信划分的组织方式日益改变着我们的生活。

为何称世界是数字的？或者说，为什么我们获取的信息、我们的生活工具均可以以数字技术表现出来？柯林汉教授总结为：首先是信息的通用数字表示。因为信息被表示为数字形式而不是专门形式，如纸质邮件被数字邮件所取代，纸质地图被电子地图所取代,信息的不同模拟表示形式被统一的数字表示形式所取代。

其次是通用数字处理器。所有的信息都用数字计算机这样一种统一的设备进行处理，处理信息通用数字表示的数字计算机代替了处理专门的模拟信息所用的实体机器。

再次是通用数字网络。互联网把处理数字表示的数字计算机连接在一起，计算机、手机被连接到邮件、搜索、社交网络、购物、网上银行等各种服务上。

最后，海量的数字化数据也在持续不断地被收集和更新。搜索引擎为了有效地应对查询而孜孜不倦地扫描着整个互联网的社交网络和资源分享站点，为我们保存了关于我们自己的海量数据。当我们访问网上商店和服务时，它们一方面让我们读取其后台数据，另一方面又在搜索引擎和社交网络的协助与怂恿下默默记录着我们的一举一动。互联网服务供应商记录下我们在网上所有互动操作的链接信息，或许更多。[75]

有了数字技术的保证，人类生活、商业行为的各个方面的信息的开发、沟通、交流以及使用，都进入了前所未有的高度。

从营销渠道角度讲，第一，渠道中间商的作用发生了变革。在传统营销时代，由于企业与消费者之间的信息联络沟通确实需要渠道中间商的联络与分销，以体现成本和效率的优势。而在大数据时代，企业与消费者之间的信息交流可以通过数字技术（网络、手机、社交媒体等）实现即时、双向、多频次的沟通与交流，而成本与费用则大大降低了，企业在电子商务平台（PC端和移动端）建立电子商务直销体系，产品通过物流直接配送给消费者。第二，企业对渠道的管理发生了变革。绝大多数的企业营销高管与笔者有着同样的感受，就是企业与经销商或者代理商的客户关系，包括和大型连锁超市的商业关系，可能是营销高管最为伤神和苦恼的问题。由于各自的利益和角度不同，企业与渠道成员之间在新产品开发与上市、产品线、包装与价格、广告与促销、产品返利、市场形象表现、消费者服务甚至产品串货等问题上，每天都要沟通交流，化解矛盾和分歧。如果遇上强势的经销商或者连锁超市，企业经常要屈尊，甚至忍辱负重地向渠道客户低头。有的企业在强势的连锁超市面前接受了很多"不合理"的费用，年底算总账时发现是"赔本赚吆喝"，实现了销售量，但是销售回款和利润很少或者亏损，让营销人员真的是欲哭无泪。然而，在大数据迎销时代，"迎客"才是关键，企业与渠道成员之间互相斗法已经无益，大家要联合起来共同面对新挑战，即留住不断流失的消费者、更加挑剔的消费者、只看只试不买的消费者，共同迎接淘宝、京东、一号店等为代表的电商平台和以微信商城为代表的多种App移动购物平台的强有力竞争。在这个时候，企业与渠道成员是同一战壕的战友，不休戚与共、联合作战，一定会落得两败俱伤的结果。

所以在大数据迎销时代，如何迎客，并成功迎客才是渠道变革的方向，有力地合作起来共同迎接并满足消费者的最新需求才能够实现渠道变革的胜利。科特勒教授认为，合作营销是营销 3.0 的第一个部分，"在经济高度互联化的今天，必须学会同其他企业、股东、渠道合作伙伴、员工以及消费者合作。简而言之，营销 3.0 就是企业和所有具有相似价值观和期望值的商业实体之间的密切合作"。[76]

五、渠道变革以消费者为中心

从实战的角度分析，从国内改革开放建设市场经济体系直到 20 世纪 90 年代初期，中国的市场营销渠道一直处于比较稳定的状态，没有明显变化。基本上是制造企业→总经销商（或专业性全国和地区的批发公司）→二级批发商→三级批发商→零售店→消费者，绝大多数企业一直以这种传统销售渠道的模式经营着。这种模式的特点是：在商品短缺时代，消费者处于营销的末端，属于比较僵硬的产品流通渠道系统，消费者对产品基本没有发言权，被动地接受企业根据自身生产能力生产的产品。从营销渠道的角度看，这个系统中总经销商占据着核心的地位，一定程度上他们拥有两个核心权利：一是经营经销产品的能力和效率，决定了制造企业的命运，制造企业必须极力配合，不然产品不可能走向市场，更不可能面向消费者了；二是经销商对经销产品的价格加价率以及经销的分销能力是全国市场还是区域市场或者是区县市场，决定了经销商销售区域内的消费者能否买得起产品，是否可以买到产品，以及能否享受到应该得到的产品服务。这个时期，渠道成员之间的关系是单向的、线性的，甚至是不平等的。企业与经销商的关系形象一点的表述就是"客大欺店"，还是"店大欺客"。然而，这种僵硬的渠道系统在 20 世纪 90 年代受到冲击，中国营销的第一次真正意义上的渠道变革开始了。

20 世纪 80 年代末，在我国广东省诞生了第一家超市——百佳超市。随后，上海华联商厦成立了华联超市，拉开了我国超市发展的序幕。1995 年以后，越来越多的世界零售业巨头开始介入我国的连锁超市经营系统，如美国的沃尔玛、法国的家乐福等，还有便利性连锁小型超市如 7-11，家居巨头百安居、宜家等。连锁超市经营这种业态迅速在中国传播开来，大大小小、全国性或地域性的各种超市卖场如雨后春笋般遍布全国，并日益为广大消费者接受和欢迎，成为人们日常生活中必不可少的购物场所。到 2001 年，我国仅营业面积 5000 平方米以上、年销售额 500 万元以上的大型超市就有 12000 多家，实现销售额 1000 亿元以上。连锁超市从最初的食品、日用杂货、服装和小型家电的销售，到几乎包括所有产品的连锁式经营。"一站式"消费模式为超市卖场赢得了越来越多的客源。超市卖场与传统渠道的销售终端相比，拥有"方便、实惠、快捷、规模、效率"等诸多优点，其高周转率、低利润率、价廉物美的经营方式，赢得了广大消费者的青睐，受到制造企业的欢迎（当然随着连锁超市的影响日渐扩大，制造企业可能是送走了"一只狼"又迎来了"一只虎"，不得不给强势的连锁超市支付大量商务费用，可能这也是导致企业今后自己奋发图强的动因之一）。成功的连锁式（很多是特许授权式）经营的理念，影响了诸多传统的行业进行转型，例如大量的连锁式、特许授权式的经营业态在中国的饮食业、其他服务业领域推广开来。

本质上讲，以连锁超市经营为特征的第一次营销渠道变革，也是企业意图更加接近消费者、直接面向消费者的行为。超市卖场环境与传统批发市场、食杂店、街边小店相比，企业和消费者的关系接近了，甚至面对面地接受消费者的考验（很多有实力的企业采取直营形式在超市卖场销售产品）。这个时期的渠道变革，明显表现出企业经营战略从以生产者为中心开始向以消费者为中心转变。不论是比较贴近消费者的价格、消费者的购物方便性，还是消费者选择产品的多样性等方面，与传统的以经销商为中心的销售体系相比，这次变革是成功的。

案例：大润发的 Know-How

1. 选址

总裁微服私访，慎重选址，少有潜规则。

2004 年至 2008 年，利用台资的暧昧身份打擦边球，大润发在二三线城市开了很多门店，位置都很绝版。每次新店都要考100分，要开成大润发有史以来最好的门店。

2. 低价

选择中低档百货或非食品类商品及供应商。这些商品可比性不强，从而巧妙地避开了与家乐福等卖场的正面竞争。

为保证低价，每店配备六至七人的快速查价小组，针对方圆5千米内的竞争对手做市场调查。竞争对手产品一变价，计算机系统就会自动更新该产品的毛利率，而毛利率又与采购人员的绩效挂钩。依此，大润发确保价格具有市场竞争力。

买断政策。以某酱油产品为例，500毫升正常售价为每瓶8元，竞争对手售价为每瓶5~15元，大润发以包货的形式（一切费用全免且不退不换）将售价压低至3.9元，让顾客在可比较产品上形成大润发价低的印象。

"KISS"战略，即"Keep it simple and stupid"。对大米、猪肉、水果等，尽量从供应源头直接包下，以获取最好的价格、最优的货源。

3. 供应商关系

结成合作伙伴关系：向供应商提供服务与收取费用直接挂钩，为国内唯一。

不"压榨"供应商：与之订立共同成长计划书式的购销合同，批量培养有实力的供应商。

不"拖欠"供应商：有别业界两三个月的账期，大润发尽量以最快速度给付货款。

不"为难"供应商：供应商不用考虑贿赂成本。

4. 了解消费者

对顾客进行分类研究。

进行有针对性的营销。

5. 采购

采购权：区域总部和总部都拥有，而不是像家乐福那样彻底当地化，也不像沃尔玛那样全球供应商采购。保证价格透明。

采购体系：一般的零售企业，采购休闲食品类的蜜饯、瓜子、炒货往往就是一个人，所以采购中关注的只能是品牌、进价、供应商实力等；而大润发仅采购瓜子一项就会是一个团队，他们知道全国各地瓜子的特点、生产成本、竞争的优势与劣势所在，以保证优中选优。

6. 店面陈列与服务

以宽敞明亮并具现代感的购物环境为主基调。在内部设计与布局上，采用了"丰"字形的简单购物路线，"丰"字中间的竖线为干道，横线为商品分区，清楚地将商品种类标示在干支路线的醒目位置。

在入口、出口或者关键路线上设置美食街、主题餐厅、精品专柜、儿童乐园等，让顾客在购物之余享受更多元的休闲服务。

部分分店依照当地顾客的生活习惯，特别规划药店、邮局位置以及机动车、电动车和自行车的停车空间等。

为方便消费者，生鲜区域通常设在一楼。

最重视生鲜区的陈列和维护。

班车覆盖面广，在上海流行一句话：找到大润发就能免费回家。

7. 防损

为从内部把利润抠出来，大润发把损耗率与奖金挂钩。每个门店发放季度奖金前，总部会检视该门店的损耗率与目标值的差距，来判断奖金加发或扣除。如果有员工偷吃食物或偷喝饮料，全店员工的奖金都将受影响，从而促进互相监督。大润发的损耗率一直控制在 2‰～3‰，远低于同业 10‰的水平，每年可节省上亿元。

8. 学习与本土化

成功复制了欧尚的营运经验又迅速本地化。当年大润发和欧尚合作之初，派大量人员去欧尚学习，并且复制了后者所有的内部营运文档。将大陆市场分为华东、华北、华中、华南与东北五大区，每区设业务总经理，实施本地市场策略。

9. 管理

分店业绩即时查询系统：这是大润发将管理落实到每一个细节的神经中枢。相对于许多量贩店的每日结算系统，大润发能做到实时数字管理，永远处于上紧发条的状态。

最重视神秘客制度和 SGS（通用公证行）超市服务标准，以实现外部客观监督。

干部以身作则，众高层几乎 365 天亲力亲为巡店。

10. 员工关系

真正分享成果：全员持股，只要正式入职 6 个月即可按年薪 10% 计算持股额。

员工忠诚度很高：店长和高级主管流动率为零。店长以上高管基本从基层员工提拔。

高层理念：员工最重要，一个企业的成功要归功于员工，失败则是领导层的错误。

实行民主监督："草根调查体系"让最基层的员工有权监督上级的操守。[77]

大润发的成功，充分体现了营销渠道变革过程中，消费者在营销中越来越趋于中心的位置。仔细分析这个案例，企业和渠道成员的营销行为都是为了满足消费者不断提高的消费需求，终端从选址、产品选择、卖场环境、推广策略、价格策略，到与产品制造企业的密切合作等，都要围绕着消费者的需要。消费者从被动走向主动，消费者决定了企业和渠道成员的生存，这也是十几年来那些过去高高在上、不可一世的国有批发贸易公司、大型批发市场、传统街边食杂店等渠道已经死亡或者濒临死亡的原因吧。

消费者真正成为市场营销的核心，并彻底导致渠道发生最大变革是在 20 世纪末，这可能是自人类社会进行商品交换、商品买卖、商品流通以来最大的变革，即电子商务开始走入消费者的日常生活，如今已经成为广大消费者的重要购物平台。也正因如此，过去产品销售的传统理论和实践被彻底颠覆了，营销从此变得如此不同。

电子商务（Electronic Commerce，简称 E-commerce），是通过电子方式进行货物和服务的生产、买卖和传递。具体讲，电子商务通常是指在全球各地商业贸易范围内，在开放的互联网网络环境下，买卖双方不谋面地进行各种商贸活动，实现消费者的网上购物、商户之间的网上交易和在线电子支付以及各种商务活动、交易活动、金融活动和相关的综合服务活动的一种新型的商业运营模式。

从消费者的角度通俗地讲，可以不用看见实物产品，可以不到实际购物场所，可以不直接和销售人员面对面交流，可以不用直接使用现金和支票，一切以电子交换形式买到自己心仪的产品，而且不用自己亲自带回家，由物流公司将产品直接送至手中。这种购物形式在 20 世纪 90 年代以前还是梦想之事，而在 1994 年开始成为现实，并成为我们当今重要的购物形式。据说在 1994 年 8 月 11 日，美国一家名为 NetMarket 的企业成功完成了全球第一笔网络零售交易。企业前创始人丹尼尔（Daniel Khon）说，他将知名歌手斯汀（Sting）的专辑 "Ten Summoner's Tales" 通过网络交易给在斯沃斯摩尔（Swarthmore）大学的一位同窗，这位同窗以刷卡方式付了 12.48 美元。而中国国内第一笔互联网交易却是一笔"大单"：1998 年 4 月 7 日（这个时候阿里巴巴公司还没有成立），实现了交易额高达 166 万元的中国电子商务第一单，交易双方是北京海星凯卓计算机公司和陕西华星进出口公司，他们利用在国际互联网上运行的中国商品交易中心电子商务系统进行了首单电子交易。4 月 13 日中午，满载康柏（Compaq）电脑的货柜车从西安抵达北京，标志着这笔交易的圆满完成。从 1998 年这笔 166 万元的交易，到 2015 年一年中国电子商务交易规模的 16.2 万亿元，不到 20 年时间，形容中国的电子商务实现了井喷式增长绝对不是言过其实。

世界上很多规则都是先运作起来后，根据理论与实践再制订规则。关于互联网电子商务的世界性的第一标准：1999 年 12 月 14 日，在美国加州旧金山的 St.Francis 饭店，公布了世界上第一个 Internet 商务标准（The Standard for Internet Commerce，Version 1.0 – 1999）。这一标准是由 301 位世界著名的 Internet 和 IT 业巨头、相关记者、民间团体、学者等经过半年时间，对 7 项 47 款标准进行了两轮投票后才最终确定下来的。虽然这也还只是 1.0 版，但它已经在相当程度上规范了利用 Internet 从事零售业的网上商店需要遵从的标准。

制订这个 Internet 标准的目的有五个：

（1）增加消费者在 Internet 上进行交易的信心和满意程度；

（2）建立消费者和销售商之间的信赖关系；

（3）帮助销售商获得世界级的客户服务经验，加快发展步伐并降低成本；

（4）支持和增强 Internet 商务的自我调节能力；

（5）帮助销售商和消费者理解并处理迅猛增长的各种准则和符号。

显然，这一标准既可以被销售商用于其 Internet 商务，并且向所有消费者和合作伙伴宣称自己符合这一标准；也可以被消费者用来检验销售商是否可以提供高质量的服务。同时，也可以指导如 IT 供应商、网站开发商、系统集成商等从事相关的业务。[78]

笔者为什么不吝纸墨地引用这个最早的互联网电子商务的标准呢？因为，经过近 20 年的实践，以互联网为平台的电子商务不论是规则还是方法均已经非常成熟，近 20 年的电子商务发展过程中形成的商业模式和规则，一方面改变了传统消费者的购物行为，另一方面也培养了（甚至说是"养成了"）目前以"80 后""90后"为主的购物大军的消费习惯。

国际知名市场研究公司华通明略（Millward Brown）与百度公司在 2015 年出版《数字时代消费者决策路径及数字营销触点管理白皮书》，通过定性研究、大数据研究和市场调研等手段，重新审视消费者在互联网时代的决策路径，基于此重新梳理营销触点并运用这些营销触点来建设品牌。这个白皮书得出的调研结果对于我们了解在大数据时代消费者的购买习惯，进而研究营销渠道的变革原因很有裨益。

表 8-2　白皮书认为，数字时代的变革：媒体去中心化

传统媒体时代：媒体中心化	数字时代：媒体去中心化
• 单向传播 　大媒体和大品牌控制整体沟通	• 受众赋权 　社交媒体和工具让人人都是媒体
• 被动接受 　消费者接受传播后，在大脑中记忆， 　并带到决策场所	• 主动搜索 　消费者不再记忆复杂信息，只需知道 　如何找到信息
• 信息相对缺乏 　详细信息是稀缺的，获得成本较高	• 信息过载 　信息过度丰富，选择困难
• 内脑决策 　消费者依赖自己大脑中储存的有限 　的知识和印象做出决策	• 与外脑共同决策 　和互联网的无限信息联结，做出更合理 　的决策

白皮书以消费者购买护肤品为例，分析了在数字时代下消费者的决策五阶段：

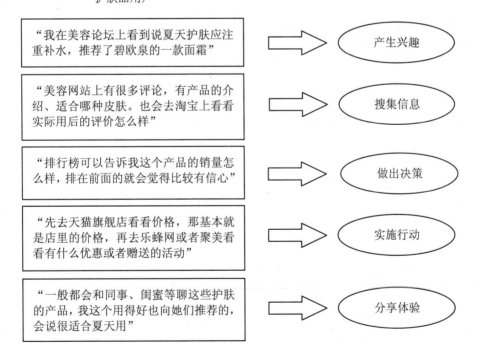

图 8-3　典型的护肤品用户在数字时代的决策过程

事实上，这个消费者的购买决策流程在电子商务发达的今天非常具有典型性，消费者购买产品（当然不只是护肤品）基本上遵循这样的流程。所以我们经常听到有人说，企业的实体终端店面日子越来越不好过了，因为店面成了消费者的"试衣间""体验间"，很多消费者只是在实体终端店现场了解实物后，继续在网上精心做大量功课，在满意的电商店铺下单购买，然后等待在家中（或单位）快乐签下所订产品，线下终端实体店完全"为他人作嫁衣裳"。

白皮书还发现，消费者购买产品的决策路径也明显发生了变革，表现如下。

变革一：决策路径由单向递进演变为非线性链式。

借助移动互联网，消费者决策可以轻易从一个阶段进入下一个阶段，或者间隔跳跃到其他阶段。例如，当消费者产生兴趣时会直接主动查询信息，之后马上进入产品比较、买单的流程，无须等待。

变革二：信息成为决策的枢纽。

互联网让消费者有能力去主动查询各类信息，让信息成为各个阶段中的重要一环。移动互联网的出现，打破了时间和地域的界限，在任何时候、任何地点，可查询需要的各类信息。

变革三：消费者决策难度空前加大。

消费者选择范围之广、信息获取之多、横向比较之泛，使得消费者举棋不定，迫切需要有人为消费者提供公正、专业的信息，并给出符合决策逻辑的决策引导。

在传统的营销渠道中，消费者不是居于中心的地位。从产品流转的角度讲，是线性传递的，中间层级多，信息层层衰减，消费者处于末端的弱势地位，得到的信息不是稀少就是片面的。上文提到了第一次真正意义上的渠道变革——超市卖场大行其道时，虽然这个线性传递一定程度上提高了消费者的地位，渠道层级也趋于扁平化，但本质上还是点对点的，线性的性质没有变化。然而，在电子商务的渠道体系下，这种迎销渠道成为网状格局，而消费者就是这个网的中心。

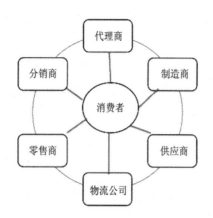

图 8-4 电子商务渠道体系

在这个网状格局中，渠道成员都以消费者为中心，实现"数据化、扁平化、信息共享、协同网络"。

中国营销渠道发生变革的驱动因素，除上述消费者消费行为的变化而导致变革之外，另外一方面是渠道成员自身原因所决定的。国内的渠道成员与欧美国家渠道成员的盈利模式相比，还存在比较大的差异。如国外的产品总经销商体量比较巨大，管控能力较强，其自身分销商或终端门店相对稳定，不论是市场区域还是数量规模都有着比较大的控制力；国外的连锁超市或连锁性百货公司通过自采货源、优选货源、自主市场推广等手段获取产品的销售利润或者批发毛利，渠道成员各自的作用比较清晰。这也可能说明了在欧美市场为什么电子商务虽然在整个市场销售比例有所提高，但仍不是很高，或者说电商还只是传统渠道销售的一个补充（当然，欧美发达国家的电商发展不如中国发展迅速还有其他原因，例如国内的成规模的零售终端不如欧美国家人均比例高，国外的劳动力人工成本相对较高，而导致配合电商的物流体系与中国相比投入巨大等）。

而中国的渠道成员的盈利模式则是"颇有中国特色"的。百货商场采取与企业或经销商联营的形式，靠收取联营扣点、场地租金等形式，百货商场得到的回报会占据产品销售回款的30%到45%，甚至更高。虽然基本不参与所销售的产品管理，然而，每年度多种的店面费用、推广费用、产品损耗、销售返利等则是百货商场的另外一块利润来源。然而巨大的费用让企业叫苦不迭，所谓"羊毛出在羊身上"，企业不断提高产品销售价格，导致消费者望而却步，逼迫消费者转移至电商渠道，甚至去境外大量"买买买"。所以说，这种渠道并没有减少流转成本、降低费用，反而导致恶性循环，最终失去的是消费者的信心和忠诚度，企业和百货商场是"双负"的结果。

第一次渠道变革以来，超市卖场特别是知名连锁超市在营销渠道属于强势成员。他们的盈利模式主要来源于两个方面，一是产品进价与实际销售价格之间的差价毛利；一是收入不菲的名目繁多的各种费用，如进场费、条码费、促销费、货架使用费等。据统计，这些费用收入在某些强势连锁超市的收入中可以占到70%以上。这些名目繁多的费用，令企业和供应商瞠目结舌，导致企业和超市不断发生所谓的商战，企业要求（被要求）产品退场和罢场的现象此起彼伏。

近十几年房地产价格的快速上涨，特别是商业地产价格近乎疯狂的上涨加剧了这种恶性循环。上述这些"中国特色"的渠道现状形成的所谓商业盈利模式，首先是不合理的，更重要的是难以为继，企业与渠道成员的合作如果不是平等的、相互支持的，这种合作是不会持久的。

对于企业和经销商来讲，电子商务的出现为他们带来了曙光，突破并变革现有渠道体系成为他们的主动之选，而过去那些强势的百货商场和超市卖场虽然心中有一万个抵触的理由，然而 "大道汤汤，顺之者昌，逆之者亡"，他们也不得不迎接这场渠道变革。

制造企业和渠道成员在新的渠道变革中，需要积极拥抱互联网电商平台，引进大数据技术以挖掘可贵的数据资源。除了重视挖掘外部社会化数据的同时，更应该重视自身内部大量"冷数据"的激活，如针对会员信息、销售信息，深入挖掘和分析数据资源，全线打通内部数据，识别用户的行为、价值和需求，实现精准营销。在用户数据管理与用户需求分析的基础上，策划、开发和提供蕴含用户实质需求的差异化产品、业务或迎销方案，开展有针对性的迎销活动。

全球领先管理咨询公司贝恩公司（Bain & Company）长期关注中国的消费者市场，每年都发布中国市场研究报告。以快速消费品调查研究为例，中国快速消费品市场的整体增速持续放缓，从 2011—2012 年的 12%左右一直下降至 2015 年第一季度的 4.4%。报告还显示，中国快速消费品市场的增长放缓程度在各个销售渠道有所不同，随着客流量的减少，大卖场的销售增长率骤减一半，从 2013 年的 7.9%下降至 2014 年的 3.7%。与此同时，中小超市和便利店等小型业态的客流量则相对稳定。

电商渠道仍继续在中国快速消费品市场保持强势，中国也已经成为全球最大的在线零售市场。在 2014 年，电商销售额占快速消费品行业总销售额比例达 34%。同时，中国消费者正快速向移动电商跃进，整体上表现为超市系统的影响力趋于下降，众多的消费者开始转向电子商务渠道。2014 年中国线上零售的渗透率创历史新高，达 11%，总价值约为 2.9 万亿元。预计到 2020 年，渗透率将会进一步增长至 22%，总价值将达到 10 万亿元，B2C、移动电商和跨境电商将是未来增长的主要推动力。

经研究发现，中国的电商市场与西方国家截然不同。西方传统品牌从第一天起就在电商领域扮演支配性角色，而中国电商的发展初期则是以 C2C（消费者对消费者）模式为主导的，消费者更加关注价格，产品也大多数是小商品和无品牌产品。在过去的几年中，贝恩公司观察到"品牌互联网化"的转变趋势，即消费者追求优质品牌和产品的意识逐步增强。2014 年，阿里巴巴平台上的线上品牌产品的份额达到 65%，在过去 3 年提升了 7 个百分点，对应了 1 万亿元人民币的新增品牌销售额，相当于中国零售市场总额的 4%。

"电子商务在中国曾经鱼龙混杂，众多线下大品牌固守实体渠道，迟迟不愿加入电商行列，"贝恩公司全球合伙人、大中华区零售和消费品业务领导兼本报告作者丁杰先生说，"而如今，中国的电子商务已然发展成了一个品牌化、品质化的公平竞争舞台，一方面支持品牌在平台上发现和满足分散在各地、形态各异的细分市场需求；另一方面大大降低了物流和交易的复杂性，使品牌能将触角涉及包括三四线城市在内的全国大市场。""品牌互联网化"意味着品牌产品可以通过互联网全面打通与消费者在研发、销售、市场推广及服务等所有环节的直接触点，形成"品消合一，渠道共创"的全新局面，这正是未来品牌制胜的关键所在。

大数据时代的迎销观念，就是强调制造企业与渠道成员抛弃过去各自为政、保证各自利益而画地为牢的传统落后的思维和模式，形成"渠道共创"的"迎客"局面。例如，东风日产汽车就在渠道变革方面积极进行了实践。

案例：东风日产汽车面对渠道变革

作为中国合资车企的改革先锋，东风日产的一举一动都备受关注。在广州车展上，人们对东风日产的关注，也从新车转移到了渠道变革。其中，东风日产数据服务有限公司的成立，就令人生出了很多遐想。东风日产副总经理任勇表示，东风日产将拥抱年轻化，建立O2O（线上到线下）平台，在大数据时代为消费者提供更便捷的服务。

任勇说："无论是移动端还是PC端，年轻人大量的时间都耗费在这两个方面。对于买车、享受汽车生活以及整个用车过程的服务，他们都希望以更有效率的方式跟4S店建立联系。所以，我们需要打造一个数据平台，让年轻人在时间、空间上不受局限。"

未来，东风日产将与所有的互联网公司建立分享平台，与所有专营店建立联盟。任勇认为，建立O2O平台后，东风日产对消费者的了解会更加深入，可以在未来根据消费者的需求向着电子化、科技化与专属服务化方向发展。"东风日产没有像其他车企一样以一批批的方式生产，每一辆车型都是一个订单，所以我们有这样的能力，通过对消费者的理解，一对一地向消费者提供服务。另外，有这样的平台我们还可以做很多事情，空间是无限的。"

在"双十一"期间，东风日产的4S店就是24小时对应网络的。任勇说："我们需要通过电商平台与消费者沟通，让意向客户与专卖店建立起一个好的对应，这样专卖店就可以实现线上线下的无缝连接，让消费者在汽车购买、服务、问题解答方面更便捷，更有效率。"

　　由于电商的产生，经销商的布局是否也会发生变动？任勇表示，线上与线下是无法对立的，如果对立了，实体店就会觉得生意被分流而不配合，导致线上的交易不能顺利进行到最后。但如果仅仅凭借实体店的方式，消费过程又会很复杂，没有效率，不能实现时间与空间上的不受限制。"我们必须打通线上与线下，东风日产建立的这个平台是分享平台，实体店在这里也有席位。比如北京的消费者进入这个平台后，他所产生的信息会被反馈给北京距离这个消费者最近的 4S 店，继而进行下一步的沟通，以及随后的线下体验等。"

　　在任勇看来，汽车电商仍是无法取代 4S 店的。比如东风日产目前有 800 家店，未来愿景是 2018 年达到 200 万辆销售规模。这意味着，4S 店还要增加 50%。随着电商模式的展开，随着消费形态的变化，东风日产可以更有效率地去实现目标。"4S 店和医院的作用是一样的。人可以远程诊断，但很少有人会相信这样的诊断结果，还是会去医院。如果车出了问题，除非自己就是行家，否则还是要去 4S 店。也就是说，如果远程医院可以代替实体医院，汽车电商就能代替 4S 店。如果代替不了，4S 店的未来发展就要考虑模式的转变和调整，即 4S 店需要主动拥抱互联网。"

　　东风日产建立这样一个 O2O 平台，是为了让 4S 店与东风日产一起进行信息收集、大数据加工等，以及通过各大联盟获取更多的流量，帮助经销商参与这个新的模式，使经销商主动而非被动地对待这样的发展。

　　任勇表示，东风日产正在向"年轻化"的方向推进。所谓年轻化，首先是内心的年轻，让广大消费者都具备年轻的心态，这是一个大趋势。在这样的趋势下，日产、启辰和英菲尼迪 3 个品牌都要更有激情，更有活力，更加扣紧时代脉搏，去做一个引领的角色。从这个角度来说，3 个品牌都要从"骨子里"年轻化，实际上也是一种自信、实力和"范儿"。

　　根据年轻人的消费方式和体验过程，东风日产在商品上去满足年轻人时，会具体到每一个车型为"谁"打造。比如玛驰是为年轻女性推出的车型，R30 则更加注重实用。"每个车型会有不同的体现方法，比如同样是年轻化的蓝鸟，它是一个先锋、一个潮流的引领者，它很在乎驾乘者的感受，而这个年轻和我们在轩逸上所体现的年轻又不一样。"

在任勇看来，怎么去把握年轻的消费者，怎么把激情和活力等元素融入车型中去，是东风日产当下的任务。[79]

东风日产案例从另一个角度也指明了经销商在互联网大数据时代的转型方向。从迎销实践来看，中国的经销商在电子商务大潮的冲击下，其在渠道中的地位、市场影响力、销售份额等都在减弱和减少。以长期的观点看，传统性质的中国经销商如果不实现转型、迎接挑战，就会慢慢失去在渠道中的地位，甚至大部分要消亡，这绝对不是危言耸听。然而有挑战就会有机会，中国的经销商如果利用自身的特点和某些优势，抓住机会，会实现成功的渠道转型。因为中国很多有实力的区域经销商也有许多优势，这些优势是长期形成的，也是制造企业或者连锁超市和百货公司不具备的。譬如，一是地域优势。很多经销商长期居于某区域市场，在该区域有着一定的市场影响力，与很多更小层级的批发商和终端店面有着密切的商务关系，这些小层级的批发商和终端店面由于资金实力、仓储能力、人员水平等方面的限制，不愿意甚至不可能到制造企业那里经销产品，而这些区域经销商可以起到中间商的作用，制造企业也乐意和区域经销商建立联系，特别是那些没有自己的商业触角或者不经济的区域市场。二是区域经销商的市场运营能力。经过长期的产品经营（很多是多品牌经营），有一定实力的区域经销商有市场实体店、仓库、产品配送能力、营销人员，利用这些能力和触角可以比较迅速地将经销的产品推广至消费者。三是很多区域经销商如电器、汽车、建材、家装产品等经销商，具备一定的技术保障能力，自身或者有技术人员为经销的产品提供售前、售中、售后服务。其中有很多销售困难，企业单纯依赖电商渠道第一不现实，第二更加不经济。

区域经销商的这些优势，本质上体现了渠道成员的不同作用，互联网大数据时代更是突出了这些作用，鞭策各个渠道成员发挥不同的优势。理论和实战上，区域经销商可以在以下几个方面发挥自身独特的作用。

　　首先，某些经销商可以成为特定区域的产品物流配送中心。对于很多制造企业来讲，由于管理半径的原因以及距离遥远、直供成本、配送时间、资金规模和收款风险等多种因素，绝大多数厂家无法满足很多小层级的批发商和终端店面的需要，区域经销商的优势就可以发挥了。

　　其次，尽管在互联网时代，有些制造企业建立了直营渠道，有的利用电子商务渠道销售产品，也有很多企业通过京东、天猫等电商平台销售产品，但是，很多类型的产品如电器、汽车、IT 产品等，售后、保修、维修等大量工作，有些地区制造企业可能还可以应付，但是在市场巨大的中国，特别是二三线市场、欠发达地区，制造企业将售后服务委托给当地的经销商或第三方应该是首选。对于经销商来讲，这些售后服务的利润还是可观的。

　　再次，利用自身的经验和网络，一些经销商转型成为品牌商。创建自有品牌或者收购品牌，利用自身的渠道优势，开发市场满足消费者需求，也不失为渠道变革之道。实际上，这样的经销商转型成功的案例很多，如养生堂、金六福、神州数码等著名品牌的企业都是从经销商转型而来的。

　　所以说，经销商面临新时代的渠道变革挑战，关键还是要发挥自身的优势，结合制造企业的产品优势和品牌优势。如科特勒教授所总结的：这个时代下，"渠道管理应当从寻找合适的渠道合作伙伴开始，正确的合作伙伴应当是那些和企业具有相似目的、特征和价值体系的实体。拥有兼容性价值观的合作伙伴可以更好地向消费者传递品牌故事"[80]。

　　渠道发生变革，每一个渠道成员都要受到冲击，主动进行调整才能提高自身的地位并取得新的发展机遇。过去在渠道中占据优势地位的连锁百货商场和超市卖场在这场大潮中必须调整，变被动为主动方为上策。上面案例提到的大润发超市于 2013 年 6 月投资成立了飞牛网电子商务网站，于 2014 年 1 月 16 日正式对外营业，言称依托大润发采购供应链优势，飞牛网与大润发线上线下一体化打通，推出包括生鲜品、日用品、快消品、母婴品、大小家电、3C 数码以及服饰鞋帽等17 个大类商品，向顾客提供国内互联网最有价格竞争力、最具品质保障的商品。

百货商场，进入新时代以来，可以说受到了多方面的市场冲击。第一，随着电子商务的全面发展，商场内部人流大幅减少，有时候甚至出现店员比顾客还多的现象。受销售不理想以及费用加大的影响，很多企业开始撤出商场渠道转而自营或者进军电商，一些国际性大品牌属于"客大欺店"型，很难从它们头上赚取费用。第二，商业地产的价格增长明显，各种其他的商务成本也持续升高，很多百货商场入不敷出。第三，消费者购物习惯的变化，特别是"80后""90后"消费人群慢慢成为消费主力以来，人们的生活节奏越来越快，去百货商场买产品的人已属小众人群，人们更愿意或者更信赖电子商务和专业品牌店，百货商场的日子举步维艰。因此，转型升级成为这几年百货商场的主流。知名的王府井百货集团创立于1955年，1996年起开始在全国范围内推进百货业连锁规模发展。截至2014年底，已在全国28个城市开业运营47家大型百货商场。王府井在渠道升级方面采取了多方面的策略。

1. 关闭亏损门店

针对亏损的分店，王府井选择其中一部分采取了退租整顿和关店相结合的方式，将其中的亏损大户进行关闭，如将福建福州店、辽宁抚顺店关闭；同时对一些亏损相对较少的门店进行调整，如对河南郑州店采取部分退租的方式，并调整商品结构，引入功能区来逐渐控制门店的亏损。

2. 剥离超市，整顿现有综合百货业态

超市作为百货业态的一部分，能够为消费者提供相对完善的购物体验。目前市场上的超市受到互联网电商的冲击，运营普遍接近饱和状态。因此，王府井逐渐将超市从王府井百货业态中剥离出来，将商业中心放到综合百货业态的建设上来，将超市作为消费者的百货购物的补充。

3. 促进线上线下融合

在2007年之初，王府井开始涉足网上商城，将线上业务作为实体店服务的延伸以及零售渠道的补充。2013年1月12日，王府井网上商城上线，商品经营模式为自采+线下商品自营+联营。2014年5月，王府井百货推出PAD移动销售助手，逐步实现百货卖场的数字化，打通线上与线下不同店面之间的库存，进行商品和会员的统一管理。2014 年 12 月，王府井百货宣布与腾讯、零售解决方案提供商"扫货邦"合作，共同推出互联网金融类会员卡"王府 UKA"。至此，王府井的全渠道的线上与线下的融合正式建立。

4. 搭建王府井大数据平台

2014 年 10 月，与百分点大数据技术公司合作建立"王府井大数据平台"，用来分析商品、用户和业务数据，以打通用户和后端运营的关系，构建用户画像，分析商品的全渠道经营状况，尝试打通与用户的接触点。比如通过 PC 和移动端的线上网站、线下门店的 WIFI 定位数据以及呼叫中心等，在与用户接触的地方进行数据的打通。但是需要通过技术能力来识别会员的身份，比如识别出某个用户拨进电话、来到线下门店，以及访问网上商城。在移动支付方面，王府井还与阿里巴巴和腾讯进行合作，通过接入支付宝和微信支付，改造传统的收银台。同时还进行了社会化营销方面的尝试，比如建立微信服务号，采集和分析用户数据，进行营销推送等。

5. 与零售终端商合作探索自有品牌

零售百货公司传统的招商方式是引进品牌进入商场经营，王府井为了改善由简单的引进品牌可能会引起的经营困局，而采用与其他零售终端企业合作的方式，积极建立自有品牌。2015 年王府井与百联、利丰合作成立合资公司，合作内容为通过合资公司来经营自有品牌，包括品牌建立过程中的设计加工环节。合资公司成立后，王府井、百联、利丰分别占新的合资公司 20%、40%、40%的股权。[81]

与国美电器不同，连锁超市最著名的渠道变革的案例就是苏宁电器转型成为"苏宁易购"。

案例：苏宁互联网转型

从 2009 年起，苏宁开始由一家传统零售商向互联网零售企业转型。在此期间，苏宁业绩受挫，一度出现亏损，外界也颇多质疑。而根据苏宁最新公布的 2014 年年报，其营业总收入达 1091.16 亿元，同比增长 3.63%；净利润达 8.61 亿元，同比增长 131.53%。全国政协委员、苏宁控股集团董事长张近东在北京接受媒体采访时宣布，苏宁互联网零售转型的模式已经成熟，不过，苏宁转型成功并非"duang"的一下就冒出来的，而是多年来坚持的结果。

在线下门店最火时开始搞互联网零售

五年前转型伊始，张近东就曾表示苏宁要做中国的"沃尔玛+亚马逊"。在谈及当年的这个目标时，张近东表示，通过互联网转型，苏宁不仅要做中国的沃尔玛和亚马逊，现在的目标是要超越它们，而且很有信心。

2009 年，苏宁超越竞争对手成为全国家电连锁的老大。当年张近东提出苏宁要从传统的家电零售商向互联网企业转型，2011 年，"苏宁易购"上线，而彼时苏宁的线下门店处于发展最为迅猛的阶段，常常一天之内在全国同时开出十多家店面。不过张近东认为，当时苏宁已经清醒地认识到互联网的趋势不可阻挡，于是放着好日子不过，"我们决心突破自我，甚至不惜艰辛在互联网零售之路上蹒跚起步"。外界曾把苏宁转型的决定比作"壮士断腕"，张近东笑言："虽然我们的转型过程远没有那么悲壮，但是我们的确有着壮士断腕的决心。回首过去，道路上荆棘遍地，但正是因为那时的决定，我们赢得了转型的时间，赢得了战略回旋的空间。"

"用这次两会很火的说法就是，苏宁对互联网转型是很'任性'的，"张近东说，"我曾将苏宁的转型比作建大楼，打地基、打框架时的毛坯房看上去可能很粗糙，但一旦精装修好了，就一定会赏心悦目。"

张近东说，趋势取代优势是任何一个企业都逃脱不了的宿命，企业不怕选择艰难的道路，就怕迷失正确的方向。五年的时间，为了坚守一个正确的方向，为了适应未来的趋势，苏宁一边默默耕耘、苦练内功，一边承受着销售徘徊、利润下降、用户吐槽、舆论诟病、投资者疑惑等外部诸多压力。"如今我们终于度过这一艰难历程，我想对所有创新转型中的企业讲，过程中的失败不可怕，真正可怕的是失败后的放弃。"张近东说。

将不再分线上线下，以互联网思维全面推进

　　对于转型之后的发展，张近东打了个比方，他说 2014 年对于苏宁来说是"弯道超越"，2015 年就算进入直道，要踩油门加速了。张近东透露，"苏宁易购"在云计算、大数据、O2O、开放平台等应用技术上越来越成熟，物流、客服体验越来越好，商品与运营、终端与后台的融合越来越顺畅。这意味着苏宁自转型以来进行的前台线上、线下融合，后台物流、资金流、信息流的互联网化，以及适应互联网快速创新的组织架构调整和管理变革都已经脱胎换骨，传统零售的苏宁已经转型成为全新的互联网苏宁。张近东表示，苏宁将不再分线上、线下，将以创新开放的互联网思维全面推进。

　　根据苏宁官方发布的信息，2015 年其将在一、二级城市市场，利用互联网技术，部署 50 个拥有更好 O2O 体验的"云店"，同时继续改造超级店与生活广场，深度挖掘全品类经营优势。而面向三、四级市场，苏宁计划新开 1500 个苏宁易购服务站，响应国家鼓励电商下乡、加速现代化农业流通体系建设的政策号召。

　　张近东表示，中国经济正处于全面深化体制改革、深层释放制度红利的新的历史阶段，互联网正从早期 PC 互联进入移动互联，电子商务和实体连锁两者之间从水火不容的替代性竞争，进入到 O2O 深度融合发展的阶段。[82]

第九章　迎销管理重点与迎销新观念

按照经典理论的解释，企业管理（Business Management）是对企业的生产经营活动进行计划、组织、指挥、协调和控制等一系列职能的总称。企业管理内容大致包含战略管理、营销管理、生产管理、成本管理、财务管理、人力资源管理等内容。这些企业管理的每项内容都非常重要，任何一个方面出现问题，都可能给企业造成损失，因为这关系到企业能否健康发展与成长。然而，笔者长期的实战经验告诉我们，企业管理中的重中之重，是企业的营销管理（Marketing Management）。因为，企业存在和发展的前提是实现企业的利润目标，而实现企业利润目标，就要实现企业产品与服务得到社会和消费者的认可及购买。然而，没有良好的、正确的、有效的营销管理是难以实现企业利润目标的。企业管理的其他管理内容就是要围绕营销管理的目标来制订和落实的，不然的话，企业就会难以生存或者效益下降、亏损严重，最终会关门倒闭。我们在企业管理实战中，看到了太多失败的企业，营销管理出现偏差，企业就会经常出现这样的问题：理论上正确但不能落地执行的企业战略与策略、无视市场需求和变化的生产乱象、重视"节流"而忽略"开源"的财务管理制度、缺乏有效绩效管理而陷入人浮于事的人力资源管理等。可以这么说，任何时候企业的营销管理做得不好，效益就不好，成功的企业一定是营销管理成功的企业，所以有很多企业明确营销管理是企业的核心，企业的一切行为均要以市场和消费者为中心。

关于营销管理，菲利普·科特勒教授 20 年前就强调，"我相信，市场营销是最为重要，也是最难以掌握的商业级社会性功能之一。市场营销的目的正是为了提高商品、运输和服务的质量，特别有意义的更在于帮助一个国家提高人民的生活水平，改善生活质量"。"市场营销已经渗透到面对买方市场为吸引消费者的关注、偏好及购买而进行激烈竞争的所有组织机构当中。"[83]

在 2012 年出版的第 14 版《营销管理》一书中，科特勒教授更加强调了营销管理的重要性："在 21 世纪的最初十年里，企业面临着严峻的挑战。如何在残酷的经济环境下求得生存并实现较好的财务业绩，是企业必须面对的重要问题。在应对上述挑战的过程中，市场营销扮演着十分重要的角色。如果没有足够的产品需求或者服务需求来产生利润的话，那么财务、金融、运营、会计和其他业务功能都将变得虚无缥缈。""一般而言，财务方面的成功往往取决于营销能力的大小。"[84]

美国市场营销协会定义市场营销管理是创造、传播、交付和交换那些对顾客、客户、合作伙伴和社会有价值的市场供应物的活动、制度和过程。科特勒教授认为，"从事如上所述的交换活动，往往需要完成很多工作和具有相应的技能。当一方面考虑通过各种方式促使另一方做出预期的反应（如购买）时，就产生了营销管理。因此，我们可以把营销管理看成是艺术和科学的结合——选择目标市场，并通过创造、交付和传播优质的顾客价值来获取顾客、挽留顾客和提升顾客的科学与艺术"。关于营销什么，科特勒认为，"一般认为，营销人员主要经营以下十大类产品：有形的商品、服务、事件、体验、人员、场所、产权、组织、信息和创意"[85]。

菲利普·科特勒教授被全世界的营销界公认为市场营销的教父级人物，他写的关于市场营销方面的著作被认为是市场营销从业人员和研究人员的必读"圣经"。仔细研究科特勒关于市场营销的系列著作，至少得出以下结论。

（1）营销管理是企业管理中最重要的管理内容。

（2）营销管理是科学与艺术的结合。

（3）营销管理与社会经济发展水平密切相关，而社会观念、经济发展水平、科学技术发展、人文主义发展等都会影响市场营销和营销管理的内涵、观念、方法、技术以及执行效果。

一、迎销管理的重点——全面满足消费者体验（用户体验）

迎销管理最重要的理念就是一切都以消费者为核心，企业的一切活动都要真正围绕着如何全面满足消费者的需要和需求展开，企业在这点上没有其他选项。这里强调要"全面满足"消费者体验，而不是迎销的某一部分、企业某一部门、经营过程的某一时段。全面满足就是要求企业从产品（包含服务）研发定型开始，在产品设计、产品包装、品牌形象、产品介绍、物流配送、渠道选择、线下终端形象、线下终端服务、线上网店设计、产品介绍语言、用户交流互动等方面，都要极力满足消费者的体验，企业的各个部门也都要围绕这个核心开展工作。

所谓体验（Experiences）就是人们响应某些刺激（例如，由企业营销活动为消费者在其购买前与购买后所提供的一些刺激）的个别事件。体验通常是由于对事件的直接观察或是参与造成的，不论事件是真实的，还是虚拟的。体验会涉及顾客的感官、情感、情绪等感性因素，也会包括知识、智力、思考等理性因素，同时也可能包括身体参与的一些具体活动。体验的基本事实会清楚地反射于语言中，例如描述体验的动词：喜欢、赞赏、讨厌、憎恨等；形容词：可爱的、诱人的、刺激的、酷毙的等。根据心理语言学家的研究，类似这些与体验相关的词汇在人类的各种语言（如汉语、英语、德语、日语等）中都是存在的。

ISO 9241-210标准将用户体验定义为"人们对于针对使用或期望使用的产品、系统或者服务的认知印象和回应"。通俗来讲，就是"这个东西好不好用，用起来方不方便"。因此，用户体验是主观的，且其注重实际应用时所产生的效果。

ISO（国际标准化组织）定义的补充说明有着如下解释：用户体验，即用户在使用一个产品或系统之前、使用期间和使用之后的全部感受，包括情感、信仰、喜好、认知印象、生理和心理反应、行为和成就等各个方面。该说明还列出了三个影响用户体验的因素，即系统、用户和使用环境。[86]

在互联网条件下，"互联网所形成的网络有很多可以让商家直接与消费者对接的体验接触点。这种对接主要体现在：浏览体验、感官体验、交互体验、信任体验。通过上述这些体验活动给了消费者充分的想象空间，最大限度地提升了用户参与和分享的兴趣，提高了消费者对品牌的认同"。消费者体验的特征是："顾客参与、体验需求、个性特征、体验'主题'、注重顾客在消费过程中的体验。"

"越来越多的企业已经开始意识到，提供优质的用户体验，是一个重要的、可持续的竞争优势——不仅仅对网站是这样，对所有类型的产品和服务也是如此。用户体验形成了客户对企业的整体印象，界定了企业和竞争对手的差异，并且决定了客户是否还会再次光顾。"[87]

为什么迎销管理将"消费者体验"列为重点呢？因为满足消费者体验是迎销中"迎合、逢迎"消费者的具体体现。

进入 21 世纪以来，中国消费者在消费观、消费方式、消费心理等方面发生着改变，特别是进入互联网时代以来，在很多方面发生了本质的改变。世界著名的麦肯锡公司自 2005 年起就开始对中国消费者群体进行深入的调研，在 2016 年发表了《加速前行：中国消费者的现代化之路》的研究报告。这个报告据说访谈了中国 44 座城市的 10000 名消费者，这些城市占到中国 GDP 的 75% 以及总人口的一半，调查涉及 300 多个品牌商、100 多种产品，包括巧克力、碳酸软饮料、运动鞋、护肤品、手提电脑、智能手机等。与受访者进行了 60 分钟面对面的访谈，以全面掌握中国消费者对支出、产品升级、渠道偏好以及多渠道购物的态度和行为，并从消费意愿、消费形态、消费方式和消费地点四个方面剖析中国消费者向现代化升级。所以，该报告非常具有代表性。

报告认为，"虽然近年来整体经济不容乐观，中国消费者的信心在过去几年保持了令人吃惊的强大韧性。在居民收入持续增加、失业率稳定在较低水平的支撑下，中国消费者对未来依然乐观。与此同时，某些重大变化也正在浮出水面。随着消费者越来越成熟，越来越挑剔，普遍性的市场增长时代逐渐走向尽头。消费形态正从购买产品到购买服务，从大众产品到高端商品转变。另外，消费者开始寻求更为均衡的生活方式——健康、家庭和体验。简而言之，我们的研究显示，对消费品公司来说，赢取中国市场将更为艰巨，然而一旦胜出，经济回报将是相当可观的"。调查显示，中国消费者从购买产品到购买服务的趋势愈发明显，而服务给消费者更加直接的体验感受。

从购买产品转向购买服务

收入提高后首先增加支出的前3大品类
百分比

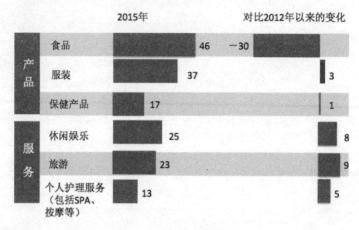

图 9-1 购买趋势分析

资料来源：麦肯锡 2016 年中国消费者调查报告。

分析报告可知，品牌商要想获得成功，必须理解并且驾驭好四大关键趋势。

趋势 1：品牌忠诚度提高。

越来越多的中国消费者开始只关注少数几个品牌，其中一些人则进一步锁定某一个品牌。中国消费者并不很愿意在自己关注的品牌之外购买其他品牌。例如在服饰品类，愿意选择非备选品牌的消费者比例已经从 2011 年的约 40% 降至 2015 年的不足 30%。

趋势 2：追求健康生活。

中国消费者逐渐发现，收入的增长和生活水平的提高反而可能会影响生活品质。42%的消费者称越来越难以享受生活，45%的消费者认为未来的压力将更大。这反映在注重健康饮食、定期体检和保健，以及从事运动健身方面。过去 5~10 年的多起食品安全丑闻，提高了中国消费者对食品安全的重视度——72%的消费者坦承担心吃的东西对健康不利，而在 2012 年为 60%。

趋势 3：以家庭为重。

对越来越多的中国人来说，拥有幸福的家庭是人生成功的基石。近年来，在追求社会地位和财富的同时，人们对家庭也越来越重视。这一趋势为消费品行业带来了深远的影响。尽管电子商务风生水起，"购物休闲体验（Retailtainment）"却越来越吸引着人们。2/3 的消费者表示，逛街、吃饭、购物是与家人共度时光的最好方式，与三年前相比上升了 21%。

趋势 4：体验/出境旅游。

2015 年中国出境旅游者超过 7000 万人，平均每人 1.5 次。购物是中国消费者境外游的"保留节目"：80%的消费者在海外购物，将近 30%的人甚至根据购物机会来决定旅游目的地。

报告显示，中国消费者接纳新风尚的意愿之强、速度之快，反过来又扩大了新趋势的影响力。中国消费者对新产品、新服务和新的零售体验的接纳速度远超发达国家消费者。例如，移动支付渗透率从 2011 年由零起步，迅速增长到 2015 年的 25%。

报告最后的重点在于提示我们，日渐成熟的中国消费者正在加速现代化。不加选择、随意性的消费初级阶段已远去，开始了向高端产品消费升级，并且越来越重视均衡、健康和以家庭为中心的生活方式。无论是跨国公司还是本土企业，透彻理解和积极应对中国消费者的变化是制胜的不二法门。回首过去 15~20 年，拼规模、争速度和单一化曾经一度是竞争优势。如今消费格局正在被改写，昔日的赢家将被淘汰，而新的领军者将不断涌现。

另外一个更加有趣的调查更加佐证了迎合消费者的体验（不论是在线下还是线上）可以有效地促进企业产品和服务的销量提升。来自 Entrepreneur 网站的调查显示，零售商用来"操控"客户的四种手段为气味、触感、颜色和音乐，有95%的顾客是"无意"中购买了产品，零售商们正是在"无意购买"这个灰色区域做了"手脚"。而影响购买的感官刺激中，视觉的影响度为93%，触觉为6%，听觉和嗅觉为1%。

以颜色（视觉）为例，商家可以利用颜色让你买东西。

A. 颜色能让消费者产生怎样的感觉?

蓝色代表天空：欢迎

绿色代表自然：纯天然

红色代表血腥：危险或紧急

黄色代表阳光：幸福、开心

B. 颜色能吸引怎样的顾客类型?

冲动的消费者：红色、橘色、黑色、宝蓝色

有预算的精明消费者：青色、浅蓝、粉色、海军蓝

冷静的消费者：浅蓝、粉色、玫瑰色

C. 各种颜色都代表什么味道?

红色：甜

绿色：酸

蓝色：苦

黄色：咸

D. 哪种颜色会让你在 eBay 上给出更高的竞价?

研究者在 eBay（易趣）上放了 28 个任天堂的 Wii 游戏机进行拍卖，结果显示，当拍卖页面是红色的时候，消费者的竞价就会更高，因为红色会让人亢奋，在竞价方面也会显得更激进。[88]

从本质上讲，迎销观念下的"迎合、逢迎"消费者的体验，关键目的是在以消费者为核心的原则下，建立起与消费者的密切关系，将自己的产品和品牌与消费者的产品和品牌认知联系起来。特别是在当今大数据时代，消费者可以从自身

的消费经历以及众多的朋友、亲属、网友那里得到海量的产品信息和品牌信息，企业必须解决好如何将自身的产品和品牌形象与消费者有意识或者无意识的消费需求和感受联系起来，不论是线上还是线下，不论是网店还是实体终端。例如提到体育，消费者意识中一定会出现运动、活力、健康、专业等概念。企业如果生产的是体育类型产品，那么从产品设计开始直到终端或电商店面的装修设计，甚至服务人员的衣着和服务语言就要体现出一面或多面的上述概念，尽可能让消费者体验到"你的苦心"，联想出你的品牌形象，继而产生共鸣，在激烈的产品和品牌竞争中突出自己，以实现销售。

另外，满足消费者的消费体验，实际上也是满足消费者的消费升级。社会经济的发展使产品早已告别了"供小于求"的阶段，消费者面对着市场上大量的产品，消费者真正成了上帝。消费者购买产品从满足功能需要，提升到了满足功能和心理需求的层次。市场上买 LV（路易·威登）、爱马仕等奢侈品牌产品的消费者，可能买的更多是身份认定与别人羡慕的眼光；很多人花费 100 多元人民币买一杯猫屎咖啡，说是品尝特殊的咖啡，不如说是体验新鲜"味道"的快感更真实；而在"90 后"的消费者中，更是买产品不是为了使用，而是追求"爽的感觉"。

坚持迎销观念的企业人员如何"迎合、逢迎"消费者，真正全面满足消费者的体验呢？

美国学者伯德·施密特将那些营销人员为了达到体验式营销目标所用来创造体验的工具称为体验媒介。作为体验式营销执行工具的体验媒介包括：沟通（Communications）、视觉与口头的识别（Visual and Verbal Identity）、产品呈现（Product Presence）、共同建立品牌（Co-branding）、空间环境（Spatial Environments）、电子媒体（Electronic Media）与网站（Web Sites）、人员（People）。中国学者严学军等人归纳为"体验营销八法"。

（1）在产品中附加体验。在保证产品的功能和质量良好的同时，要满足使用者视觉、触觉、审美的需求，使其在使用过程中体验到愉悦、美感、感官享受等，从而使产品"体验化"。

（2）用服务传递体验。在服务中增加体验成分，以突出个性化和差异化。

（3）用情感增加体验。企业在开展销售活动的时候，不仅要从理性的角度分析消费者的购物过程，更要考虑消费者的情感需要，寻找消费活动中导致消费者情感变化的因素，采用合适的方法契合消费者的情感，达成销售活动的目标。

（4）用氛围渲染体验。有意营造一种使人流连忘返、印象深刻的氛围，让消费者印象深刻，以后有需求时还会联想起来并再次光临，培养忠诚的消费者。

（5）通过广告传播体验。将广告作为传播体验的工具，有情感诉求的广告可以为产品的销售打下感性基础。

（6）借品牌凝聚体验。通过新颖、形象的创意思路，运用丰富多彩、生动有趣的执行手段来演绎品牌的风格，表达品牌主张，建立对消费者的理解和尊重，达到与消费者沟通的目的。

（7）以促销感受体验。在促销活动中，要注意营造一种氛围，制造一种环境，设计一种场景，完成一个过程，做出一项承诺，并积极引导消费者参与其中。

（8）在创新中设计体验。创新的体验设计成为企业最为关心的内容，设计的创新体验甚至高于要销售的产品和服务。[89]

我们处在互联网大数据时代，特别是"80后""90后"两代消费人群正在成为消费主力的时候，在上述八法之外，还要在以下方面注意消费者体验。

（1）满足消费者的全程体验。当今消费者的消费体验不只重视在消费中的体验，而且也愈加重视在消费前、消费时、消费后的体验。大数据时代的海量信息可以帮助消费者在计划购买产品前，从互联网上搜索到与计划购买的产品相关的"一切"信息。例如，某消费者计划购买一部 SUV 汽车，他可以在网络上搜寻多个品牌的 SUV 汽车，可以比较全面地了解各个品牌汽车的不同价格、不同性能、不同设计风格、过去用户的评价、专家的点评等。根据得到的信息，他已经有了一定程度的联想体验。当然他可以根据在网上得到的信息去多个汽车品牌 4S 店进行现场体验，验证信息的准确性。实战中，很多消费者在进入某个品牌 4S 店时已经有了情感上的倾向，因为网络上的用户带有感情的评价、微信朋友圈的评价已经深深影响了他的感受。如果某个品牌的售中体验实施得更加到位，例如试驾的汽车舒适度、驾驶感受、服务人员的专业化汽车知识介绍、现场一些适当的价格推广、4S 店铺的氛围体验等都很到位，相信任何一个消费者都会心动，最后买下的汽车一定是他得到最佳体验的那款汽车。

另外，相信任何一家有电商店铺的企业都特别重视网页中的"商品评价""累计评价"的设计和内容反馈，因为这个网站内容反映了消费实现后的消费者的消费体验和感受，包含对产品的包装、产品的物流速度、产品的感觉、产品的使用等体验，这种所谓的消费后的感受往往决定了他（她）会不会成为你的再次购买客户，也会影响到新来到网络店铺的消费者是否下单购买你的产品。所以，在互联网大数据时代，企业要关注消费者的全程体验，甚至可以说，消费者在消费前和消费后的体验感受可能比消费中的体验更为重要。

（2）用户体验。从事互联网（PC 端、移动端）营销活动的企业，在消费者体验的观念和实践中要更加强调用户在使用产品过程中建立起来的感受，即所谓的用户体验（User Experience，简称 UE/UX）。在网页设计的过程中有一点很重要，那就是要结合不同利益相关者的利益，包括市场推广、品牌、视觉设计和可用性等各个方面。用户体验就是提供了这样一个平台，以期覆盖所有利益相关者的利益，使网站容易使用、有价值，并且能够使浏览者乐在其中。如何提升公司网站（包括电商店铺）的用户体验？有很多方法。百度百科词条"用户体验"引用了长期从事信息构建和用户体验设计的工作信息构建师彼得（Peter Morville）的经验总结，他设计出了一个描绘用户体验要素的蜂窝图。

该蜂窝图很好地描述了用户体验的组成元素，也表明了良好的用户体验不仅仅只是可用性，而是还有其他一些很重要的东西。

适用的（Useful）：它表示设计的网站产品应当是有用的，而不应当局限于上级的条条框框去设计一些对用户来说根本毫无用处的东西。

图 9-2 用户体验蜂窝图

易查找的（Findable）：网站应当提供良好的导航和定位元素，使用户能很快地找到所需信息，并且知道自身所在的位置，不至于迷航。

易访的（Accessible）：它要求网站信息应当能为所有用户所获得，这个是专门针对残疾人而言的，比如盲人，网站也要支持这种功能。

合意的（Desirable）：是指网站元素应当满足用户的各种情感体验，这个来源于情感设计。

可靠的（Credible）：是指网站的元素是能够让用户所信赖的，要尽量设计和提供使用户充分信赖的组件。

有价值的（Valuable）：它是指网站要能盈利，而对于非盈利性网站，也要能促使实现预期目标。[90]

案例：美化你的图片

对于凯文·希斯特罗姆（Kevin Systrom）来说，创建一款好的 iPhone 应用就像烹制一道美味大餐。他说，芝加哥顶级的厨师上豆腐时要在碟子下面放薰衣草味的餐垫，这样食客每吃一口都能呼吸薰衣草的香气；而产品设计师也是如此，必须让用户在手机上的每一次滑动和点击中都能有惊喜和愉悦。

"做厨师的时候是在构建体验，做产品设计师的时候也是在构建体验。"希斯特罗姆说，"我们正在创造的东西满足一项需求，就像食物消除饥饿一样，但与此同时，它应该是赏心悦目和好玩的。我一直认为技术和烹调在很大程度上有共通之处。"

现年 28 岁的希斯特罗姆或许还算不上一位厨艺大师，但他创建的图片分享应用 Instagram 极其成功。他创造的东西已经具有了"令人垂涎"的价值。Facebook 以 10 亿美元的价格收购了这家成立仅两年的初创公司，并接收了它的 13 名员工。

希斯特罗姆说，Instagram 的主要功能是"美化"照片。在用手机拍照之后，用户可以用一系列滤镜美化照片，或添加一些细节：他们可以增加边框、阴影或调成怀旧色调，并改善色彩和明暗。修改后的照片可以方便地上传到用户选择的社交网站，无论是 Facebook、Twitter、Flickr 还是 Tumblr。

尽管推出的时间不长，但 Instagram 已经拥有了超过 3000 万名用户。Instagram 已经成为一个动词和一种交流渠道，在年轻人中尤为如此。市场营销人员也纷纷使用 Instagram，比如用它来发布博柏利（Burberry）风衣和星巴克（Starbucks）咖啡的图片。但最热衷使用 Instagram 的是文艺爱好者。[91]

二、从"营销"观念到"迎销"观念

按照《现代汉语词典》（第 6 版）的解释，"观念"一词的含义为：思想意识；客观事物在人脑里留下的概括的形象（有时指表象）。更加具体化的含义，百度百科进行了很好的概括：观念从通俗意义上来理解，就是人们在长期的生活和生产实践当中形成的对事物的总体的综合认识。它一方面反映了客观事物的不同属性，同时又加上了主观化的理解色彩。观念是人们对事物主观与客观认识的系统化之集合体。由于人们自身认识的历史性和阶段局限性，就决定了人们的认识会因时间的变迁而出现与时代不符合的意念。从这个意义上来理解，观念更新与否是区分旧观念与新观念的分水岭。

我们在市场营销中经常强调的营销观念，实质上是指企业在营销活动中所遵循的思想意识、指导思想，或者说是企业经营的"经营哲学"。因此，身处任何时代，企业进行市场营销活动时，广义上必须符合社会经济环境要求；狭义上，应选择符合自身企业需要的正确营销观念。这是至关重要的，因为营销观念作为一种指导思想和经营观念，是企业一切经营活动的出发点，它支配着企业营销实践的各个方面。企业营销观念正确与否，是否符合市场环境的客观实际，将直接影响企业营销活动的效率和效果，进而决定企业在市场竞争中的兴衰存亡。所以，奉行正确的营销观念，是企业组织市场营销实践的核心和关键所在。俗话讲，思路决定出路，理念决定道路。大数据时代来临了，大数据将会改变消费者生活的方方面面，营销基本内容和方法都将发生变化，营销观念作为指导思想必须进行符合时代要求的改变。

一般认为，随着人类社会经济生活的变化、科学技术的发展和应用、消费者消费观念的改变，营销观念发生了四次演变。

1. 从生产观念到产品观念

这个时期的观念是以生产为中心的，集中企业的一切力量保证产量，企业面临的市场是完全的卖方市场，企业很少甚至不关心消费者的需求，企业关注的是如何提高劳动生产率、降低生产成本，因此生产管理体系在企业中处于举足轻重的核心地位。20 世纪 30 年代前，福特公司 T 型车的生产与大规模销售就是生产观念的典型案例。

2. 从产品观念到推销观念

这个时期仍然处于卖方市场，但是供求关系相对缓和。企业认为应通过提高产品的质量、产品的性能和特色来开发和占领市场，但对于产品的设计与开发只是从企业的角度出发，以企业为中心进行的。所以，企业经营者仍只是把眼光放在企业内部的生产领域，坚信"酒香不怕巷子深"。生产观念是以量取胜，产品观念则是以质取胜。这种观念的典型案例是中国一些传统老字号产品，一直以历史积淀形成的老功能、高质量、传统名牌作为企业对消费者的号召力，认为只要坚持传统，保证产品质量，就能够继续在市场上称雄。然而悲哀的是，在国内，这些有几十年甚至几百年历史的传统名牌产品仍在市场和行业继续领先的已经凤毛麟角了。

3. 从推销观念到市场观念

这个时期市场供求关系开始改变，正在向买方市场转变，企业认为消费者正在面临众多产品的选择，企业将"以推销为中心，以产品为出发点"作为经营指导思想。企业开始关心消费者，但并未真正关心消费者的需要及服务，而是把消费者看成是被动的、迟钝的，认为只有强化刺激才能吸引消费者，依靠多种推销手段促使消费者大量购买或重复购买。企业虽然有市场和销售部门，但仍处于从属地位。国内目前还有大量企业持有这种营销观念，这是很多企业在新时期遇到的巨大难题。

4. 市场观念

这个时期的市场供求关系发生了改变，处于买方市场，企业面临的市场竞争十分激烈，消费者面对市场有更多的产品选择。企业经营指导思想已经转变为必须以消费者需求为中心，发现和满足消费者需求是企业营销观念的核心。换言之，企业不再以自身企业的产品和服务为出发点，而是以消费者需求为中心，以市场为出发点，一切以市场为导向。企业能否实现诸目标的关键在于正确确定目标市场，并比竞争对手更有效、更有力地传送目标市场所期望的东西。实现从前三种观念转移至市场观念，国内外企业取得成功的案例不胜枚举。

分析并比较上述营销观念，可以发现以下几个异同点：

1. 出发点不同

传统营销观念下（前三项），企业均以产品为出发点，市场观念下则以消费者需求为出发点。

2. 营销活动的方法不同

传统观念下，企业认为产品不缺乏市场和消费者，可以用各种推和拉的方式推销企业的产品和服务；而市场观念下，则是从消费者需求出发来定位目标市场和目标人群，利用整体市场营销组合策略赢取目标市场和目标人群。

3. 营销组织在企业的地位不同

传统观念下的企业组织结构中，生产组织、财务组织等是企业的经营核心组织，因此企业目光更多是向内看，而不是向外观。企业的营销部门不是最重要的部门，甚至有的企业的营销组织中没有市场部门，没有专业部门和人员研究企业面临的市场和消费人群。而在市场观念中，企业的营销组织起到的作用愈加重要，企业中有专职的负责营销的领导者和处于核心的市场营销部门。在销售产品的功能之外，研究市场、研究消费者消费行为、研究市场推广技术是企业的中心工作。

案例：宝洁公司的营销管理

宝洁公司到达中国之前，就花了很多钱、很长时间对中国市场进行调研，其中包括收入情况、政策环境、法律环境、风土民情、家庭架构、文化程度等，了解中国市场特征，研究中国消费者喜欢什么样的日化产品，喜欢在什么地方买产品，用途是什么，买的理由有哪些，他们最信服的是什么等。

宝洁公司还有一个非常大的特点，就是任何一个策略都不会轻易地实施，必须经过专家论证和市场测试。宝洁公司充分研究消费群体，包括消费者喜欢什么样的包装，喜欢什么样的颜色等。宝洁公司还测试分销体系是否适合当地的特征，是否能够有效地渗透到终端，是否能够覆盖更多的消费者和潜在消费群体。

1. 宝洁公司竞争战略

作为领导型品牌，宝洁公司是全美小包装消费品行业中的佼佼者。它实行了以下竞争战略来维护其品牌的领导地位。

（1）了解顾客。宝洁公司通过持续不断的市场调查，了解自己顾客的基本情况。同时还设立免费投诉专用电话，顾客能随时直接打电话就公司的产品提出批评意见。

（2）长期展望。宝洁公司对每一个市场机会都倾心研究，从而设计出最佳产品，然后经过长期努力，使产品获得成功。

（3）产品革新。宝洁公司是积极的产品革新者和按利益进行市场细分的热心者。它不是用大量广告投入推出相同品牌的产品，而是推出新的品牌。公司花费

10年时间，研制出第一种有效防治龋齿的牙膏——克蕾丝。之后又历时数年，研究并推出了第一种有效去除头皮屑的洗发水——海飞丝。公司通过消费者全面彻底地检测新产品。只有消费者表示对该品牌产品真正喜爱时，它才将新产品推广到全国市场。

（4）质量策略。宝洁公司设计的是超出一般质量水平的高质量产品，产品一经推出，公司便坚持不懈地长期致力于提高产品质量。

（5）占领产品两翼阵地。宝洁公司生产不同尺寸和不同款式的品牌，以满足顾客的不同偏好。这使其品牌在货架上占据更多的空间，从而防止了竞争者入侵未被占领的市场。

（6）多品牌策略。宝洁公司首创在同类产品中营销几个品牌的策略艺术。例如，公司生产的洗衣粉一共有10个品牌，每个品牌在消费者心目中的定位都略有差异。有几种品牌在货架上"封锁"了货架的空间，同时也增强了对经销商的影响。

（7）品牌扩张策略。宝洁公司常常用自己著名的品牌来推出新产品。用现有的强大品牌推出新产品可节约大量广告预算，使新产品迅速获得认可和信誉。

（8）大做广告。宝洁公司是美国最大的小包装消费品广告客户，不惜耗费巨资大做广告，以在消费者中保持较高知名度，刺激其偏好。

（9）朝气蓬勃的销售人员。宝洁公司有着第一流的市场营销人员，他们卓有成效地获得货架空间，与零售商在现场进行展销和促销活动。

（10）有效的促销。宝洁公司设立了一个促销部门，协助各位品牌经理进行卓有成效的促销活动，以便达到其特定目标。该部门研究消费者的信息和贸易成交结果，并就这些信息和结果在各种不同的条件下的有效性提出专家意见。

（11）生产效率。宝洁公司作为著名的营销公司享有盛誉，作为生产商也是声名卓著。宝洁公司花费巨资发展和改善生产经营，使其产品成本在全行业中处于最低水平。

（12）强硬竞争。宝洁公司总是使用大棒逼迫入侵者就范。为了通过促销活动打垮新的竞争品牌，阻止它们在市场上站稳脚跟，公司花费巨资也在所不惜。

（13）品牌管理系统。宝洁公司首创品牌管理系统。每一个品牌都由一名经理全面负责。

2. 提高核心竞争力

宝洁公司利用信息技术减少需求预测偏差，提高送货准确性和改善客户服务，降低存货水平，缩短订货提前期，节约交易成本，降低采购成本，促进供应商管理，减少生产周期，增强企业竞争优势，提高顾客满意度。

3. 竞合战略

宝洁公司的销售部门在 1999 年之前称为销售部。全国共分为四个销售区域，即华南，以广州为区域中心；华北，以北京为区域中心；华东，以上海为区域中心；西部，以成都为区域中心。每一个销售区域都配有相应的区域分销中心并有相应的后勤、财务、人力资源和营销行政人员。

确定合作的战略后，宝洁公司一直以来都在帮助和关心分销商的发展。这种合作意味着合作双方在地位上的对等。为了帮助分销商提高这种地位，宝洁公司一直在帮助分销商，在人员培训、高效沟通、投资于分销商的信息系统等方面无不体现了这种帮助。[92]

中国自改革开放以来近 40 年，取得了举世瞩目的巨大经济成就，从市场营销理论和实践的角度来看，也发生了非凡的变化，中国企业的营销观念在 40 年的时间里经历了西方经济社会近 100 年的发展演变，从刚开始生产观念为主流的阶段，已经进入市场营销观念为主流的发展阶段。无论是国有企业、外资企业还是民营企业，以市场为中心，全面满足消费者需求的经营理念是公认的营销理论的基础，虽然有很多企业在实践上还经常显现出传统营销观念的痕迹。然而互联网大数据时代的到来，使得中国企业与西方企业在这个时期同步遇到了同样的营销问题。在当今时代，企业面临着更加复杂的市场情况，营销的基本内容、主体客体、营销新技术和新方法，特别是大数据技术全面走入我们的经济生活的各个方面，营销观念再一次面临着新的调整和新内容的丰富。本书前面已经在营销战略、产品、渠道、市场推广等方面阐述了营销正在向"迎销"转变，而以迎销为基础的新观念正在影响着企业。

三、迎销观念下的定位理论

定位理论，由美国著名营销专家艾·里斯与杰克·特劳特于 20 世纪 70 年代提出，已经成为国际和国内管理学及市场营销学界最有影响力的理论之一了。2002 年中国财政经济出版社出版《定位》专著，书名的副标题就威武地标出"有史以来对美国营销影响最大的观念"。"定位"，可能是我们在多种场合听到企业家、学者、政府部门等个人与机构叙述得最多的管理词汇之一了。中山大学国际营销学教授、博士生导师，中国营销研究中心主任卢泰宏教授在《定位》导读中提出，"今天，'定位'（Positioning）一词已成为最重要的，使用最广泛而频繁的战略术语之一。尽管该书的起点似乎是讨论广告传播策略问题，'定位'却很快成为营销战略的理论构架中的一个核心概念，成为整个营销专业知识中最富有价值的战略思想之一"。但是卢泰宏教授认为，"这本重要著作仍有不足之处，主要是从消费者角度透析不够，多是站在'传播者'的自身立场"。

《定位》一书中解释，"定位要从一个产品开始。产品可能是一种商品、一项服务、一个机构甚至是一个人，也许就是你自己。但是，定位不是你对产品要做的事。定位是你对预期客户要做的事。换句话说，你要在预期客户的头脑里给产品定位，确保产品在预期客户头脑里占据一个真正有价值的地位"。杰克·特劳特更加阐明，"所谓定位，就是令你的企业和产品与众不同，形成核心竞争力；对受众而言，即鲜明地建立品牌"。

实际上，定位理论的内容和方法也是不断深化和发展的，两位专家之后联合或独立地出版了一系列著作，进一步阐述、充实定位理论。1996 年二人又出版了《新定位》一书，卢泰宏教授认为，"《定位》一书的缺陷已被原作者充分注意到，如在本书最后一章结尾的'若想定位成功……必须从局外的角度而不是局内角度考虑问题'"。

定位理论产生了巨大的影响力，国内外众多企业将定位理论作为企业营销观念的重要一环，利用其工具和方法制订企业的营销战略、产品战略、品牌战略等，有些企业取得了成功。

然而，近些年来有些营销学者和企业家开始反思定位理论，特别是互联网经济蓬勃发展以来，很多成功的知名互联网企业的案例与定位理论的原则和方法有些不同，因此，一种认为定位理论不适合互联网企业的说法甚嚣尘上。互联网知名的观察家金错刀的评论就非常具有代表性，金错刀在其文章《定位是互联网时代最大的一棵毒草》中首先引用了特劳特中国公司总经理邓德隆的话："我可以预见到已经发生的未来，小米盒子、电视、平板是做不好的，很难有很大的作为，我这个掷地有声的结论绝对经得起历史的检验。因为他没有一套相应的战略为之护航。"

邓德隆斩钉截铁地说："我们现在想到小米，会想到什么？一定是手机，而且是直销的手机。顾客的心智对品牌定位了，那么，所有战略和其他资源都要围绕这个定位展开，不能一厢情愿地说要做平台，要做生态。做企业不能从自己出发，一定要从顾客、潜在用户的心智定位出发。小米的平台和生态战略侵蚀的正是小米赖以迅速崛起的直销手机定位。"金错刀不赞成这种观点，他说："'定位'一直是我比较喜欢的一个商业方法论,这个理论在中国也助力了很多企业的发展。把一个理论，变成一个强悍的实战武器，'定位'是做得最牛的。"

"但是，这是工业时代的打法，在这个全面转型的互联网时代，'定位'真的旧了。甚至，对很多传统企业而言，'定位'就是互联网时代最大的一棵毒草。这种守旧，让我们沉浸在旧时代那种营销和自以为是的狂欢中，而不是心怀谦卑地向用户低头。"金错刀认为毒草从三个方面表现出来："毒害一：第一考虑的是竞争对手，而不是用户。定位的核心是抢夺用户心智资源，是建立壁垒，是强力控制。互联网时代的核心是用户体验至上，是开放和连接，是失控"。"毒害二：定位的理论基础是二元法则，互联网时代的基础是长尾效应，赢家通吃"。金错刀认为，互联网时代的企业经营，首先颠覆的就是"二元法则"，互联网上，所有老二都很难生存，这里的游戏规则是"赢家通吃"，就是老大占据 80%的价值空间，老二、老三只能占据很小的空间。互联网上还有另一个法则：长尾理论。技术正在将大规模市场转化成无数利基市场。我们可以称之为"长尾上的赢家通吃"，也意味着每一个利基市场都会产生赢家通吃现象。"毒害三：定位的杀招是想办法成为第一，互联网时代的杀招是爆品战略"。金错刀的结论是："为什么说'定位'是毒草？不是说它完全没用了，它所强调的品类思维、聚焦思维还是很实用的。最大的原因，是因为定位太旧了。这种'旧'最大的危害是，还在推行一种公司为中心的思想，这种思想在工业时代没问题，在互联网时代很害人的。"[93]

笔者虽然不完全赞成金错刀的所有观点，但是金错刀的文章确实在有些方面击中了定位理论的痛点，特别是在当今互联网大数据时代下，这些痛点尤其突出。特劳特中国公司总经理邓德隆阐述道："按照所谓定位，就是让品牌在消费者的心智中占据最有利的位置，使品牌成为某个类别或某种特性的代表品牌。这样当消费者产生相关需求时，便会将定位品牌作为首选，也就是说，这个品牌占据了这个定位。"

仔细分析定位理论，其核心是要占领消费者的心智模式。《新定位》一书中认为消费者的五大心智模式如下。

（1）消费者只能接收有限的信息。

（2）消费者喜欢简单，讨厌复杂。

（3）消费者缺乏安全感。

（4）消费者对品牌的印象不会轻易改变。

（5）消费者的心智容易失去焦点。

这实际上有些悖论，即便在互联网大数据时代到来之前，消费者也面临着信息爆炸的问题，而在互联网社会，海量的商品信息、企业信息、品牌信息更是人类历史上从来没有过的，如果说消费者只能接受"有限信息"，但是任何一家企业都希望占领消费者的心智模式，那么如何让消费者接受你发出的企业定位信息并成为"有限信息"呢？假设通过技术手段传达给了消费者，如何让消费者对其他海量信息失去焦点却只让你的定位信息占领他们的心智模式呢？所以，这个逻辑下的定位理论还是以企业为中心发出的，而不是以消费者为迎销的源头，不是与时俱进的，必须在大数据时代实现新的突破。

按照迎销观念，企业面对消费者应该采取的是"迎"的理念，迎合消费者、逢迎消费者，以欢迎的态度接受消费者在大数据时代的消费观念转变。定位理论的出发点是企业或公司，公司是主动的，消费者是被动的，推行的是"一种公司为中心的思想，这种思想在工业时代没问题，在互联网时代很害人的"（金错刀）。金错刀引用管理大师普拉哈拉德的书籍《消费者王朝》，批判过这种自以为是，提出"以公司为中心"的创新已经消亡，取而代之的是"以用户为中心"的创新。科特勒教授也在《营销革命3.0：从产品到顾客，再到人文精神》中强调，在新的营销时代，消费者会改变自己的消费行为，同时积极影响周围人的消费选择。企业应当如何参与这种消费者之间的对话，越来越主动自觉地与消费者保持成功合作，要以人文精神为目标和消费者沟通，为企业带来巨大的竞争优势。所以说，迎销观念不断强调，企业一定要放弃传统营销观念中以企业为中心的落后观念，放弃认为企业可以引导消费者行为、改变消费者消费观念，直至占领消费者心智模式的传统思维。

笔者认为，定位理论不是毒草，而是应该在新时代更新、提高；或者说，大数据时代给定位理论提供了新契机，即可以运用大数据技术了解消费者的真实心智模式，精准定位消费者，围绕消费者真实的心智模式，迎合消费者，定位营销战略、产品战略、品牌战略，在新时代从观念上为企业成功护航。

四、迎销观念强调科学性特征

营销到底是一门科学，还是一门艺术，还是兼而有之？这个命题，一直争论了很多年，对立双方都有充分的论据来证明己方的观点。

科学（Science）是在尊重客观事实的前提下，设法探寻事物运作之明确规律的学科。科学活动所得的知识是条件明确的（不能模棱两可或随意解读）、能经得起检验的，而且不能与任何适用范围内的已知事实产生矛盾。科学原仅指对自然现象之规律的探索与总结，但人文学科也被越来越多地冠以"科学"之名。"科学"不好以简短文字加以准确定义。一般说来，科学涵盖三方面含义。

（1）观察：致力于揭示自然真相，而对自然作用有充分的观察或研究（包括思想实验），通常指可通过必要的方法进行的，或能通过科学方法——一套用以评价经验知识的程序而进行的。

（2）假设：通过这样的过程假定组织体系知识的系统性。

（3）验证：借此验证研究目标的信度与效度。[94]

关于艺术，维基百科的解释为：艺术（Art）指凭借技巧、意愿、想象力、经验等综合人为因素的融合与平衡，以创作隐含美学的器物、环境、影像、动作或声音的表达模式，也指和他人分享美的感觉或有深意的情感与意识的人类用以表达既有感知且将个人或群体体验沉淀与展现的过程。

从这两个定义我们可以看出，科学更加强调客观性、数据计算及普遍定理；艺术重点在于感觉、思想和意识，及实现艺术的人与形式的境界和形象。

从营销的内容和实际效果看，是科学、是艺术、既是科学又是艺术的观点都可以找到论据和事实。市场营销学的国内外大师们也是争论不休，且都言之凿凿。

实质上，争论营销是科学还是艺术，根本原因是由于市场因素的多样性和消费者消费行为的极端复杂性，特别是营销人员难以把握消费者对市场信息和产品信息的反应；而且企业在传统营销的 STP（市场细分、目标市场、市场定位）观念下，不能确保是否实施了正确的市场营销战略、是否准确找到了所谓的目标消费人群、公司的营销计划和执行是否准确到位。从另一个角度讲，上述这些营销理论与实践中时时遇到的难题，在传统营销时代没有科学的、全面的、量化的公式或公理来给出科学答案。对这些难题的判断更多依赖于那些有丰富行业经验、长期从事营销工作的营销人员，这是这些行家里手的运作"艺术"。举例来说，新产品生产数量如何核定，既要满足市场需要，但也不要形成巨大库存，有时候就是要靠营销人员的经验来决定。而认为营销是科学的人认为，这些用做证据和结论的科学依据可以通过市场调研、市场实地考察、历史数据等方面来判断。实质上，这些所谓的"科学依据"，如果按照大数据技术来衡量，是非常不科学的。

苹果公司创始人乔布斯就非常不相信所谓的市场调研。乔布斯在回答"苹果开发新产品为什么不事先去做消费者需求调研"的时候，他的回答很有趣：如果亨利·福特在发明汽车之前去做市场调查，他得到的答案一定是大家都希望买到一辆更好的马车，这对亨利·福特发明第一辆汽车有帮助吗？乔布斯一直坚信："能感动自己的东西，才能感动消费者。"看上去，苹果公司的成功似乎又验证了营销是艺术这一命题。

本质上，乔布斯的苹果公司的成功验证了营销的科学性。据记载，乔布斯在一系列产品定型之前，要做大量的科学研究，调用大量的数据来帮助做决定，一个零件的位置、形状、大小等有时会花很长的时间分析，甚至将研发人员都要"逼疯了"。有一个很有趣的故事，乔布斯非常信任大数据技术，他在与癌症斗争的过程中，运用大数据技术采用了不同的方式，成为世界上第一个对自身所有 DNA（脱氧核糖核酸）和肿瘤 DNA 进行排序的人。为此，他支付了高达几十万美元的费用。他得到的不是一个只有一系列标记的样本，他得到了包括整个基因密码的数据文档。对于一个普通的癌症患者，医生只能期望他的 DNA 排列同试验中使用的样本足够相似。但是，乔布斯的医生们基于乔布斯的特定基因组成，按所需效果用药，如果癌症病变导致药物失效，医生可以及时更换另一种药，也就是乔布斯所说的，"从一片睡莲叶跳到另一片上"。乔布斯开玩笑说："我要么是第一个通过这种方式战胜癌症的人，要么就是最后一个因为这种方式死于癌症的人。"虽然他的愿望没有实现，但是这种获得所有数据而不仅是样本的方法用于治疗他的重病还是将他的生命延长了好几年。

从迎销观念讲，在大数据技术条件下，营销是科学的依据将会充分体现出来，艺术性可能越来越淡化了。在不远的将来，那些非生产数字产品的企业营销总监们，可能他们一天也没有从事过销售和市场推广工作，但是他们绝对是数据专家，能用公式解答营销的所有问题。因为凭借大数据技术的成熟运用，营销人员时时遇到的目标消费人群问题、消费者偏好、消费者价值判断、产品的研发、生产数量、市场推广方法、费用预算、推广效果、渠道的系列问题等，都可以通过大数据技术得到答案（参见本书前面章节）。孙子曰："兵者，国之大事也，死生之地，存亡之道，不可不察也。"对于一个国家来说，战争是国家的头等大事，关系到军民的生死、国家的存亡，是不能不慎重周密地观察、分析、研究的。对于一个企业来说，市场营销则是企业的灵魂，是引领企业未来发展的主心轴，起着至关重要的作用。

五、互联网思维与迎销观念

随着互联网技术与互联网经济的蓬勃发展，传统与新型企业近年来都受到了所谓互联网思维的极大影响。如何学习与应用互联网思维成为企业挥之不去的课题，这个课题解决好并运用到企业的管理策略中会给企业的营销观念带来巨大变化。

互联网思维，百度百科的解释是："互联网思维，就是在（移动）互联网＋、大数据、云计算等科技不断发展的背景下，对市场、用户、产品、企业价值链乃至对整个商业生态进行重新审视的思考方式。"最早提出互联网思维的是百度公司创始人李彦宏。在百度的一个大型活动上，李彦宏与传统产业的老板、企业家探讨发展问题时，李彦宏首次提到"互联网思维"这个概念。他说："我们这些企业家们今后要有互联网思维，可能你做的事情不是互联网，但你的思维方式要逐渐从互联网的角度去想问题。"现在几年过去了，这种观念已经逐渐被越来越多的企业家、各个领域的人所认可了。但"互联网思维"这个概念也演变出多个不同的解释。

互联网思维对于以互联网为中心的新兴企业的重要性自不用说，对传统企业观念上的影响，以万向集团董事局主席鲁冠球和联想集团执行委员会主席柳传志的表达最具代表性。鲁冠球说："就拿我自己来说，过去总觉得互联网仅仅是一种工具，企业里有人用就可以了，没必要每个人都懂、都用，总觉得鼠标里点不出万向节。现在不同了，孙子、外孙子回来都跟我讲互联网，互联网已经从一种工具变成了一种思维、一种文化、一种工作和生活的状态，打印产品也已经近在眼前了。怎么办？只有下功夫学，善学者能，多能者成。"柳传志认为："换一种角度，从结果的角度来解读，互联网思维与传统产业的对接会改变传统的商业模式。从结果看，大致会产生这么几个效应：长尾效应、免费效应、迭代效应和社交效应。互联网思维开放、互动的特性，将改变制造业的整个产业链。因此，用好互联网思维，制造业链条上的研发、生产、物流、市场、销售、售后服务等环节，都要顺势而变。"

由于互联网思维受到各行业企业的重视，企业家们都在认真反思自身的企业管理和营销管理方面是否符合互联网思维，都在探讨如何改变自身那些不符合互联网思维的旧观念和旧战略，而将互联网思维变成为企业突破固有障碍、飞向成功的新翅膀。

但是，笔者认为目前有将互联网思维放大的趋势，似乎有点过去讲的"是一个筐，什么都可以向里面装"的嫌疑。非常流行的一种观点是所谓的《互联网思维独孤九剑》，书中认为可以有9大互联网思维，即用户思维、简约思维、极致思维、迭代思维、流量思维、社会化思维、大数据思维、平台思维、跨界思维。这些互联网思维给传统企业带来的变革，涉及战略规划、商业模式设计、品牌建设、产品研发、营销推广、组织转型、文化变革等企业经营价值链条的各个方面。

实际上，互联网思维没有这么神秘，360公司董事长周鸿祎说得好："所谓'互联网思维'，并不是玄学，没有神秘可言。我总结了4个关键词：用户至上，体验为王，免费的商业模式，颠覆式创新。"周鸿祎认为，"最近中国很多企业家得了互联网焦虑症。过去传统企业看不上互联网，特别是主流企业。最近，他们忽然感觉互联网给很多行业带来了一种颠覆。但是传统企业应对互联网的时候，经常会被误导，把很多术的东西说成道"[95]。

互联网思维与迎销观念，有一个共同的核心，即真正落实一切以消费者为核心的经营理念。用通俗的语言来讲，就是企业如何看待消费者。因为长期以来几乎所有的企业都在高喊着以消费者为核心（用户至上），营销观念中也强调满足消费者的需求，实际上从企业的主观上讲，绝大多数企业将"用户至上"当成了口号，企业在思想和实战中都没有将口号切实落实到位。但是，纵观国内外那些叱咤风云的成功企业，哪一个不是在"用户至上"方面做到极致，并真正切实落实到企业的观念和行动上？换句话说，即便是传统营销时代，如果企业能够做到知行合一，将用户至上作为企业的金科玉律并切实执行，这样的企业发展路径基本都是成功的。"用户至上"不是互联网时代的思想，应该是企业的基本信仰。所以说，周鸿祎认为互联网思维是常识的回归，是非常有道理的。

案例：沃尔玛的"顾客至上"

　　沃尔玛由美国零售业的传奇人物山姆·沃尔顿先生于 1962 年在阿肯色州建立。经过 50 多年的发展，沃尔玛公司已经成为世界最大的私人雇主和连锁零售商，多次荣登《财富》杂志世界 500 强榜首并被评为最具价值品牌。

　　每周，超过 2.5 亿名顾客和会员光顾沃尔玛在 28 个国家拥有的超过 70 个品牌下的约 11000 家分店以及遍布 11 个国家的电子商务网站。2015 财政年度（2014 年 2 月 1 日至 2015 年 1 月 31 日）的净销售金额达到 4857 亿美元，全球员工总数约为 220 万名。一直以来，沃尔玛坚持创新思维和服务领导力，一直在零售业界扮演领军者的角色；更重要的是，沃尔玛始终履行"为顾客省钱，从而让他们生活得更好"的这一企业重要使命。

　　零售商们将"顾客至上"悬挂在其店铺最显眼的地方以展示其经营原则，在今天已屡见不鲜。然而早在近半个世纪前，沃尔玛就已将它作为事业发展的基石。

　　一位自 1950 年起就在当时的沃尔顿平价商店里工作的老员工回忆说："沃尔顿先生第一次让我们认识到顾客永远是对的。沃尔顿先生要我们与顾客聊一聊他们养的牛、鸡、猪，还有他们的孩子，这并非因为这些话题很重要，而是因为顾客是我们收入的源泉，是我们利润的源泉。这一点在以后的经营中不断得到强调。"

　　在 20 世纪 60 年代的美国，经济开始复苏，小杂货店已渐渐不能满足想感受流行气息的小镇居民的要求，他们喜欢在大商场里购物，更喜欢物美价廉的商品。

顾客的强烈需求使沃尔玛有机会在这些小镇上建立并成长起来，最后遍布全美乃至全球。沃尔玛始终不变的原则就是每天推出价格低廉的商品，提供满意的服务以及方便的购物条件。

沃尔顿始终要求每位采购人员在采购货品时态度坚决。他总是告诫他们："你们不是在为沃尔玛商店讨价还价，而是在为顾客讨价还价，我们应该为顾客争取到最好的价钱。"沃尔玛商店的低价政策为当地小镇上的居民节约下数十亿美元的支出。

沃尔顿经营的沃尔玛商店不仅仅在价格上让利于顾客，还为顾客提供最周到的服务。他说："我们都是为顾客工作，你也许会想你是在为你的上司或经理工作，但事实他也和你一样。在我们的组织之外有一个大老板，那就是顾客。"有一次，一位顾客到沃尔玛商店寻找一种特殊的油漆，而沃尔玛商店正好缺货，于是油漆部门的经理便亲自带这位顾客到对面的油漆店里购买，这使顾客和油漆行的老板感激不尽。沃尔顿对员工说："让我们以友善、热情来对待顾客，就像在家中招待客人一样招待他们，让他们感觉到我们无时无刻不在关心他们的需要。"

除此之外，沃尔玛的经营秘诀在于不断地去了解顾客的需要，设身处地地为顾客着想，最大限度地为顾客提供方便。沃尔顿说："我们成功的秘诀是什么？就是我们每天每个小时都希望超越顾客的需要。如果你想象自己是顾客，你会希望所有的事情都能够符合自己的要求——品种齐全，质量优异的商品且价格低廉、服务热情友善、营业时间方便灵活、停车条件便利等。"

沃尔玛员工的热情，善待顾客的品质，以及他们在价格上为顾客创造价值的经营战略，使他们赢得了顾客的信任。"顾客永远是对的。"这句沃尔顿先生对同仁的告诫一直流传至今，并一直在为沃尔玛的繁荣发挥着不可估量的作用。[96]

本书强调的迎销观念，突出意义就在于不论是互联网性质的企业还是传统概念下的非互联网企业，不论是战略层次还是战术层面，不论是全企业人员的观念还是实战执行，都要"逢迎、迎接、迎合、欢迎"消费者的所有需求与新的变化，全心全意地为消费者服务。

六、迎销观念强调"数据为王"

曾几何时，企业认为取得成功有多种路径可以选择，即"条条大路通罗马"。

1. 相信"产品为王"

很多企业相信"产品为王"，认为只要有好的产品质量、更多的产品功能来满足消费者需求，就可以赢得消费者、赢得市场。坚信"产品为王"的企业在传统营销时代不胜枚举。美国施乐公司（Xerox）成立于 1906 年，在 100 多年的企业历史中，施乐取得了一系列的成功。今天的施乐拥有近 15 万员工，市值 118 亿美元，业务遍布全球 180 个国家。在美国财富 500 强榜上，施乐位居第 143 位，同时也在 Interbrand 全球百强品牌榜上排名第 62 位，仍然是一个实力雄厚的国际大企业。然而，在互联网经济大潮中，似乎成功的施乐却日益呈现出疲态，风险尽显、经营不善、每况愈下，正在成为施乐的标签。原本是科技先锋，现在却面临着倒闭的风险。2016 年，施乐被股东拆分，现任 CEO 伯恩斯（Burns）说，不排除卖掉这家已有 110 岁高龄公司的可能。甚至连他们和日本富士合资的"富士施乐"，发展程度都要比母公司好得多。施乐公司的创新实验室帕洛阿尔托研究中心（PARC），曾被认为是最有前景的机构，堪称"工匠天堂"。从 1971 年开始的 5 年间，PARC 的研发成果惊人，一举发明了当代信息产业的几乎所有核心技术，如个人电脑（1973 年）、图形用户交互界面、桌面出版、鼠标、激光打印、电脑网路互联技术（互联网的基础）等。这些改变人类历史的创新导致了一大批高科技帝国的诞生，如微软、苹果、阿杜比系统等。今天如日中天的苹果公司就是从 PARC 开发的个人电脑中得到启发，从而推出了一举奠定其霸主地位的苹果电脑。因为苹果电脑中包含了太多 PARC 的发明，以至于在 1989 年，施乐还曾起诉苹果偷窃它的技术。有人调侃说，施乐发明了个人电脑，火的是 IBM 和苹果；创造了 GUI（视窗界面），随处可见的是 Windows。施乐眼皮底下开发出的东西，却被带到公司外发扬光大；手中那群天才码农，也是离职后建立了市值更高的公司。可以说，施乐成就了整个互联网时代，但直到今天，它还固执地做一件 20 世纪就在做的事儿——卖打印机和复印机。[97]

我们强调的迎销观念中，产品当然是企业迎销策略的重要内容，但绝不是僵硬地抱着"产品为王"的陈旧观念不放，因为这还是产品为中心的观念在作怪，还是在"营"的圈子里打转，而不是走出封闭圈子去"迎"消费者。

2. 热衷"渠道为王"

前文曾经论述过，在传统营销观念和实践中，"渠道为王""制胜终端"是过去企业的"圣经"，更是企业管理人员的口头禅。这个口头禅从表象上看似乎很有说服力，因为"如果没有渠道和终端，营销就成了无本之木，无论什么样的产品和服务都无法实现再循环，通过终端升级体现品牌文化、品牌思想、品牌价值以及品牌倡导的生活方式等，它所表现的不再是单独的销售功能，而是品牌功能的综合展示。它将以品牌为纽带，以全方位服务为轴心，充分体现产品的个性化、差异化，真正把销售变成消费"。

本质上讲，渠道当然是企业产品的重要分销场所，但是如果没有解决好如何在渠道和终端满足消费者的物质和精神上的需要，提供的产品和服务不能够给消费者提供真正的价值，即便企业有再多的渠道和终端数量，也不能完成企业的营销目标，反而会使企业面临"投入巨大而产出微小、销售不畅而库存剧增、与渠道成员之间有矛盾冲突"等难题。

大数据时代的迎销观念更加强调"数据为王"。实际上，即便是在传统营销时代，与营销相关的数据也是营销政策制订和执行的重要依据。"让数据说话"也是笔者过去在营销实战中非常重视的营销方法。只不过那个时候的数据资料主要来源于国家发布的宏观数据、经济统计数据、企业的销售数据、客户资料、企业财务数据、市场调研报告数据等，这些数据在当时已经算是很大的数据了，虽然根本不属于我们当前意义上的大数据概念，但是也体现出了数据对营销活动的重要性。大数据是一种规模大到在获取、存储、管理、分析方面大大超出传统数据库软件工具能力范围的数据集合，具有海量的数据规模、快速的数据流转、多样的数据类型和价值密度低四大特征，与传统意义上的企业数据根本不同。

国际知名的大数据分析公司易观智库用一张图强调了企业应用大数据的重

要性。

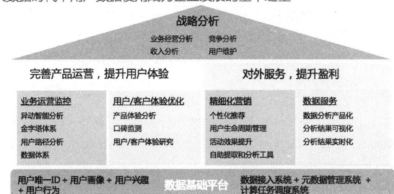

图 9-3　数据对企业的重要性

　　全世界各个发达国家都对大数据时代的到来张开了欢迎的怀抱，中国也非常重视大数据技术和应用在中国的发展。2015 年 8 月 31 日，国务院以国发〔2015〕50 号印发《促进大数据发展行动纲要》（以下简称《纲要》）。该《纲要》分发展形势和重要意义、指导思想和总体目标、主要任务、政策机制四部分。主要任务是：加快政府数据开放共享，推动资源整合，提升治理能力；推动产业创新发展，培育新兴业态，助力经济转型；强化安全保障，提高管理水平，促进健康发展。"建立运行平稳、安全高效的经济运行新机制。充分运用大数据，不断提升信用、财政、金融、税收、农业、统计、进出口、资源环境、产品质量、企业登记监管等领域数据资源的获取和利用能力，丰富经济统计数据来源，实现对经济运行更为准确的监测、分析、预测、预警，提高决策的针对性、科学性和时效性，提升宏观调控以及产业发展、信用体系、市场监管等方面管理效能，保障供需平衡，促进经济平稳运行。"对于企业来讲，《纲要》提出的任务对于企业应用大数据、分享大数据指明了方向，"打造精准治理、多方协作的社会治理新模式。将大数据作为提升政府治理能力的重要手段"，"2017 年底前形成跨部门数据资源共享共用格局","形成公共数据资源合理适度开放共享的法规制度和政策体系，2018年底前建成国家政府数据统一开放平台，率先在信用、交通、医疗、卫生、就业、社保、地理、文化、教育、科技、资源、农业、环境、安监、金融、质量、统计、气象、海洋、企业登记监管等重要领域实现公共数据资源合理适度向社会开放，带动社会公众开展大数据增值性、公益性开发和创新应用，充分释放数据红利"。

国家正在打造大数据应用和发展平台为企业的大数据应用提供了很好的机会，关键在于企业要转变观念，"数据为王"将成为企业未来发展的关键策略。坚持迎销观念的"数据为王"，可以帮助企业在消费者精准营销、产品研发与设计、市场推广、渠道建设、企业管理、人才培养与招募、建设与渠道成员的良好合作关系等方面都能取得巨大收益（参见本书前面章节）；企业充分应用好大数据，可以帮助企业在激烈的市场竞争中取得胜利。

案例：大数据帮助企业找到需要的人才

曾几何时，前程无忧、智联招聘、中华英才网三大网络招聘公司借着互联网的东风，一举击败了传统杂志、报刊等媒体招聘，让传统媒体的招聘业务模式土崩瓦解。而如今，随着互联网产业深入发展，垂直细分化、社交媒体应用多元化，以及大数据时代的到来，活生生地把一度风光无限的网络招聘公司逼成了"传统网络招聘公司"。

对用人单位来说，无法精准获取需要的人才是最大的痛点。而流量网站只提供简历，无后续服务，所以中高端人才主要依靠猎头招聘。这就是大量中高端人才并未通过传统招聘网站求职，而是依托于各大猎头公司求职的原因。

其实对于很多企业来说，它们并不缺少人才，而是缺少真正能满足需求的人才，尤其是中高端管理、技术等方面的人才，所以中高端人才市场的争夺必将成为未来企业的必争之地。尤其对于很多有着数年工作经验的中高端技术人才来说，他们更愿意被企业找上，而非自己去找企业。

如何挖掘中高端人才信息并精准地推送给相关企业则成了关键，大数据的作用在这个时候则凸显出来。在中高端人才招聘日趋火爆、市场向求职者逐渐倾斜的情况下，未来谁掌握了大数据，谁就能更好地为企业匹配到合适的中高端人才，也就能更快地吃到这个市场的蛋糕。在这种趋势下，利用大数据分析将人才精准推送给企业的网络招聘平台，成为资本市场的宠儿，并被认为是中高端人才招聘市场的发展方向。

"大数据技术的应用，使招聘行业可以让用人单位、猎头、求职者三方分享技术红利。以猎上网为例，如果能够在这里汇聚全社会40万猎头，各大用人单位的人力主管原来需要大海捞针到处找供应商，现在这一个平台就够了。"某企业对《第一财经日报》记者说。通过对雇主的人才需求做"职位画像"，又将猎头手里的人才做"人才画像"，猎头则有"服务能力画像"，诸如一个猎头推荐了多少人、达成多少单、成功最多的职位是什么、年薪范围、专注哪些行业、简历是不是又快又准、推荐到哪一个步骤，每一次成交的相关数据都留在猎上网，就像淘宝一样步步精确。这样将三方做了精准画像后，能使匹配更精准。[98]

案例：借力大数据，抓住"90后"潜力客户

《第一财经日报》记者经采访获悉，目前各大在线旅游平台都在积极收集和运用大数据，对消费者的旅游足迹、游客单价承受能力、喜好、年龄和性别等进行研究，对旅游目的地、营销人群和方式进行改进。在研究过程中，业者发现，"90后"已成为必须牢牢抓住的潜力客户群，他们代表了未来几年内的旅游消费趋势，且"90后"的旅游习惯与"70后""80后"完全不同。

"我们基于用户的所有浏览数据和攻略点评、销售数据可以得出很多标签，根据这些标签和客户特点，我们可以给出客户的大致'画像'。这些基于消费者习惯、浏览足迹等进行的分析很有商业价值，我们可以根据这些进行精准营销。具体而言就是，如将用户的特点表象通过数据转化为标签，并以此建立用户画像，明确用户需求；通过对画像的分析实现对用户的个性化推荐；在大数据的呈现方式上，也依托大数据的实时分析能力，制作出实时、动态的可视化订单展示系统。不仅订单生成状况一目了然，更可实时了解目前各地区、景点的热度情况。"携程

旅行网高级副总裁汤澜接受《第一财经日报》记者专访时透露,"我们发现,5年前,我们的主要用户是35岁主力人群,现在来看,25~30岁的客人是我们的主力人群,其中'90后'的消费成长尤其快,是未来几年最大的潜力客户群体。'90后'之中有一些已经工作数年,有一些则还是学生,但是'90后'和'70后''80后'不同,不少'90后'消费能力很强,一部分是因为自身的赚钱能力,也有一部分是因为'90后'的家长整体经济条件比较好,所以'90后'会更舍得花钱。随着未来几年内年轻人群的成长,'90后'是我们旅游业者必须抓住的主要潜力客户。"

既然"90后"是未来的"主力军",那么他们的旅游消费有什么不同呢?

"这是非常不一样的,比如'90后'大多没有跟团的概念,他们更喜欢自由行,所以我们的产品必须迎合他们的个性化和自由行的需求。另外,以往大多游客出行都是关注行前的安排,所有的相关预订都是在出行前就准备好的,但是'90后'完全不同,他们并不喜欢提前设定,他们喜欢变换和多样化,他们更加关心的是行中,就是在旅游的过程中边玩边定,因此当地游项目会非常适合这些年轻客户。"汤澜进一步指出。鉴于"90后"客户的新型需求,商家们也在积极掘金。

《第一财经日报》记者采访时了解到,携程、美团等业者已推出了针对不同人群的精准营销服务,比如同一个App对于不同的人提供的页面推荐不同,如果"甲"经常去海岛旅游,则首页会推荐三亚这类的旅游目的地,而喜好购物的"乙"收到的推荐则是奥特莱斯等。穷游网也在景点之外的附加服务上开始下功夫,其进行大数据研究后,针对这些"90后"喜欢的购物、餐饮和时尚品牌专门编写攻略,提供给这类客户,以增加客户黏性。[99]

本质上讲,大数据给企业带来了挑战,但是更多的是机遇。"10年以后,很多人会说,中国的经济也好,世界的经济也好,如果你不参与整个大数据的建设,如果你不参与大数据技术、云计算,不把自己的企业真正变成一个互联网的制造业,我相信你一定会像今天一样抱怨和埋怨。"阿里巴巴创始人马云在"2015贵阳国际大数据产业博览会暨全球大数据时代贵阳峰会"开幕式上如此表示。

马云认为,未来30年是人类社会最精彩的30年,未来30年是令人期待的

30年，未来30年也是令人恐慌、恐惧的30年。马云庆幸自己是15年前创的业，要是今天创业，肯定被年轻人活活搞死，因为"他们用的大数据，他们用的是互联网模式，他们说的很多东西我不是很理解，但是我相信，一旦我理解，我会越来越恐慌"。

数据比以往任何时候都要宝贵，甚至成为可以与石油资源相媲美的新能源。大数据被认为是继信息化和互联网后整个信息革命的又一次高峰。世界最大的信息技术出版、研究、会展与风险投资公司——美国国际数据集团（IDG）发布了2014年大数据企业调查和预测。调查显示，2014年大企业在与大数据有关的项目上的平均开支为800万美元。这项调查还发现，70%的大企业已经部署或者正在计划部署与大数据有关的项目和计划。

"大数据时代已经降临，在商业、经济及其他领域中，决策将日益基于数据和分析而做出，而并非基于经验和直觉"（《纽约时报》）。

大数据技术的广泛运用必将在理论和实践上改变企业的运营管理、政策决策、服务管理、营销管理、客户关系、产品发展、员工关系等各个方面，各行各业都会自觉不自觉地迎合着大数据，被大数据时代推动着、改变着、前进着。迎销时代已经来临，迎销将成为大数据时代的营销出路，传统企业、互联网企业、制造企业、贸易企业、服务企业等各行各业，大家都准备好了吗？

前文曾提到的电影《私人订制》声称："私人订制是一份礼物，是给自己的一个如意算盘；私人订制是一块心愿蛋糕，是给自己的一个痴心梦想；私人订制是一剂麻药；私人订制让你的人生不留遗憾。"大数据时代来临了，现在及将来在我们的微信中、我们的邮箱中、我们的电话来电中、我们的旅途中、我们的网络世界中等，大量的"私人订制"式的产品和服务会出现在我们的面前，我们可以喜欢亦可以不喜欢，但它就在那里微笑地看着你，默默地为你提供无微不至的服务。"私人订制"仿佛为你插上了一双隐形的翅膀，就像一首歌中唱的那样："我知道我一直有双隐形的翅膀，带我飞，给我希望，我终于看到所有梦想都开花，隐形的翅膀让梦恒久比天长！"

参考文献

[1] 案例参考 http://trends.baidu.com/worldcup。

[2] 案例内容根据网络资料编写。

[3] 2015 国民大数据发布：中国四成居民感到幸福. 中国网，2015-03-02.

[4] 引用的市场营销定义参阅百度百科相关词条。

[5] 马克·彭德格拉斯特. 上帝、国家、可口可乐. 丁岚译. 广西人民出版社，2003 年.

[6] 案例摘自 http://sinan.baidu.com/。

[7] 菲利普·科特勒. 市场营销管理（亚洲版）. 上. 洪瑞云，梁绍明，陈振忠译. 中国人民大学出版社，1997 年.

[8] 移动 DSP 如何建立人群数据模型？http://mt.sohu.com/20150609/n414653926.shtml.

[9] 蓝调. 什么是大数据时代的思维. http://www.doit.com.cn/article/2013-11-12/5180044.shtml.

[10] 案例摘自 2009 年 11 月 18 日凤凰网财经。

[11] 参见维基百科词条。

[12] 江亘松. 你的行销行不行. 第 7 页.（参见全球品牌网的电子书）

[13] 江亘松. 你的行销行不行. 第 12-13 页.（参见全球品牌网的电子书）

[14] 菲利普·科特勒等. 营销革命 3.0：从产品到顾客，再到人文精神. 毕崇毅译. 机械工业出版社，2011 年.

[15] 部分内容参考百度百科词条。

[16] 工信部：2015 全国 4G 用户达到 3.86 亿. 新浪科技，http://tech.sina.com.cn/t/2016-01-26/doc-ifxnurxp0021142.shtml.

[17] 知乎网站，https://www.zhihu.com/question/20631173.

[18] 波特五力分析模型. http://wiki.mbalib.com/zh-tw/.

[19] 黄丹，余颖. 战略管理 研究注记·案例. 清华大学出版社，2009 年，第 24 页.

[20] 万达电商：目的是服务自己商户造最大 O2O 电商公司. http://news.winshang.com/news-505229.html.

[21] 案例内容摘选于网络。

[22] 康师傅瞄准大数据. 滨海时报，http://finance.ifeng.com/a/20140818/12946541_0.shtml.

[23] 案例摘自 http://www.thebigdata.cn/YeJieDongTai/14769.htm。

[24] 大数据：70 多个网站让你免费获取大数据存储库. http://www.china-cloud.com/yunjishu/shujuzhongxin/20140618_38544.html.

[25] 霍金斯，马瑟斯博. 消费者行为学. 符国群等译. 机械工业出版社，2011 年.

[26] 迈克尔·所罗门，卢泰宏等. 消费者行为学. 杨晓燕等译. 中国人民大学出版社，2014 年，第 11 页.

[27] 迈克尔·所罗门，卢泰宏等. 消费者行为学. 杨晓燕等译. 中国人民大学出版社，2014 年，第 12 页.

[28] 来自星星的你，真实地影响经济民生. 广州日报，2014-02-23.

[29] 曾长秋，汤长安. 对近年来网络文化研究的综述. 怀化学院学报，2004 (4).

[30] 案例部分内容参考百度百科词条。

[31] 从"大数据"看国人消费观.中国广播网，http://news.163.com/15/0224/

11/AJ7ES21000014JB5.html.

[32] 谢丹丹. 社群成就小米科技. http://tech.hexun.com/2015-08-05/178109
237.html.

[33] "三只松鼠"的故事：怎样把小坚果做成大生意. http://59join.com/
share/content/381.html.

[34] 亚马逊推荐系统机制的分析. http://www.u15u.com/503.html.

[35] 曾润坤.IKEA App：贴近顾客家的体验. http://socialbeta.com/t/app-
marketing-ikea.html.

[36] M.J. 埃策尔，B.J. 沃克，W.J. 斯坦顿. 新时代的市场营销. 企业管理
出版社，2004 年，第 83 页.

[37] 菲利普·科特勒. 市场营销管理（亚洲版）. 上. 洪瑞云，梁绍明，陈
振忠译. 中国人民大学出版社，1997 年，第 16-19 页.

[38] 宋咏梅，孙根年. 科特勒产品层次理论及其消费者价值评价. 商业时
代，2007（14）.

[39] 什么是大数据思维？福布斯中文网，http://www.woshipm.com/operate/
51936.html.

[40] 企业用大数据挣钱让用户来设计产品. 珠江时报，2015-04-22.

[41] 案例摘自 http://mt.sohu.com/20150420/n411528870.shtml。

[42] "大数据之父"：数据是创新的驱动力. http://business.sohu.com/2015
0927/n422195345.shtml.

[43] 大数据重塑耐克. 经济观察网，2014-10-14.

[44] 案例内容采编自网络。

[45] M.J. 埃策尔，B.J. 沃克，W.J. 斯坦顿. 新时代的市场营销. 企业管理
出版社，2004 年.

[46] 克里斯·安德森. 长尾理论. 乔江涛译. 中信出版社，2006 年.

[47] 克里斯·安德森. 长尾理论 2.0. 乔江涛，石晓燕译. 中信出版社，2009

年.

[48] 克里斯·安德森. 长尾理论. 乔江涛译. 中信出版社，2006 年，第 34 页.

[49] http://jpkc.zju.edu.cn/k/680/content0202.html.

[50] 精英创造：苹果的用户体验设计. http://www.cali-light.com/ec/case/20111207_8916.html.

[51] 阿里巴巴联手上海家化将建国内首个大数据日化产品研发实验室. 中国证券报，http://money.163.com/15/1221/16/BBCE6KL400251LJJ.html.

[52] McCarthy，Jerome. Basic Marketing A Managerial Approach. Homewood，IL: Irwin. 1964，p.769.

[53] 加里·阿姆斯特朗，菲利浦·科特勒. 市场营销学. 赵占波，何志毅译. 机械工业出版社，2011 年.

[54] 拉里·A. 萨姆瓦等. 跨文化传通. 陈南，龚光明译. 三联书店，1988 年，第 15 页.

[55] M.J. 埃策尔，B.J. 沃克，W.J. 斯坦顿. 新时代的市场营销. 企业管理出版社，2004 年，第 411-412 页.

[56] 案例摘自《哈佛经济评论》2004 年第 11 期的部分内容。

[57] 胡翼青. 传播学:学科危机与范式革命. 首都师范大学出版社，2004 年，第 245 页.

[58] 胡翼青. 传播学:学科危机与范式革命. 首都师范大学出版社，2004 年，第 247 页.

[59] 胡翼青. 传播学:学科危机与范式革命. 首都师范大学出版社，2004 年，第 252-253 页.

[60] https://club.1688.com/article/31892683.htm.

[61] 菲利浦·科特勒. 市场营销管理（亚洲版）. 下. 洪瑞云，梁绍明，陈振忠译. 中国人民大学出版社，1997 年，第 239-240 页.

[62]　IT 邵年. 柴洪峰：中国银联的大数据实践与思考. http://www.doit. com.cn/article/2014-08-20/397/5920.shtml.

[63]　参见百度百科"新媒体"词条。

[64]　菲利浦·科特勒.市场营销管理（亚洲版）. 下. 洪瑞云，梁绍明，陈振忠译. 中国人民大学出版社，1997 年，第 268 页.

[65]　报告详细内容参见 http://www.199it.com/archives/407961.html。

[66]　向大品牌学习：维持社交媒体与用户互动五种方法. http://money.163. com/14/0812/09/A3EJEN1500253G87.html.

[67]　菲利浦·科特勒. 市场营销管理（亚洲版）. 下. 洪瑞云，梁绍明，陈振忠译. 中国人民大学出版社，1997 年，第 149 页.

[68]　菲利普·科特勒等. 营销管理（全球版）. 王永贵等译. 中国人民大学出版社，2012 年，第 223 页.

[69]　菲利普·科特勒等. 营销管理（全球版）. 王永贵等译. 中国人民大学出版社，2012 年，第 226 页.

[70]　联想渠道变革的真相是什么. http://www.xuexila.com/chuangye/yingxiao/qudao/359754.html.

[71]　菲利普·科特勒等.营销管理（全球版）. 王永贵等译. 中国人民大学出版社，2012 年，第 232 页.

[72]　家电连锁业的国美时代. http://course.shufe.edu.cn/course/marketing/allanli/qudao.htm.

[73]　菲利普·科特勒等. 营销革命 3.0：从产品到顾客，再到人文精神. 毕崇毅译. 机械工业出版社，2011 年，第 5 页.

[74]　柯林汉. 世界是数字的. 李松峰，徐建刚译. 人民邮电出版社，2013 年.

[75]　柯林汉. 世界是数字的. 李松峰，徐建刚译. 人民邮电出版社，2013 年.

[76]　菲利普·科特勒等. 营销革命 3.0：从产品到顾客，再到人文精神. 毕崇毅译. 机械工业出版社，2011 年，第 11 页.

[77] 大润发成功的 10 个秘密. http://money.163.com/11/0810/11/7B3GED5O 00253G87_4.html.

[78] 柳平. 世界上第一个 Internet 商务标准简介. 广东金融电脑，2000（3）.

[79] 王超. 拥抱"年轻化"——任勇详解大数据时代的渠道变革. 中国青年报，2014-11-27.

[80] 菲利普·科特勒等. 营销革命 3.0：从产品到顾客，再到人文精神. 毕崇毅译. 机械工业出版社，2011 年，第 101 页.

[81] 浅析王府井百货的转型. http://analyse.tbshops.com/Html/news/385/192077. html.

[82] 张近东：苏宁互联网转型已成功.京华时报，http://epaper.jinghua.cn/html/ 2015-03/05/content_174947.htm.

[83] 菲利普·科特勒. 市场营销管理（亚洲版）. 上. 洪瑞云，梁绍明，陈振忠译. 中国人民大学出版社，1997 年.

[84] 菲利普·科特勒等. 营销管理（全球版）. 王永贵等译. 中国人民大学出版社，2012 年，第 4 页.

[85] 菲利普·科特勒等. 营销管理（全球版）. 王永贵等译. 中国人民大学出版社，2012 年，第 6 页.

[86] 参见百度百科相关词条。

[87] Jesse James Garrett. 用户体验要素：以用户为中心的产品设计. 范晓燕译. 机械工业出版社，2011 年.

[88] 报告参见 http://www.360doc.com/content/15/0216/09/21709147_448924 600.shtml。

[89] 严学军，张巧丽，王圆圆. 体验营销八法. 企业管理，2005（5）.

[90] 参见百度百科相关词条。

[91] 阿普丽尔·登博斯基. 美化你的照片. http://www.ftchinese.com/story/ 001044189.

[92] 关于宝洁公司的成功案例分析. http://www.xuexila.com/success/cheng
gonganli/314469.html.

[93] 金错刀."定位"是互联网时代最大的一棵毒草. http://tech.sina.com.cn/
zl/post/detail/i/2015-02-05/pid_8471288.htm.

[94] 参见维基百科"科学"词条。

[95] 周鸿祎：互联网思维是常识的回归. 中国青年报, http://news.xinhuanet.
com/book/2014-10/08/c_127070904.htm.

[96] 案例根据网络材料编写。

[97] 微链创江湖, https://www.huxiu.com/article/142621.html.

[98] 何天骄. 精准网聘时代来临以后招精英都得用上大数据了. 第一财经
日报, http://www.yicai.com/news/2016/03/4763338.html.

[99] 乐琰. 想赚更多游客的钱？借力大数据、抓住"90后"潜力客户. 第一
财经日报, http://www.yicai.com/news/2016/03/4757614.html.

后　记

　　被誉为"现代营销学之父"的菲利普·科特勒教授一直强调，市场营销学和企业营销实践从来都是随着社会经济发展和科学技术水平的提高、消费者需求和消费行为的变化而不断丰富的理论和实战体系。在其《营销革命3.0：从产品到顾客，再到人文精神》一书的前言中开宗明义地指出："全球科技已经从机械化时代进入数字化时代，互联网、计算机、手机和社会化媒体等新兴事物正在对生产商行为和消费者行为同时造成深远的影响。所有这些变化都促使我们必须重新认识营销行业。营销已经上升为和宏观经济相平衡的概念。只要宏观经济环境发生变化，消费者行为就会发生变化；消费者行为一旦变化，营销行为也必然随之变化。"[①]

　　我们生活在大数据时代，诚如《纽约时报》早在 2012 年 2 月所称，大数据时代已经来临，在商业、经济及其他领域中，决策将日益基于数据和分析而做出，而并非基于经验和直觉。

　　作为长期在企业从事营销管理的"营销人"，笔者深刻感受到了大数据时代给营销学和企业营销实战带来的巨大机会和挑战。我们当前面临的营销环境、营销观念、消费者、营销手段和技术等，不论是理论基础还是营销实战都发生了众多的变化，有的甚至是革命性的改变。作为营销实战前线的企业管理人员，面前的营销世界可谓波澜壮阔，但很难做到宠辱不惊。作为营销人，既要张开胸怀拥抱这个时代，更要感恩这个伟大的时代，因为伟大的时代让我们以全新的角度洞察这个世界，提供给我们更多的工具和方法、更多行之有效的技术手段，帮助我

[①] 菲利普·科特勒等. 营销革命3.0：从产品到顾客，再到人文精神. 毕崇毅译. 机械工业出版社，2011年.

们更加深刻地认识我们的营销对象，使得全面地、精准地满足消费者的需求不再是愿望和奢求，而是成为营销实战的基础选项，更是企业能否赢得市场竞争并完成企业目标的成功路径。

笔者长期从事企业营销管理工作，一直希望将自己和营销实战的"战友们"在新旧时代的营销心得、营销成功经验和失败教训整理并记录下来，供更多的企业营销人员参考、借鉴。然而，对于笔者来讲，写作过程是艰难的，完全利用工作之余的有限时间，每天强迫自己冥思苦想，查阅大量资料，阅读多篇专著，整理众多的案例，用键盘将每一个文字敲在电脑屏幕上。这和企业管理实战工作不是"一个劲"，笔者真正感受到了写作的甘苦。尽管自我感觉非常努力、用心，希望真正洞见"迎销"的基本功用，探寻大数据时代的营销出路，但由于本人知识水平有限，加之时间紧迫，本书很可能存在很多不准确甚至是错误的观点和论述，恳请读者予以谅解和批评指正。

本书的写作完成，要特别感谢南开大学出版社的胡晓清老师，他不仅对本书的结构、主要观点等提出了很多的指导和中肯的建议，并且多次鼓励笔者坚持以实战的角度分析、研究大数据时代的营销现象，而不必拘泥于过去的条条框框，特别强调奋战在营销第一线的笔者应该更加体现自身的实战特色。

本书能够完成还要感谢我的太太宫静静，她是我文稿的第一个读者，常常提出她的修改建议，并帮助笔者对文稿进行了专业化的全面文字校对；感谢我的儿子张翔宇，正是他以"90后"的敏锐眼光分析了这个时代的特征、年轻消费者的需求特征、年轻人的追求和社会热点，才使我这个"60后"受益匪浅并真正更加了解了当前属于年轻人的时代。

让我们感恩这伟大的时代，紧紧跟随它、融入它，与时代同行，无愧于时代！

张文升

2016 年 12 月于吴淞江畔